CHRESTOMATHIE

DES

PROSATEURS FRANÇAIS

GENÈVE. — IMPRIMERIE RAMBOZ ET SCHUCHARDT.

CHRESTOMATHIE

DES

PROSATEURS FRANÇAIS

DU

QUATORZIÈME AU SEIZIÈME SIÈCLE

AVEC UNE GRAMMAIRE ET UN LEXIQUE
DE LA LANGUE DE CETTE PÉRIODE; UNE HISTOIRE ABRÉGÉE DE LA
LANGUE FRANÇAISE DEPUIS SON ORIGINE JUSQU'AU
COMMENCEMENT DU DIX-SEPTIÈME SIÈCLE ET DES CONSIDÉRATIONS SUR
L'ÉTUDE DU VIEUX FRANÇAIS

PAR

CHARLES MONNARD

Professeur ordinaire à l'Université de Bonn

1ʳᵉ PARTIE :
CONSIDÉRATIONS GÉNÉRALES, GRAMMAIRE ET LEXIQUE

GENÈVE

JOËL CHERBULIEZ, LIBRAIRE-ÉDITEUR

PARIS
MÊME MAISON, RUE DE LA MONNAIE, 10

1862

CHRESTOMATHIE

DU

VIEUX FRANÇAIS

AVERTISSEMENT

Les éléments de cet ouvrage ont été déterminés et sa matière circonscrite par un programme. Il a pour objet, non de
donner à la jeunesse studieuse une connaissance complète de
notre ancienne langue, mais de l'initier à son étude. Aucune
partie essentielle n'a dû être négligée : l'histoire de la langue et
ses variations, l'orthographe et la lexicologie, l'étymologie et la
grammaire réclamaient une place.

Les textes de la Chrestomathie sont écrits dans une langue qui
n'est plus exactement la nôtre. Ils ont besoin d'explications.
Persuadé qu'une étude, pour être fructueuse, ne doit pas se
borner à donner aux élèves la becquée scientifique, maïs réveiller leur activité d'esprit, nous n'avons pas accompagné les vieux
textes d'une suite continue de notes explicatives. Outre l'inconvénient de répétitions à la fois fastidieuses et insuffisantes, un
pareil commentaire aurait pu faire négliger, pour l'intérêt des
choses, l'application à l'étude de la langue. Avide de connaître
la suite de l'histoire, l'élève aurait d'un coup d'œil trouvé le
sens du mot ou de la construction qui l'arrêtait, et aurait passé

outre sans s'approprier par un travail quelconque la construction insolite ou le mot inconnu.

Nous avons préféré une autre méthode. Les mots ont été réunis par ordre alphabétique dans un *Lexique*, que les élèves devraient manier et remanier, et où ils apprendraient souvent autre chose que la signification dont ils auraient besoin au moment donné. Par la même raison nous avons préféré à des notes grammaticales de simples renvois aux paragraphes de la *Grammaire*, dont l'ordre est systématique. Notre commentaire, en quelque sorte tacite, offre donc à chaque pas, au lieu d'un expédient, une invitation à l'étude ; au lieu de l'interprétation d'un passage, un fait d'une application générale. Nous n'entendons pas faire le procès aux commentateurs, mais justifier la marche d'un travail didactique.

Quelques renvois marqués par l'abréviation *Lex.* appellent à recourir au *Lexique* pour des mots que peut-être on n'aurait pas l'idée d'y chercher, ou pour la solution de quelque difficulté spéciale.

Des mots qui se comprennent sans dictionnaire y ont trouvé place parce qu'ils appartiennent à l'ancienne langue, et qu'on doit connaître toutes les sortes de différences qui la séparent de la nôtre.

On y a même admis quelques mots du *Dictionnaire de l'Académie française*, tels que des noms d'armes et des termes scientifiques, parce que, d'un usage moins commun, ils appartiennent à l'ancienne langue, et que malheureusement le *Dictionnaire de l'Académie* n'est pas entre les mains de tous les élèves.

Notre Lexique renferme un bon nombre d'étymologies,

mais non toutes les étymologies ; des formes diverses des mêmes mots, mais non toutes les formes. Ce n'est pas inconséquence. Les proportions d'un ouvrage élémentaire qui embrasse plusieurs branches, ne permettent pas qu'on dise tout
sur chacune d'elles ; mais nous avons essayé de montrer comment on procède dans leur étude. Les lacunes aussi sont un
appel à la réflexion et à l'activité. Les élèves chercheront eux-
mêmes les étymologies, et apprendront à découvrir sous des
apparences étranges la parenté avec des mots connus. Quelquefois il leur suffira de prononcer un mot ; l'oreille le recon-
naîtra plus tôt que les yeux, par exemple. « Il estoit *frez* et
nouveaux. »

Le *Glossaire de la langue romane, par **J.-B.-B.** Roquefort*,
Paris, 1808 et 1820, 3 vol. in-8°, nous a été de la plus
grande utilité pour la langue du XIIme au XVme siècle ; cependant nous l'avons rectifié et complété, même sans parler du
XVIme siècle.

Dans le Lexique et dans la Grammaire on a fait des rapprochements entre l'ancienne langue et celle de nos classiques,
pour montrer que, en dépit du déplorable appauvrissement
qui marqua le passage du XVIme siècle au XVIIme, il y a eu
filiation et non interruption.

Dans d'autres rapprochements, l'ombre de l'antiquité pro-
tége des provincialismes, comme aussi des archaïsmes populaires, que l'on prend pour des altérations du langage plaisam-
ment imaginées par des auteurs comiques.

Le premier objet de nos deux *Recueils* n'est pas de former
proprement une anthologie littéraire, mais une réunion et une
gradation de textes propres à faire connaître l'ancienne langue.

Ils ont été choisis pour cette fin, dans des domaines divers ; mais nous aimons à croire que notre choix concilie l'intérêt du fond et de la littérature avec celui du langage.

Une difficulté n'a pu être entièrement vaincue : c'est le rétablissement des textes primitifs. Ceux d'avant le milieu du XVme siècle sont antérieurs à l'imprimerie et n'existent purs que dans des manuscrits et des bibliothèques privilégiées. Les plus anciennes éditions des ouvrages postérieurs ne sont pas accessibles à tout le monde. Nous avons toutefois fait des efforts pour approcher à cet égard d'une fidélité que puisse approuver une saine critique. Nous nous en sommes écarté volontairement sur deux points, en admettant dans les textes antérieurs à 1530 l'apostrophe et quelques accents pour en faciliter l'intelligence, et dans le même but, une ponctuation systématique, par conséquent moderne. Malgré cette double concession, si l'on compare nos textes avec ceux qu'ont publiés des éditeurs même très-savants, nous nous flattons qu'on nous trouvera *arriéré*.

INTRODUCTION

INTRODUCTION

L'enfant dont la curiosité s'éveille ne se contente pas de savoir le comment des choses, il veut en savoir le pourquoi. La même curiosité porte l'homme d'étude à remonter des résultats de la science à son origine et à son histoire. Cette investigation, qui rentre dans la science même, n'en est pas la partie la moins instructive ni la moins intéressante. Quel spectacle captivant ne déroule pas à nos yeux le tableau des progrès de la musique, de l'astronomie, des sciences naturelles? Le but entrevu, les essais, les efforts, les obstacles, les défaites, les conquêtes, tout cela n'est-ce pas, dans l'histoire d'une science ou d'un art, l'histoire de l'esprit humain?

Un des domaines où le point de vue historique n'a fait naître que tardivement des recherches suivies et complètes, ce sont les langues. Pour arriver sans détour à notre objet, l'histoire de la langue française, traitée partiellement par quelques savants du dernier siècle [1], n'a commencé que dans le nôtre, et principalement de nos jours [2], d'être étudiée dans son ensemble. Et pourtant la conversation même a dès longtemps soulevé des questions qui s'y rapportent. C'est que pendant des siècles les linguistes qui se sont occupés spécialement d'une ou de plusieurs langues ne se sont proposé que le but pratique d'en réglementer l'usage, et ceux qui se sont élevés à l'idée de la science n'ont connu d'autre objet que

[1] La Ravaillère en tête des *Poésies du roi de Navarre*, Bonamy dans les *Mémoires de l'Académie des Inscriptions et Belles-Lettres*, etc.

[2] Travaux de MM. Ampère, Paulin Paris, Edélestand du Méril, Guessard, Diez, Burguy, de l'Ecole des Chartes, etc

la théorie générale du langage ou la grammaire générale, métaphysique déduite ordinairement d'un petit nombre de langues. Dans notre âge, surtout depuis qu'on étudie le sanskrit, ces abstractions ont été remplacées par la comparaison des langues et des diverses familles de langues. On a étudié les lois du langage dans les faits plutôt qu'*a priori*, et par des rapprochements on est arrivé à des résultats et à des lois de la parole que les métaphysiciens ne soupçonnaient pas [1]. La linguistique a eu dès lors, comme le droit, son école historique, aujourd'hui triomphante.

L'étude de faits nombreux observés dans tous les domaines de la linguistique est donc le fondement de la science du langage. De même l'étude d'une langue en particulier, observée dans toute son étendue et dans tout le cours de son développement, en d'autres termes, l'étude de l'histoire d'une langue est indispensable pour en comprendre la formation, la composition, le génie, les lois, ainsi que les droits de ceux qui en font usage. Ici, comme en politique, l'histoire apprend aux hommes les droits et les limites de la liberté.

Lès langues ne sauraient demeurer toujours dans le même état. Souple et transparent vêtement de la pensée, elles suivent les mouvements de l'esprit humain, dont la vie est activité et progrès. Elles ne languissent que chez les peuples frappés de langueur par le despotisme. Chez toute nation libre de céder aux impulsions généreuses de la nature, la langue, comme la pensée, est une source incessamment jaillissante, dont les eaux sont toujours de même nature et toujours nouvelles.

Les langues se modifient et se développent sous des influences diverses, dont l'effet est d'étendre leur domaine. Résumons celles qu'a subies la nôtre. Influence des peuples et des mœurs rapprochés par la conquête et la domination : les Romains et le reste de l'Europe méridionale, les Saxons, les Normands et la Grande-Bretagne. Influence de la civilisation générale et des grands événements, qui rapprochent les hommes et les pays : la chevalerie, les croisades, les découvertes, les inventions, les vastes expéditions du quinzième siècle, la Renaissance, la Réformation, la révolution française. Influence des institutions nationales et de leur progrès : la vie parlementaire en Angleterre et en France, la splendide royauté et la vie de cour sous Louis XIV. Influence des grands écrivains, dont le génie est le représentant de la vie intellectuelle de leur nation, et qui tirent de la mine inépuisable de la langue de nouvelles richesses, neufs sans choquer la raison, hardis sans sortir de la nature, originaux sans faire violence au

---

[1] Ne citons qu'un exemple, la loi de la transformation des consonnes dans les langues germaniques exposée par *Jacob Grimm*, *Deutsche Gramatik* et les observations analogues sur les langues romanes faites par M. *Diez*.

caractère national de la langue. Toutes ces causes ont concouru à former et à perfectionner notre idiome, à l'assouplir, à l'étendre.

La langue d'un peuple civilisé devrait donc s'enrichir à chaque progrès de l'intelligence, ajouter à ses anciennes richesses de nouvelles acquisitions et jouir des trésors amassés par les siècles. Il n'en va pas ainsi pourtant. Le contact avec d'autres peuples, la culture des sciences, des causes fortuites font naître des mots nouveaux ; l'incurie ou le dédain font négliger les anciens ; les noms savants des choses l'emportent sur les noms populaires ; pour le mot élégant on abandonne le mot énergique ; le langage du bon ton met en oubli la naïveté charmante du langage champêtre et la touchante familiarité de l'intimité domestique. La mode aussi, avec ses préférences et ses dédains, étend son empire sur le parler des hommes comme sur le reste de l'existence sociale ; elle a laissé des traces nombreuses de sa tyrannie dans l'appauvrissement de notre langue et jusque dans ses lois. En France, la patrie de la mode, où Paris donne le ton au pays, et les salons à Paris, la mode a peut-être plus puissamment qu'ailleurs déterminé les changements du langage. Plusieurs des changements les plus importants sont provenus de la cour ou du grand monde. Marie de Médicis, la seconde femme de Henri IV, a opéré une modification essentielle dans la prononciation [1]. Qui oserait nier la part de l'hôtel de Rambouillet à une proscription de mots sanctionnée par l'Académie française ? Un homme, à son point de vue personnel, avait commencé cette réforme tyrannique avec une incroyable hardiesse. La langue d'un peuple, souvenir de toutes ses impressions, représentation des idées de toutes ses générations, est un vaste trésor et passe successivement à des héritiers

[1] Le changement du son *oi* en *ai*. Marie de Médicis a déterminé le changement du son *oi* en *ai* dans la prononciation de la cour et, de proche en proche dans celle de la ville et de toute la France. Ce changement avait été préparé par le son intermédiaire *ouè*, qu'une partie de la France attachait à la diphthongue *oi*. — Dès le XIIme et le XIIIme siècle le dialecte normand remplaçait par la terminaison *eie*, à l'imparfait de l'indicatif, la terminaison *oe* ou *oie*, usitée en Bourgogne et en Picardie. « Dans l'Ile de France, et à Paris surtout, comme le fait remarquer M. Burguy (I, 223), la prononciation picarde, que représentait l'orthographe *oi*, fut de bonne heure abandonnée pour la prononciation normande, et néanmoins on y a continué d'écrire par *oi* ces syllabes qu'on prononçait en *ei*. » — De là ces rimes de Villon : *Moyne, essoyne, royne, Seine. Estre, congnoistre, senestre. Etroicte, disette. Chayeres, cocquetoeres. Anthoine, Seine, essaine. Exploitz, laiz. Poise, aise.* Dans Regnier *poëte* rime avec *maladroite* et *chois* (choix) avec *cherchois.* Des rimes semblables abondent dans les vers de Malherbe, Corneille, Molière ; on en trouve chez Boileau et Racine ; Voltaire même, dans le *Pauvre diable*, fait rimer *être* avec *craitre*, écrit suivant la nouvelle orthographe, et M. Victor Hugo le *vers françois* avec *sois* (*Contempl.* t. I, 7).

d'humeur diverse, qui parfois, comme les gouvernements, pour une partie de leur fortune, négligent les autres. Malherbe, s'étant emparé par droit d'audace du superbe héritage légué par le seizième siècle, abattit des forêts, tarit des sources, aplanit des collines ombreuses. Il appauvrit, au grand regret de Fénelon, ce sol merveilleux de la langue française, assez riche néanmoins par lui-même pour produire toujours d'admirables moissons.

Dans l'histoire des langues il y a une différence entre *appauvrir* et *modifier*. Indépendamment des richesses qu'elles acquièrent ou qu'elles perdent, les langues modifient les éléments qu'elles possèdent ; elles suivent le mouvement des idées et des mœurs et passent en général de la rudesse à des formes plus adoucies, dans la composition des mots, dans la flexion des verbes, dans la prononciation, dans l'orthographe. Les aspérités s'effacent par la longue circulation comme les empreintes des monnaies. Les souvenirs historiques, l'étymologie, disparaissent dans l'usage journalier ; l'intérêt scientifique s'oublie pour la facilité gracieuse du parler. Les poésies françaises du XIIe et du XIIIe siècle prouvent que la terminaison *ent*, si fréquente dans le pluriel de nos verbes, se rapprochait alors, par une prononciation plus marquée, des terminaisons latines *ant, ent, unt*, d'où elle dérive. Dans les mots latins abrégés par la suppression d'une voyelle, comme *temps*, les consonnes gardaient primitivement leur valeur ; peu à peu elles l'ont perdue. Ce n'est qu'au XVIe siècle qu'on a décidément cessé de prononcer l's dans *teste, fenestre*, etc. [1]

Les substantifs changent parfois de genre ; on en trouvera des exemples dans la *Grammaire*.

Les grammairiens de plus en plus sévères, jaloux de tenir le sceptre de

> La grammaire qui sait régenter jusqu'aux rois
> Et les fait à main haute obéir à ses lois,

ont progressivement érigé en règles des distinctions auparavant inconnues. Du temps de Corneille on employait indifféremment comme prépositions *dans* et *dedans*, *hors* et *dehors*, *sur* et *dessus*, *sous* et *dessous*. Ensuite on n'a plus admis comme prépositions que les premiers de ces mots, les seconds ont été déclarés adverbes.

L'ancienne latitude à l'égard des régimes des verbes a été rétrécie.

Les modifications qu'une langue subit sans s'appauvrir portent aussi sur l'orthographe. Très-anciennement déjà on a eu deux manières d'écrire, dont les théoriciens ont fait ensuite deux systèmes : l'orthographe étymologique, qui rappelle l'origine des mots, et l'orthographe phonétique, qui

---

[1] Pasquier dans un morceau de notre *Grand Recueil*.

en reproduit la prononciation. Mais l'histoire de la langue signale des
habitudes et des changements étrangers à l'un et à l'autre de ces systèmes.
Autrefois, par exemple, la langue française et la langue allemande faisaient
grand usage de l'*y*, plus tard remplacé par l'*i* [1]. Au XVIIe siècle encore on écrivait *moy*, le *roy*, je *croy*, *amy*, *fuy*, *ayeux*, *luy*, *icy*, *senty*.

La prononciation a changé aussi, même sans donner lieu à des changements d'orthographe. Dans la première moitié du XVIIe siècle la forte et
grave prononciation de l'infinitif de la première conjugaison permettait les
rimes normandes, alors si fréquentes, d'*aimer* avec *luner*, d'*enfler* avec
l'*air*. Cette prononciation s'accordait avec la déclamation ampoulée à la
mode.

Une partie intéressante de la science de notre langue, nécessaire parfois pour sa complète intelligence, l'étymologie, a été longtemps livrée à
l'arbitraire du goût individuel. La lice des opinions ouverte, on y a rudement jouté. Les celtomanes, ayant pour eux la haute antiquité, ont flairé
partout des origines celtiques ; l'hellénisme a exagéré l'influence très-
restreinte du grec ; les latinistes ont prétendu soumettre de nouveau à la
domination romaine toutes les provinces de la langue gauloise ; il n'est pas
jusqu'aux hébraïsans [2] qui n'aient réclamé leur part, comme les Juifs pré-
lèvent un tribut sur toutes les nations. De nos jours la science de l'étymologie, solidement assise sur l'étude comparative des langues, a fait justice
de l'esprit de système et des exagérations ; elle a ramené chacune de ces
prétentions à ses limites légitimes ; elle a suivi avec érudition et sagacité
les influences germaniques ; elle est remontée jusqu'à leur source et a si-
gnalé, d'après les lois ou les faits généraux de la linguistique, les transformations de cet élément, en rapport avec les mutations des lettres prove-
nant du jeu naturel des organes de la parole. Il appartenait à un savant
qui avait si bien éclairci la formation et la *Grammaire des langues romanes*, M. le professeur Diez [3], d'en traiter l'étymologie avec la même rigueur scientifique et de bannir enfin du terrain de la science, par une
complète comparaison des faits, les caprices d'un art conjectural. Son
Lexique étymologique des langues romanes [4] servira désormais de code
dans cette matière.

Nous ne connaissons pas un homme ou un peuple pour l'observer à

[1] Un fourrier allemand demandait à son lieutenant s'il fallait écrire tel mot
avec *i* ou *y*. « En cas de doute, répondit l'officier, mettez toujours un *y*, c'es
plus sûr. »

[2] *Cl. Mleitarii, Epist. de vocabulis quæ Judæi in Galliam introduxerunt*,
à la suite de *Henrici Stephani Hypomneses de Gall. lingua*. 1552.

[3] *Grammatik der Romanischen Sprachen*. Bonn 1860 ; 3 vol. 8°, 2me édit.

[4] *Etymologisches Wörterbuch der Romanischen Sprachen*. Bonn, 1853 ; 8°.

l'heure présente et le voir agir sous nos yeux ; nous avons encore besoin de savoir son enfance, son éducation,. l'usage qu'il a fait de sa jeune liberté, sa destinée enfin jusqu'au moment où nous avons fait sa connaissance. Il en est de même d'une langue, organisme humain le plus complet, qui seul exprime toute la nature de l'homme et tout le caractère d'une nation. L'histoire des transformations est aussi importante que la vue des derniers résultats. Pour toute chose qui dure, le présent n'est qu'un fragment de l'existence.

La connaissance de l'histoire de la langue est indispensable pour l'appréciation équitable des écrivains. Il semble par trop naïf d'établir comme règle qu'un écrivain ne peut être tenu de parler que la langue de son temps et non celle de l'avenir. Que penserait-on d'un philologue qui blâmerait dans le style d'Ennius et de Plaute ce qui n'est pas conforme à Virgile et à Horace? Autant vaudrait-il leur reprocher de n'avoir pas écrit en français. Est-il quelqu'un qui ait cru devoir reprendre dans les fabliaux du XIIIe siècle ce qui s'écarte de la langue et du style des contes de Voltaire? Et pourtant une erreur semblable a été commise par de célèbres critiques du dernier siècle et du nôtre, par Voltaire lui-même dans son commentaire sur Corneille ; par Laharpe, dans quelques-unes de ses notes sur Racine; par M. Auger, dans son édition de Molière.

La critique philologique appliquée à l'intelligence et à l'interprétation du vieux français n'a pas d'autre base que l'histoire de la langue. Ce n'est pas par des approximations, ou en devinant, qu'on saisit le sens de nos anciens auteurs. La science ne se contente pas d'à peu près, et l'ignorance ingénieuse ne la remplace pas. Il faut connaître les mots, leurs significations diverses, simultanées ou successives, leur histoire, l'esprit littéraire de chaque siècle, éclairé par l'esprit des siècles précédents. Par là seulement on évitera les erreurs lexicologiques, si nombreuses, par exemple, dans les notes sur les *Poésies de Charles d'Orléans*, édition de *Paris*, B. Warée, 1809, in-12. Par là, on ne sera pas réduit à remplacer la précision par le vague, comme il est arrivé à quelques interprètes du serment de 842 (ci-après *Histoire abrégée de la langue française*), ou de substituer à une traduction une paraphrase élégamment abrégée. On apprendra à discerner dans nos vieux auteurs l'ortographe, les formes grammaticales, les mots même modernisés par des éditeurs désireux d'en faciliter l'intelligence. Si l'on ne peut recourir soi-même aux anciens manuscrits, toujours instructifs, on recourra aux travaux des savants voués à la critique des textes.

On appréciera l'importance des éditions originales où premières de Froissart, de Rabelais, de Montaigne et même de Corneille, de Molière, de Bossuet, de Racine. Des élucubrations philologiques ne sont pas moins nécessaires pour le rétablissement du vrai texte de nos classiques que des classiques grecs et latins. Comme dans l'histoire de France la critique moderne a restauré la vérité des faits, des aspects, des institutions, des mœurs, de même la critique philologique doit rétablir, à l'aide des documents, la vérité du langage de chaque époque, ou de chaque province, elle discernera même quelquefois dans les manuscrits divers d'un livre le dialecte des copistes [1].

Pour résoudre les difficultés que présente le langage d'un auteur, on le comparera avec celui de ses contemporains et des écrivains immédiatement antérieurs et postérieurs : on apprendra, par ces comparaisons, le sens précis des mots et l'usage des locutions, des proverbes, des idiotismes. C'est donc encore à l'histoire de la langue que l'on recourra [2].

L'esprit de critique ainsi formé saura reconnaître l'authenticité des *Chansons d'Olivier Basselin* sous un langage plus moderne dont elles ont été revêtues en courant de bouche en bouche, parmi de joyeux compagnons, depuis le XVe siècle jusqu'au temps où, recueillies pour la première fois, elles sont passées de la taverne dans la littérature.

Indépendamment de l'absence de tout ancien manuscrit, l'esprit de critique, initié à l'histoire de la langue, ne se laissera pas séduire par le charme de la poésie au point de croire à Clotilde de Surville et d'attribuer au XVe siècle ou même au XIVe [3] des vers pleins de délicatesse, de nombre, de naïveté, sans hiatus, sans allégorie dans l'expression de la sensibilité, des pièces d'une forme contenue par un goût exquis et par le sentiment perfectionné de l'art.

On voit par ces exemples que l'étude de la vieille langue française n'est pas moins nécessaire à la critique appliquée à l'histoire littéraire qu'appliquée à l'intelligence et à l'appréciation des ouvrages en eux-mêmes. Les exigences de la vérité historique pour le rétablissement des textes tronqués, celles, par exemple, auxquelles a dû satisfaire l'éditeur du seul Froissart complet que nous possédions, sont étrangères à notre objet et nous renvoyons les lecteurs curieux de s'en instruire à la préface du savant et consciencieux M. *Buchon* : *Collection des chroniques nationales françaises, Chroniques de Froissart*, tome I.

La comparaison de la langue avec elle-même aux diverses époques de

[1] De deux manuscrits in-folio, en caractères gothiques, des *Poésies de Froissart*, que possède la Bibliothèque impériale de Paris, l'un est évidemment dû à la plume d'un copiste picard, il écrit *chi* où l'autre a *ci*, etc.

[2] Le *Dictionnaire historique* de notre langue que publie l'*Académie française* sera un des grands services rendus à la linguistique dans le cours de ce siècle.

[3] *Poésies de Clotilde de Vallon-Chalys, depuis madame de Surville ; publiées par Ch. Vanderbourg*. Paris, 1803 ; 8°.

son développement est enfin d'une haute importance dans l'intérêt de son perfectionnement. L'esprit humain marche, soit qu'on lui laisse ses allures, ou qu'on l'entrave. Un peuple résolûment engagé dans les voies de la civilisation fait incessamment de nouveaux progrès. Les pensées se modifient, se transforment, l'intelligence grandit, fait des conquêtes. Il faut que le langage les seconde, qu'il se plie, dans sa souplesse, aux sinuosités de ces mouvements, qu'il prenne son essor comme l'esprit, car le langage est l'incarnation de l'esprit. Les idées nouvelles ont besoin de mots nouveaux, les nouvelles combinaisons d'idées, d'expressions nouvelles. Par la rapide communication qui heureusement unit aujourd'hui les peuples, les découvertes, les inventions, les idées passent promptement des uns aux autres. Avec les emprunts de l'industrie, par exemple, on fait des emprunts de termes techniques. Ami du libre échange en toutes choses, surtout dans le commerce des esprits, nous ne nous opposons donc pas, en principe, aux importations de langage. Que les *waggons* de l'industrialisme glissent à leur aise sur les *rails*. Si de nouveaux argonautes littéraires volent à la conquête de quelque toison d'or, loin de nous la pensée de *stopper* leur navire. Mais si, dans la sphère des intérêts matériels déjà, nous sommes d'avis qu'on ne néglige pas, pour les richesses étrangères, celles que la terre natale renferme dans ses entrailles, ni les ressources qu'elle possède dans les bras de ses fils, à plus forte raison pensons-nous que, pour les choses de l'intelligence, pour l'âme et la substance spirituelle d'une nation, qui se révèlent dans son langage, on ne doit recourir aux emprunts qu'après avoir reconnu l'insuffisance de l'opulence nationale.

Pourquoi vivrait-on d'emprunts sur le sol intellectuel de la France, non moins riche et fertile que son sol minéral et agricole ! Pourquoi demander aux étrangers des lambeaux de leurs idiomes quand la langue française possède des trésors de mots, de locutions, de combinaisons, trop longtemps négligés ? La langue, où se personnifie l'esprit français, n'a-t-elle pas, avec le sang romain qui coule dans ses veines, hérité de la vigueur de caractère des anciens maîtres du monde, de l'énergie, de la lucidité, de la précision de leurs idées administratives, de la concision, image de leur force ? N'a-t-elle pas reçu des aïeux gaulois l'esprit primesautier, le tour libre, la bonhomie narquoise et la gentillesse ? Les Germains, en l'adoptant, ne lui ont-ils pas, avec beaucoup de mots de leur vie usuelle, communiqué la faculté d'abstraire, qu'elle n'a toutefois acceptée qu'à la condition de n'être jamais obscure ? Ces trésors amassés lentement, réunis dans la seconde moitié du XVIme siècle, enrichiront encore, quand on le voudra, la langue et les écrivains des âges modernes. Des hommes de talent et de goût apprendront à cette ancienne école l'art de combiner des expressions selon le génie de la langue française ; ils trouveront dans cette vieille mine, longtemps abandonnée malgré sa richesse inépuisable, des locutions, des mots vifs, scintillants, comme on découvre parfois dans une mine autrefois exploitée des diamants de la première eau. Que si la vétusté y a laissé son empreinte, les écrivains apprendront de leurs vieux maîtres l'art de les polir. En s'attachant ainsi aux ressources domestiques, ils éviteront les importations qui altèrent la langue et la calomnient : ils s'enrichiront de ses richesses cachées, comme on fertilise le sol en le remuant profondément ; ils resteront fidèles à son caractère primitif, type du caractère national ; car si les peuples doivent s'unir entre eux par les plus nobles liens de la nature humaine, ils doivent s'unir en conservant leur énergie propre et ne pas s'évanouir dans le vague du cosmopolitisme.

Ce livre étant destiné à faire connaître, du moins en partie, les anciennes destinées de notre langue, nous trouvons à propos d'étayer notre opinion de celle de l'homme qui a contribué le plus à la révolution que cette langue a subie au XVIᵐᵉ siècle, c'est le poëte Ronsard. Nous devrons apprécier ailleurs sa tendance, nous ne citons ici en exemple que son respect pour la nationalité de la langue, dans les conseils qu'il donne au poëte :

« Je t'aduertis, dit-il, de ne faire conscience de remettre en vsage les antiques vocables et principalement ceux du langage Wallon et Picard, lequel nous reste par tant de siècles l'exemple naïf de la langue Françoise, i'entends de celle qui eut cours après que la Latine n'eut plus d'vsage en nostre Gaule, et choisir les mots les plus pregnants et significatifs, non-seulement du dit langage, mais de toutes les Provinces de France, pour seruir à la Poësie lors que tu en auras besoin. Malheureux est le debteur, lequel n'a qu'une seule espece de monnoie pour payer son creancier. Outre plus si les vieux mots abolis par l'vsage ont laissé quelque reietton, comme les branches des arbres couppez se raieunissent de nouueaux drageons, tu le pourras prouigner, amender et cultiuer afin qu'il se repeuple de nouveau. Exemple de *Lobbe* qui est vn vieil mot François qui signifie moquerie et raillerie. Tu pourras faire sur le nom le verbe *Lobber*, qui signifiera mocquer et gaudir, et mille autres de telle façon....

« Tu seras très aduisé en la composition des vocables, et ne les feras prodigieux, mais par bon iugement, lequel est la meilleure partie de l'homme, quand il est clair et net, et non embaboüiné ny corrompu de monstrueuses imaginations de ces Robins de Cour qui veulent tout corriger. »

Il s'élève ensuite contre ceux qui emploient malheureusement leur talent à écrire en grec et en latin, au lieu de faire comme « Homère, Hésiode, Platon, Virgile, Tite-Live » et mille autres qui parlaient « mesme langage que les laboureurs, valets et chambrieres. Car c'est un crime de leze Majesté d'abandonner le langage de son pays, viuant et florissant, pour vouloir deterrer ie ne sçay quelle cendre des anciens....

« Encore vaudroit-il mieux, comme vn bon Bourgeois ou Citoyen, rechercher et faire vn Lexicon des vieils mots d'Artus, Lancelot et Gauuain, ou commenter le Roman de la Rose, que s'amuser à ie ne sçay quelle Grammaire Latine qui a passé son temps....

« D'une langue morte l'autre prend vie, ainsi qu'il plaist à l'arrest du Destin et à Dieu, qui commande, lequel ne veut souffrir que les choses mortelles soient eternelles comme luy, lequel ie supplie tres-humblement, Lecteur, te vouloir donner sa grâce, et le desir d'augmenter le langage de ta nation [1]. »

Le vœu de Ronsard s'est accompli pour sa personne. Malgré ses aberrations partielles, ses mérites réels ont *augmenté le langage de sa nation*. Son exemple a été utile à ses prudents imitateurs, et à son plus fougueux adversaire, à Malherbe, malgré qu'il en eût. Du sol national de la vieille langue, fécondé par la culture classique, et par le génie et tout l'art de nos grands maîtres, sont nés les chênes centenaires et les fleurs qui paraissent chaque jour nouvelles. Regnier y a puisé cette sève de poésie et de style que n'égalent point ses rivaux ; Corneille, l'énergie d'expression nécessaire à l'énergie de son âme ; La Fontaine, les hardiesses, souvent sublimes, jetées avec abandon au milieu des naïvetés de sa malice gauloise ; Bossuet, la langue puissante que créa la liberté de son génie gallican. Voltaire, qui a écrit un commentaire sur le théâtre de l'auteur du *Cid*, sans se douter que le siècle de Corneille avait sa langue à lui, Voltaire, le dix-huitième siècle incarné, a pourtant découvert au milieu de la foule de *solécismes* et de *barbarismes* qu'il relève, de vieilles expressions pleines de force qu'il regrette ou qu'il trouve dignes d'être conservées. Tant les beautés de la vieille langue des Français frappent les yeux les plus prévenus !

Un de nos plus habiles artistes en langage, La Bruyère, familiarisé avec l'esprit et l'idiome des grands écrivains du XVIme siècle, en a conservé, avec sobriété, des mots et des tours qui font saillir sa pensée et assaisonnent son style à merveille. La réforme opérée dans la première moitié du XVIIme siècle les avait reniés sans les remplacer. Il vaudrait la peine de faire dans La Bruyère une étude spéciale, non d'un certain pastiche de Montaigne [2], mais de son style à lui, de son habileté à s'approprier ces vieilles richesses avec mesure. Paul-Louis Courrier s'est fait de ces em-

[1] Préface de *la Franciade*.
[2] Chap. *De la Société et de la Conversation*. « Je n'aime pas un homme, » etc.

prunts une manière ; M. Sainte-Beuve, un art. Des écrivains récents se sont parés avec grâce de quelques-uns de ces vieux joyaux de famille.

Voulez-vous reconquérir à notre langue une partie des richesses dont Malherbe et son école l'ont dépouillée ? Voulez-vous avec la souplesse spiritualiste qui adapte ce vêtement aux formes variées de la pensée et à ses mouvements énergiques ou délicats, lui rendre ses allures autrefois plus libres, depuis gênées par l'esprit mathématique des grammairiens du XVIIIᵐᵉ siècle? Voulez-vous enfin lui maintenir la pureté de son caractère national? Apprenez à connaître familièrement ses trésors, et osez y puiser avec cette sage liberté dont l'inspiration n'a jamais porté malheur au génie français.

<hr>

PRÉCIS

DE

L'HISTOIRE DE LA LANGUE FRANÇAISE

Avant l'ère chrétienne et pendant les premiers siècles qui la suivirent, la France s'appelait la *Gaule* et ses habitants *Galls, Galli, Gaulois*. Les *Galates* de l'Asie Mineure appartenaient à la même race, qui rendit son nom redoutable par ses migrations armées. César reconnut trois peuples distincts habitants de la Gaule : les Aquitains ou Ibères entre les Pyrénées et la Garonne ; les Celtes entre la Garonne au midi, la Seine et la Marne au nord ; de là jusqu'au Rhin, comme frontière septentrionale, les Belges.

La langue des Aquitains ressemblait beaucoup à celle des Ibères d'Espagne. Les Celtes parlaient la *langue celtique*, dont l'idiome des Belges était un dialecte. A différentes époques des tribus gauloises envahirent la Grande-Bretagne, s'y établirent et y portèrent leur langue [1]. Quelques-

---

[1] La vieille question de l'identité ou de la différence des Celtes et des Germains s'est ranimée ces dernières années. L'identité a été soutenue à outrance par M. *Holtzmann*, dans *Kelten und Germanen*. Stuttgart, 1855, in-4. Il a été combattu avec beaucoup d'érudition et de sagacité par M. *Brandes* dans le livre intitulé : *Das ethnographische Verhœltniss der Kelten und Germanen*. Leipzig, 1857, in-8.

unes de ces tribus portent le nom de *Kymri* ; leur dialecte différait peu du celtique de la Gaule.

Les Gaulois formaient une libre confédération ou congrégation d'États organisés et civilisés au moins six siècles avant Jésus-Christ. César, dans sa *Guerre des Gaules* fait connaître ces États tels que les trouva la conquête romaine.

Les Gaulois avaient un sacerdoce voué à l'instruction de la jeunesse, les *Druides*, et des hommes distingués par leur éloquence, des poëtes patriotes, les *Bardes*, et pourtant ils ne nous ont pas laissé un monument littéraire ; « l'histoire ne fait pas même mention d'un seul ouvrage écrit dans cette langue. Les druides étaient les seuls qui eussent été capables de le composer ; mais la religion leur défendait d'écrire quoi que ce fût qui touchât au *druidisme*, et le druidisme touchait à tout [1]. » Mais l'existence de leur langue est attestée par César et par des écrivains romains des cinq premiers siècles de l'ère chrétienne. Irénée, évêque de Lyon au IIme siècle, était obligé parfois de se servir de cette langue, et saint Jérôme, au IVme, reconnut chez les Galates de l'Asie Mineure l'idiome qu'il avait entendu parler aux environs de Trèves. Les auteurs romains ne mentionnent guère qu'avec dédain cette langue, qui sonnait mal à leurs oreilles. Ils nous en ont conservé une centaine de mots isolés qui sont passés dans le français et dans d'autres langues, *aripennis*, arpent ; *becco*, bec ; *benna*, beneau, benon, espèce de charrette, *benne* dans l'Allemagne méridionale et dans le canton de Berne ; *bulga*, bourse de peau, devenu en vieux français *boulge* et *boulgette*, puis *bouge* et *bougette*, origine de *budget*, etc. [2], d'autres encore. Probablement des noms propres de lieux et des terminaisons ou des syllabes géographiques qui ont un sens général nous viennent aussi des Celtes. Cependant on ne doit admettre qu'avec précaution les conjectures des Celtomanes, énoncées comme des faits, et appuyées même par l'autorité d'Adelung dans son *Mithridate* [3].

Six cents ans avant Jésus-Christ un navire marchand phocéen aborda sur la côte méridionale de la Gaule, à l'est de l'embouchure du Rhône. La petite colonie jeta les fondements de la ville de Massalia, aujourd'hui Marseille, et s'agrandit par une nouvelle émigration de compatriotes. Les Massaliotes étendirent leur commerce le long des côtes gauloises de la Méditerranée, y fondèrent des villes et pénétrèrent dans l'intérieur de la Gaule, où ils formèrent des comptoirs. Ils parlaient grec ; par eux la *lan-*

[1] *A. de Chevallet, Origine et formation de la langue française.* Paris, 1853, 2 vol. in-8°, t. I, p. 7.

[2] *De Chevallet,* t. I, 51-55.

[3] *Mithridates oder allgemeine Sprachenkunde.* Berlin, 1809, Th. II, 31-77.

gue grecque se répandit dans le midi, et même, plus à l'intérieur, quelques petites villes semblaient grecques. Par suite de ces relations, comme il arrive, les Gaulois adoptèrent des mots grecs, des locutions et des tournures, qui font aujourd'hui partie de la langue française ou des dialectes de la France méridionale. Laissant en dehors de cette influence les mots scientifiques de composition moderne, *baromètre télégraphe*, etc., les termes ecclésiastiques et d'autres mots encore, introduits dans le français par l'intermédiaire du latin, *bible, ange, apôtre, catéchisme, église, agonie, caractère, écho, harmonie*, etc., il reste un certain nombre de mots et de phrases immédiatement dérivés du grec : *alphabet, ardillon* (ἄρδες, pointe); *balle, ballon, ballotter* (βάλλειν, jeter) ; *bourbe* βόρβορος), *despote* (δεσπότης), *migraine* (ἡμικρανία), *colle* (κόλλα), *crémaillère* (κρεμάειν, suspendre), *moustache*, (μύσταξ), *seringue* (σύριγξ, tuyau), etc.

Mais la dérivation du grec a été fort exagérée, surtout pour les locutions. Fondées sur un rapport naturel d'idées, les mêmes locutions se retrouvent souvent dans diverses langues, même éloignées de toute parenté appréciable. A cet égard on ne peut se laisser entraîner plus loin qu'un des plus savants hellénistes, *Henri Estienne* [1].

En résumé, au temps de la prospérité de la colonie massaliote, la langue grecque a fourni aux Gaulois quelques mots usuels, peut-être quelques expressions, qui passèrent dans la future langue française.

Le *latin*, au contraire, exerça l'action la plus décisive et la plus complète sur la langue qui se parlait en Gaule et sur la formation de celle qui en naquit et qui se parle en France.

Environ un siècle et demi avant notre ère, les Massaliotes, vivement pressés par les Ligures, deux tribus sur la rive droite du Var, appelèrent à leur aide les Romains. Les Romains volèrent à leur secours, vainquirent leurs ennemis, laissèrent des troupes dans le pays des Massaliotes pour le protéger au point de s'en rendre maîtres. L'an 121 avant Jésus-Christ toute la contrée de la Gaule, située à l'orient du Rhône depuis sa sortie du lac Léman jusqu'à son embouchure dans la Méditerranée, fut réduite en *province romaine*, dont le nom subsiste encore dans celui de *Provence*. De nouvelles conquêtes étendirent la province dans le midi ; des colonies militaires les consolidèrent. César, chargé l'an 58 avant Jésus-Christ du gouvernement de cette province, soumit en sept campagnes la Gaule entière. Après son départ les peuplades vaincues se soulevèrent encore de

---

[1] *Traité de la conformité du langage françois avec le grec.* Paris, 1569, 8°.

temps en temps. Enfin l'an 79 de Jésus-Christ, sous Vespasien, toute la Gaule se trouva définitivement réduite en *province gallo-romaine*.

Les Romains, dans leurs calculs politiques, tendaient à s'assimiler les nations vaincues, à les soumettre non-seulement aux lois, mais aux idées romaines. Dans ce but ils leur imposaient la langue de Rome comme langue officielle ; les actes législatifs, administratifs, judiciaires, les communications avec les autorités, tout devait se faire en latin ; tout se fit en latin dans les Gaules.

Hâtons-nous de le dire à l'honneur de la nature humaine. Il n'est pas au pouvoir du vainqueur même le plus puissant d'imposer absolument sa langue aux vaincus. L'empire grec, soumis aux Romains comme la Gaule, garda sa langue, malgré l'obstination de ses dominateurs à la lui faire perdre. Dans le mélange des nations, résultat de la victoire, la langue qui finit par triompher est celle du peuple le plus éclairé, de celui qui a le plus d'idées à exprimer et qui les exprime le mieux. Ce cas était celui des Grecs à l'égard des Romains, des Romains à l'égard des Gaulois. Ceux-ci, peuple essentiellement belliqueux, qui avait fait trembler Rome et dont la supériorité militaire était reconnue même par les écrivains romains, n'é-galaient pas leurs maîtres en culture intellectuelle. L'énergie politique aidant, la langue romaine fut donc introduite dans la nouvelle et vaste province soumise par les armes impériales.

Les Gaulois y firent de rapides progrès : l'intérêt secondait la promptitude de leur intelligence ; des honneurs et des emplois étaient le prix de leurs progrès, et le talent oratoire, qui distinguait alors déjà les Gaulois du midi surtout, entoura d'éclat leur ambitieuse docilité. De bonne heure même ils donnèrent, à leur tour, des leçons à leurs maîtres ; les premières écoles de rhétorique furent ouvertes à Rome par des Gaulois. D'autres se distinguèrent par leur enseignement dans les académies dont les empereurs dotèrent la Gaule ; d'autres encore comme écrivains, comme poëtes : Gallus fut l'ami de Virgile, et au Vme siècle Fortuné Venance répandit sur la cour des premiers Mérovingiens le lustre de la culture romaine et d'une poésie spirituelle. Avant lui, au IVme siècle, des dames gauloises entretenaient avec saint Jérôme une correspondance en latin.

La langue dont nous venons de parler était la langue littéraire, celle des beaux-esprits, des livres et des classes cultivées.

Il existait une autre langue latine. Il s'en fallait que vers la fin de la république et au commencement de l'empire tous les Romains parlassent la langue de Cicéron, de César et d'Auguste ; le choix des mots, les finesses de construction et de syntaxe n'étaient pas à la portée des gens peu cultivés. Les classes inférieures dans Rome, le peuple des campagnes, l'armée avaient, comme en tout pays, un langage incorrect, populaire, une espèce de patois, *lingua rustica, militaris*. C'est cette langue que la masse du peuple gaulois, en contact principalement avec les militaires, entendait parler et qu'elle s'appropria insensiblement. En l'adoptant elle la corrompit encore par la prononciation, par l'introduction de mots gaulois, par l'ignorance de la signification des cas, de la flexion et du rapport grammatical des mots.

L'adoption de la langue des dominateurs fut lente, et l'usage de la langue des vaincus subsista longtemps après la conquête. Au IIIme siècle, vers l'an 230, l'empereur Alexandre Sévère dut permettre que certaines transactions pussent être rédigées en gaulois, et au IVme cette langue se parlait encore à Trèves, second siége de l'empire d'Occident.

Pendant ce temps le latin littéraire, en usage dans l'Etat, dans l'Eglise et dans la science, s'altéra de son côté. Depuis le Vme siècle, cette altération devint plus forte. La *basse latinité*, comme on l'appelle, est une langue en partie corrompue, en partie nouvelle, qui a son glossaire particulier [1]. Pour la lexicologie on y trouve en effet des modifications de la forme des mots anciens, des formations latines nouvelles, des changements de signification et des mots nouveaux d'une origine germanique, gauloise ou incertaine. Pour la syntaxe, il s'y rencontre des constructions si étranges que, suivant le degré d'ignorance de l'écrivain, le hasard semble souvent avoir présidé aux rapports des mots et à l'agencement des phrases.

Ce fond de latin mêlé de gaulois allait être altéré encore par suite d'un grand événement et par un élément nouveau.

Un mouvement qui se prolongea pendant plusieurs siècles porta des flots de peuples armés du centre de l'Asie vers le nord et l'occident de l'Europe; ils poussaient devant eux les peuples dont ils envahissaient le pays, et les forçaient à devenir envahisseurs à leur tour pour chercher un nouveau domicile. De cette manière commença dans la seconde moitié du IIIme siècle l'invasion de la Gaule par des tribus germaniques du nord. Au IVme, les Goths pénétrèrent dans l'empire d'Orient, les Franks dans l'empire d'Occident. Le commencement du Vme fut marqué par ce déluge de races qui inondèrent l'Occident et qu'on appelle la *grande irruption des barbares*. Sarmates, Suèves, Vandales, Alains, Huns, parcoururent et ravagèrent les Gaules. Les Visigoths se fixèrent dans le Midi et firent de Toulouse leur capitale. Les Bourguignons fondèrent leur royaume

---

[1] *Glossarium mediæ et infimæ Latinitatis auctore Car. Dufresne, domino du Cange.* Paris, 1733, 6 volumes in-folio. Une édition de Thurneisen, de Bâle, 1762, en 3 vol. in-fol , bien imprimée, mérite d'être recommandée pour sa grande correction. Ce Glossaire est un des plus admirables travaux de philologie exécuté par l'érudition et la patience; sa place est à côté des *Trésors de Henri* et de *Robert Estienne.*

dans la partie orientale. Les Franks saliens occupèrent les provinces belgiques et arrivèrent avec de nouvelles forces jusque dans le cœur de la Gaule, où ils régnèrent, non sans contestation, sous leurs rois Clodion et Mérovée. Celui-ci donna son nom à la première race de rois, mais le véritable fondateur de cette nouvelle monarchie fut Clovis Ier : en 486, il mit fin, par la bataille de Soissons, à l'empire des Romains dans les Gaules ; en 496, par la victoire de Tolbiac [1], il garantit son royaume de nouveaux envahissements germaniques. Des immigrations partielles et pacifiques continuèrent jusqu'au Xme siècle et amenèrent en Gaule un mélange de nouvelles races. A la suite de la domination incontestée des Franks, la Gaule fut appelée le pays des Franks ou la *France ;* la langue qu'on y parlera un jour, quand ce sera véritablement une langue, l'expression de toute la nature humaine, s'appellera la *langue française.* En attendant l'oreille est affligée pendant plusieurs siècles par un conflit et un mélange de langages informes.

Les migrations avouées et dévastatrices amenèrent une lutte entre deux grandes nationalités, entre les races romaine et germanique, entre une civilisation décrépite et la barbarie pleine de vigueur. Les vainqueurs et les vaincus habitèrent le même pays, les uns infligeant la souffrance, les autres la subissant. Leur assimilation fut ralentie par le désordre social et par de nouvelles immigrations. Depuis le Vme jusqu'au IXme siècle la France présentait un état de chaos pour toutes choses et aussi pour la langue : les deux races communiquaient ensemble pour le seul besoin ; elles cherchaient à s'entendre, à se rencontrer dans un jargon de convention, tel que la langue franque entre les Maures et les chrétiens du nord de l'Afrique, ou les Chrétiens et les Turcs de Constantinople, ou tel encore que la langue créole, misérable lien entre les planteurs français et les nègres des colonies [2].

Nous n'avons pas encore mentionné deux éléments de la vaste lutte, la force brutale et l'intelligence. Les Germains étaient de rudes conquérants et de rudes maîtres. La guerre, les armes, la violence, voilà leur vie. Les Gallo-Romains, quand l'invasion les surprit, étaient encore en possession de l'organisation romaine, des idées politiques et administratives de Rome. Au milieu des troubles et de la barbarie, l'Eglise ouvrit aux vaincus un asile non-seulement pour les personnes, mais pour l'intelligence. Des hommes de talent se réfugiaient dans les ordres sacrés et dans les monastères. De là ils exerçaient leur ascendant sur la masse des esprits et même sur les affaires de l'Etat. Les Franks, par dédain ou par igno-

---

[1] Zülpich, entre Bonn et Düren.
[2] *Sismondi: De la littérature du midi de l'Europe,* I, 17, 18.

rante incapacité, recouraient à des Gaulois pour les transactions, les stipulations, le gouvernement même, pour tous les offices où l'esprit a la plus grande part. Investis ainsi d'une autorité spirituelle, les Gallo-Romains ou les Gaulois romanisés dirigèrent les esprits des vainqueurs et mirent en circulation parmi eux leurs idées. Avec les idées les Franks adoptèrent nécessairement le langage qui les exprimait, le leur ne s'y pliant pas. Ainsi arriva-t-il que le langage foncièrement latin des habitants de la Gaule devint celui du nouveau mélange de nations qui composait le royaume des Franks. En d'autres termes, le latin devint la large base de la langue de la France.

Quiconque sait le latin voit du premier coup d'œil que la grande majorité des mots français en dérivent. La dérivation des mots d'un usage fréquent, moins évidente dans leur forme actuelle, le devient par l'intermédiaire du vieux français, que nous mettons entre parenthèses dans les exemples suivants :

Oui (oïl), *hoc illud ;*
Nenni (nennil), *non illud ;*
Rien (ren), *rem ;* rien signifie aussi quelque chose ;
Lieu (leuc), *locus ;*
Car (quar), *quare ;*
Ainsi (ensi), *in sic ;*
Il, *ille ;*
Le, la, *ille, illa ;*
Ce, cet, cette, ces, celui, celle (cest, cest, cil, iquel, equelle), *ecce, ecca, ecciste, eccisda, eccille, eccilla.*
Avant, *ab ante ;* d'avant, devant, *de ab ante ;*
Dessous (de soubs), *de sub ;*
Dessus, *de super ;*
En sus, *insuper ;*
Ensemble, *in simul ;*
Dehors (de fors), *de foris ;*
Etre (estre ester), *stare, extare,* ert *erat, erit,* je fui, *fui,* ils fuissent, *fuissent ;* (il estoyent), *extabant.*

Les Gaulois altérèrent le latin par le retranchement des finales et par la construction. D'une culture intellectuelle sans rapport avec le savant organisme de la langue latine et insensibles au plaisir de l'oreille, ils ne comprenaient pas l'utilité des terminaisons des mots dont la racine déjà exprimait le fond de l'idée, et ils n'en goûtaient pas plus le charme musical que celui de l'adoucissement des consonnes par les voyelles dans l'intérieur des mots.

Une foule de mots français se sont ainsi formés par le simple retranchement de la finale latine, quelquefois remplacée par un *e* muet.

Damn*um*, don*um*, nom*en*, lac*us*, fil*um*, aur*um*, sin*us*, fin*is*, porc*us*, ann*us*, pur*us*, dur*us*, fatu*us*, græc*us*, surd*us*, mortu*us*, curt*us*, grand*is*, mult*um* (moult); exempl*um*, templ*um*, fidel*is*.

On abrégeait les mots par l'élision de syllabes ou de lettres, surtout de voyelles à l'intérieur, ce qui produisait ordinairement un rude choc de consonnes.

Perdere, ardere, dextera, findere; arbore, corp*us*, temp*us*, oracul*um*, avuncul*us*, fabul*a*, angul*us*, ungul*a*.

Gardait-on toutes les lettres d'un mot latin, on en rapprochait rudement les consonnes :

Asper (aspre), âpre; acer, acre; alter (altre), autre; noster (nostre) notre; *liber*, chiffre (syfer en arabe).

Aux voyelles agréables à l'oreille, se substituaient des diphthongues déplaisantes qui, avec l'abréviation, formaient des sons nasillards :

Manus, main; *vanus*, vain; *panis*, pain; *punctum* (poinct), point; *pugnus*, poing; *canis*, chien; *longe*, loin; *cuneus*, coin; *minus*, moins; *sanctus* (sainct), saint; *sanus*, sain; *sinus*, scin; *frenum*, frein.

Nous ne poussons pas plus loin l'analyse de ces duretés [1].

A la suite des migrations des peuples de la *Germanie* vers l'Occident depuis le IIIme jusqu'à la fin du Vme siècle, la Gaule fut conquise par ces hordes guerrières et nomades. Les *Franks* s'établirent en maîtres dans la Gaule celtique et belgique. Ils y formèrent une monarchie militaire, définitivement consolidée par Clovis à la fin du Vme siècle. En s'amalgamant lentement avec les vaincus, dont la culture intellectuelle était plus avancée, les vainqueurs adoptèrent leur langue, la langue gallo-romaine. Mais ils y introduisirent des mots de leurs idiomes. Adelung en porte le nombre au cinquième des mots de notre langue, M. Diez à mille environ. Quelques catégories de ces termes méritent d'être particulièrement remarquées.

Mots qui se rapportent à la guerre et aux armes : *Heaume*, allem. helm; *brand*, en vieux français glaive, dont nous avons conservé *brandir*, anc. scandinave brand; *hache*, hacher, allem. hacke, hacken; *dague*, allem. dègen; *sabre*, allem. sabel, etc.

Mots qui se rapportent aux classes de la société : *esclave*, allem.

<hr>

[1] B. Roquefort les attribue uniquement à l'influence des Germains. Voyez en tête du *Supplément au Glossaire de la langue romane*, Paris, 1820 : *Du génie de la langue française*, p. 33-39.

sclave ; *bourgeois*, allem. burg, ville fortifiée ; *riche*, allem. rik, reich.

Noms de dignités ou de fonctions féodales, tirées de l'ancien allemand : *maréschal*, mariskalk, préposé aux chevaux, *séneschal*, siniskalh ; *échanson*, schenco ; *eschevin*, scepene ; *marquis* et *margrave*, de mark, frontière ; markgraf, le comte, préposé à la garde des frontières.

Injures, mots qui exprimaient des idées déplaisantes : du gothique : *morne*, maurnan, être affligé ; *honnir*, haunjan ; *honte*, honde ; *souiller*, sauljan.— De l'ancien scandinave : *vogue*, hrokê, insolent ; *gaber*, gabba ; *loque*, lokr, haillon ; *se grimer*, griman ; grima masque ; grimo, ride.

Mots de la vie rustique : De l'ancien allemand : *gerbe*, garba ; *jardin*, garto et dans les cas obliques garten ; *hutte*, hutta ; *herde* en vieux français troupeau, herde ; *crèche*, chripfa ; *escurie*, scheuer.

Noms propres : *Clovis*, *Loys*, (Louis), Hlodwig ; *Raoul*, Radulf ; *Rou*, Hrolf ; *Thibaut*, Thebalt ; *Giraud*, *Giroud*, Gerald ; *Marcou*, Markulfr ; *Oury*, Uadalric [1].

Un peuple apparenté aux races germaniques par l'origine et le langage, les *Normands*, pirates scandinaves, firent pendant plusieurs siècles des incursions dans des pays maritimes à l'occident et au midi de l'Europe, en France entre autres. Toujours plus nombreux ils en envahirent une des provinces septentrionales, la Neustrie. Charles le Simple, petit-fils de Charlemagne, la leur céda comme fief de sa couronne en 912. Dès lors elle reçut le nom de Normandie. Ils se marièrent dans leur nouvelle patrie et adoptèrent la religion de leurs femmes. Ils apprirent bientôt la langue du pays, et oublièrent la leur ; cependant elle laissa quelques traces dans la langue française et particulièrement dans certaines terminaisons significatives de noms géographiques : *eu*, *eur*, en irlandais *eyar*, île, en danois, *oe*, *oer*, *Flatö Faroer* ; en Normandie, *Cautaleu*, *Harfleur*, *Vittefleur* ; *dal* vallée, en allem. thal. Deux vallées de la Seine inférieure portent les noms de *Grandes dalles* et *Petites dalles* ; *Dieppe-dale*, *Croixdal*, *Bruquedal*,

bec, *beke*, en scandinave et en saxon ruisseau : *Bolbec*, *le Bec*, *Caudebec*.

gard, jardin, verger ; (voyez ci-dessus l. 11 et 12). *Aupegard Eppegard*.

Les Normands exercèrent une influence signalée non pas en important leur langue en France, mais en adoptant la langue de ce pays. Doués d'une vive intelligence et d'une grande activité d'esprit, dès qu'une vie plus sédentaire remplaça leurs expéditions aventureuses, leur curiosité

[1] Voy. une énumération plus complète dans le tome Ier de *Chevallet*, p. 58-70.

investigatrice se porta sur les intérêts de leur nouveau pays et de la pensée. En agrandissant le cercle de leurs connaissances et de leurs idées, ils furent nécessairement conduits à étendre et à perfectionner leur langue. C'est grâce à leur ardeur et à leur persévérance que nous allons voir l'idiome du nord de la France se plier à tous les besoins de l'esprit et devenir une langue littéraire.

Avec l'établissement consolidé des Normands, avec la fin de l'immigration des peuples, finit pour la France et pour la langue française, comme pour la plus grande partie de l'Europe, ce premier âge placé entre l'antiquité et la première aurore des temps modernes, entre l'empire romain et le moyen âge proprement dit ; on sort de la sombre période du Vme au Xme siècle, pour les langues comme pour la société période de fusion, de confusion, de désordre, de bouillonnement d'éléments anciens et d'éléments nouveaux. Les peuples, les Etats, les idiomes se forment.

Jetons un dernier coup d'œil en arrière, pour voir quelles langues se parlaient simultanément en France pendant cette période et ce qu'est devenue celle dont nous esquissons l'histoire.

Quelles langues furent en usage en Gaule du Vme au Xme siècle?

La plus ancienne, la *langue celtique*, avait trouvé un refuge dans la province la plus occidentale, la plus séparée du reste du pays, dans l'Armorique [1], appelée depuis la Bretagne, où elle subsiste encore dans l'idiome du peuple [2]

Le *latin littéraire* fut encore quelque temps la langue des classes instruites, surtout de l'Eglise et des écrivains, depuis les panégyristes de la fin du IVme siècle, et l'évêque de Clermont, Sidoine Apollinaire, poëte et prosateur du Vme. Alors déjà, mais encore plus au VIme, dans l'*Histoire de Grégoire de Tours*, par exemple, et surtout pendant les siècles suivants, la barbarie envahit progressivement la langue et le style littéraires.

La masse des habitants de la Gaule parlait le jargon gallo-romain, la *lingua romana rustica*, altérée encore par le peuple, puis modifiée de nouveau, enrichie par les Germains, et qui reçut le nom de *langue romane*. Dès le commencement du VIme siècle, le peuple mêlait ce langage avec le chant latin de l'Eglise, au déplaisir de l'autorité ecclésiastique. Mais bientôt l'Eglise même dut admettre, pour l'instruction du peuple, le seul langage qu'il comprît. L'idiome populaire forma bien des variétés ou des dialectes, dès l'origine suivant la diversité des lieux et des populations, ensuite suivant la proportion du mélange avec les Germains, suivant la

---

[1] En celtique *ar*, près, *mor*, la mer.

[2] Voir *Chants populaires de la Bretagne, recueillis par Th. Hersart de la Villemarqué.* 4me édit. Paris, 1846, 2 vol. in-12.

diversité aussi des tribus germaniques et de leurs idiomes particuliers. Dans le midi de la Gaule, par exemple, où les Germains pénétrèrent en moins grand nombre que dans le centre et le nord, la langue romane, moins altérée, demeura plus rapprochée du latin pour les mots, les formes et la mélodie. Si dans la partie occidentale de ce midi l'altération parut plus forte, elle se ressentit du moins de la présence des Goths, peuple qu'une langue plus douce et plus cultivée mettait au-dessus des Franks.

La *langue théotisque* ou *tudesque*, dans ses divers dialectes ne servit pas seulement à une altération nouvelle du gallo-romain : elle fut parlée en France par la race conquérante, tant que son amalgame avec les vaincus ne fut pas consommé. Au IXme siècle encore, elle régnait à la cour de Karl le Grand ou de Charlemagne, à Aix-la-Chapelle, siége de son empire. Dans les efforts qu'il fit pour les progrès intellectuels de son peuple, nous le voyons donner aux mois et aux vents des noms allemands [1], rédiger lui-même une grammaire allemande pour maintenir chez les nationaux la pureté de la langue maternelle, enfin recueillir des chants allemands qui vivaient dans la mémoire des peuples d'origine germanique.

Ce dernier fait témoigne d'un degré quelconque de culture intellectuelle chez la race victorieuse, et d'un perfectionnement de son langage.

Celui de la race vaincue, la langue romane, se perfectionnait dans le même temps ; preuve en soit le plus ancien monument qui nous en reste, postérieur de vingt-huit ans seulement à la mort de Charlemagne, c'est le fameux serment de l'an 842. Le faible fils de Charlemagne, Louis le Débonnaire avait partagé son empire entre ses trois fils : Charles le Chauve eut la France occidentale et méridionale, Louis le Germanique l'Allemagne, Lothaire Ier, la France orientale et l'Italie. En 841, les deux premiers vainquirent Lothaire dans la bataille de Fontenay en Bourgogne. L'année suivante ils se lièrent contre lui par un serment qu'ils se prêtèrent, à Strasbourg, en présence de leurs armées. Charles le Chauve le prêta en allemand pour être compris des troupes de son frère ; par une raison analogue, Louis le Germanique le prêta en français ou en roman dans ces termes :

Serment de Louis, roi de Germanie.

« Pro deo amur et pro christian poplo et nostro commun salvament, dist di en avant, in quant Deus savir et podir me dunat, si salvara jeo cist meon fradre Karlo, et in ajudha et in cadhuna cosa, si com om per dreit son fradra salvar dist, in o quid il mi altre si fazet, et ab Ludher nul

---

[1] *Aug. Thierry, Lettres sur l'Histoire de France*, lettre 3me.

plaid nunquam prindrai, qui meon vol cist meon fradre Karle in damno sit. »

Traduction.

« Pour l'amour de Dieu et pour le peuple chrétien et notre commun salut, de ce jour en avant (à compter de ce jour), autant que Dieu m'en donne le savoir et le pouvoir, je défendrai mon frère Charles ici présent, et en aide et en toute chose, ainsi qu'un homme par justice doit défendre son frère, en tout ce qu'il ferait de la même manière pour moi ; et je ne ferai jamais avec Lothaire aucun accord, qui, par ma volonté, porterait dommage à mon frère Charles que voici. »

Serment des seigneurs français et sujets de Charles le Chauve.

« Si Lodhuvigs sagrament que son fradre Karlo jurat conservat, et Karlus meos sandra de suo part non lo stanit, si jo returnar non lint pois, ne jo, ne neuls cui eo returnar int pois, in nulla adjudha contra Loduwig nun li juer. »

Traduction.

« Si Louis observe le serment que son frère Charles lui jure, et que Charles mon seigneur, de son côté, ne le tient point, si je ne puis le détourner de cela, ni moi, ni aucun que je puis en détourner, ne lui serons en aide contre Louis. »

Quelques observations seulement.

Nous ignorons si la langue de ce document, sans doute rédigé d'avance, est plus littéraire, plus rapprochée du latin que la langue alors parlée par les Français, mais il ne s'y trouve pas un mot qui ne soit dérivé du latin, pas un mot d'origine tudesque. Il semble pourtant que, destiné à être entendu du peuple, ce serment dût être conçu dans la langue populaire.

Les terminaisons différentes du même mot ou du même nom peuvent désigner des cas différents. Au génitif, « pro *Deo* amur ; » au nominatif, « *Deus* savir et podir me dunat. » — A l'accusatif, « salvara jeo *cist meon fradre Karlo*, » et « *son fradra salvar dist.* » — Au datif, « qui *cist meon fradre Karle* in damno sit. » — Dans le serment des seigneurs, nous voyons au nominatif *Karlo* et *Karlus*, ce qui nous rejette dans le vague du hasard. — *Meon vol*, forme du nominatif, est ici employé comme ablatif, par ma volonté, avec ma volonté. Pour l'orthographe, on voit *jo* et *jeo*, *Lodhuvig* et *Loduwig*.

Une pièce en lignes rimées nous donne une idée de la langue du Xme siècle ; c'est l'épitaphe de l'annaliste Flodoard, mort à Reims en 966. La voici :

Si ti veu de Rein savoir ly eveque
Lye le temporair de Flodoon le saige,.
Y les mor du tam d'Odalry eveqne
Et fut d'Epernay ne (né) par parentaige ;
Vequit caste clerc, bou moine, meilleu abbé
Et d'Agapit ly romain fut aubé.
Par son histoire maintes novelles sauras
Et en elle toute antiquité auras.

Ce langage champenois est postérieur de cent vingt-quatre ans au document précédent. *Lye, (lege)* lis: *Le temporair, les annales* de Flodoard: *Y les mor* pour *il est mort ; tam* pour temps, c'est l'orthographe de la prononciation. Un seul mot dans ces dix lignes est d'origine germanique : *maintes, manch, many.*

Tels furent les idiomes parlés en France jusqu'à la fin du Xme siècle, et l'état de celui dont la gloire devait resplendir bientôt sous le nom de langue française. Le latin, corrompu successivement, puis mélangé d'un langage énergique, y avait puisé une vigueur nouvelle, comme le caractère des descendants des Romains amollis s'était retrempé par le contact avec des peuples qu'ils appelaient barbares. A travers un long âge de ténèbres, l'Europe était arrivée au XIme siècle, qui s'ouvrait comme un imposant portique du temple de la lumière. Une brillante destinée attendait la France et sa langue.

Dialectes. — Langue d'oc. — Langue d'oïl.

Comme dans tous les pays du monde, en France, avec la nouvelle langue, il se forma divers dialectes. Lorsque le chaos de ce langage se fut débrouillé et que le jour éclaira cette création, on reconnut deux dialectes principaux ou plutôt deux langues correspondant à deux nationalités.

Dans la France méridionale, sous l'influence d'un climat et d'une civilisation analogues à ceux de l'ancienne Ionie, patrie de la langue d'Homère, était né du latin, en conservant un air de famille, une langue énergique, souple et mélodieusé, la plus belle langue et la plus perfectionnée qui se parlât en Europe au XIme siècle ; c'était celle de la Provence. Elle dut sa perfection et sa célébrité au chant et à l'art ingénieux des troubadours. Ils furent les créateurs de la poésie moderne, et servirent de modèles aux premiers poëtes italiens. De tous les idiomes néo-latins ou essentiellement dérivés du latin, c'est le catalan qui a le plus de rapport avec le provençal ; l'italien et l'espagnol aident à le comprendre. Sa lexicologie et sa grammaire se rattachent fortement au latin. Le provençal fut la première des langues néo-latines régulièrement formée et appropriée à des productions littéraires. Le poëme sur Boëce est antérieur à l'an 1000 ; la *Nobla Leyçon* des Vaudois est de l'an 1000, époque où les littératures circonvoisines ne naissent pas encore. Le provençal porte aussi le nom de *langue d'oc*, de l'affirmation *oc* (hoc est), oui.

Au nord de la Loire, dit-on communément, mais plus exactement au nord de la ligne tirée depuis l'embouchure de la Sèvre jusqu'à l'extrémité occidentale du lac de Genève, le roman plus fortement altéré par les Germains plus nombreux, et d'ailleurs bien établis dans le pays, devint une langue nouvelle aussi, moins belle, moins sonore, plus sourde, plus nasillarde, moins régulière d'abord, la *langue d'oïl* (oui), ou le *roman wallon*, première forme de notre langue française.

La distinction de ces deux grands dialectes qui se partagèrent la France fut probablement reconnue et leur dénomination adoptée, lorsque les Normands appliquèrent leur activité au perfectionnement de leur nouvelle langue et aux intérêts littéraires, et créèrent dans le nord une littérature rivale de celle du midi, quoique fort différente. Les premiers soins des Normands se portèrent sur des recherches d'histoire.

La langue d'oc et la langue d'oïl ont leurs *dialectes*. Dans la seconde, on en reconnaît trois principaux : celui de Normandie, formé le premier ; celui de Bourgogne, venu ensuite ; le dernier est celui de Picardie.

Le *dialecte normand* ou *anglo-normand* se forma principalement en Angleterre, sous les rois normands ; il domina dans la littérature jusqu'au commencement du XIIIme siècle, alors que Philippe-Auguste, à son tour, conquit la Normandie (en 1204). Les voyelles qu'il affectionne et ses diphthongues intermédiaires entre deux sons nets rappellent la prononciation anglaise. Guillaume le Conquérant mourut en 1087. Les lois qu'il donna à l'Angleterre sont donc les plus anciens monuments que nous possédions de la langue française du nord, après l'épitaphe de Flodoard. En voici des fragments :

« Ce sont les leis et les custumes que li Reis William grantut à tut le peuple de Engleterre après le conquest de la terre. Ice les meismes que le reis Edward sun cosin tint devant lui. »

1° *De asylorum jure et immunitate Ecclesiastica.*

« Co est à saveir ; pais à Sainte Eglise ; de quel forfait que home out fait en cel tens, et il pout venir à Sainte Eglise ; out (habeat) pais de vie et de membre. Et se alquons meist main en celui qui la mere Eglise requiereit. (Et si quis manum injecerit in eum qui matrem Ecclesiam quaesierit), se ceo fust u Abbeie, u Eglise de religion, rendist ce que il avereit pris, e cent sols de forfait, e de mer Eglise de Paroisse XX sols, e de Chappele X sols, e que enfraiant la pais le Rei en Merchenelega (et qui fregerit pacem regis in Mercheneliga [i. e. in lege Merciorum]) cent sols les amendes (centum solidis emendet), altresi de Heinfare et de await purpensed. » (Similiter de compensatione homicidii et de insidiis praecogitatis.)

30° *De viis publicis.*

« De III chemins co est a saveir Wetlingstreet et Ermingtstreet et Fos. Ki en alcun de ces chemins oceit home qui seit errant per le pais, u asalt, si enfreit la pais le Roi. »

On possède du même siècle une traduction des Psaumes, du premier livre des Rois et de l'Evangile selon saint Luc. Quelques versets suffiront pour faire voir que la traduction et la langue suivent pied à pied le latin.

« Ne jetes mei de la tue face et le tuen espirit ne tolges de mei. »

(Ne proiicias me a facie tua et spiritum tuum ne auferas a me. Psaume 50.)

« Misericorde e veritet aimet Deus. »

(Misericordiam et veritatem diligit Deus. Ps. 83.)

« Li nostre sire dunrat benignitet e la nostre terre dunrat sun fruit. »

(Dominus dabit benignitatem et terra nostra dabit fructum suum. Psaume 84.)

« Tu seigneuris a la poested de la mer. »

(Dominaris potestati maris. Ps. 58.)

« Li sire ad dit a munseigneur, se devers les meies dextres. »

(Dixit dominus domino meo, sede a dextris meis. Ps. 119.)

« Kar il ad fait a mei granz coses ki puissanz est. »

(Quia fecit mihi magna qui potens est. Saint Luc, ch. I.)

« Magnefiet ma aneme li sire... »

(Magnificat anima mea Dominum. Saint Luc, ch. I.)

« Ki esguardet la terre et fait li trembler, ki atuchet les munz et fument. »

(Qui respicit terram et facit eam tremere, qui tangit montes, et fumigant. Ps. 103.)

« Ot scut averonerat tei la veritet de lui. »

(Scuto circumdabit te veritas ejus. Ps. 90.)

« Li notre pere qui ies es ciels saintefiez seit li tuens nums ; avienget li tuns regnes ; seit faite la tue voluntet si cum en ciel e en la terre ; li nostre pain cotidian dun a nus oi, e pardunes a nus les nos detes, essi cume nus pardununs a nos deteurs ; ne nous mener en tentation, mais delivre nus de mal. Amen. »

Une charte de 1133 de l'abbaye de Honnecourt pourrait bien être le plus ancien monument de cette espèce.

« Jou[1] Renaut Seigneur de Haucourt Kievaliers[2], et Jou Eve del Eries kuidant ke on[3] jor[4] ki sera[5] nos ames kieteront[6] nos kors, por si[7] trair[8] a Dius no[9] Seigneur et ke no poieon[10] rackater no fourfet[11] en enmonant[12] as[13] Iglises de Dius et as porre[14] por chous[15] desorendroit[16] avons de no kemun[17] assent[18] fach[19] no titaument[20] e derains[21] vouletet[22].

On possède en français des sermons de saint Bernard, dont le langage n'est certainement pas postérieur à la première moitié du XIIme siècle ; saint Bernard mourut en 1155. En voici un passage.

« Nos faisons vi, chier freire, l'encommencement de l'avent cuy[23] nous est asseiz renomeiz et connis[24] al munde si come sunt li nom[25] nen est mies[26] par aventure si connuë. Car li chaitif[27] fil[28] d'Adam n'en ont cure de veriteit, ne de celes choses ka[29] lor salutut[30] appartienent, anz[31] quierent icil les choses defaillans et trespessaules[32]. A quel gent ferons nos semblans[33] les homes de ceste generation ou à quel gent ewerons[34] nos ceos[35] cui nos veons estre si achers[36] et si enracineiz ens[37] terriens solas[38] et ens corporiens, kil[39] departir[40] ne s'en puyent[41]. »

La principale impulsion pour le perfectionnement de la langue lui vint de la poésie, comme en Provence. La poésie assouplit le langage dans tous les sens, et le plie aux besoins variés de la pensée et même à ses caprices. Elle lui apprend à satisfaire aux exigences de l'intelligence, de

[1] Je.	[23] Qui
[2] Chevalier.	[24] Connu.
[3] Au.	[25] Ainsi que sont les noms (les renommées).
[4] Jour.	
[5] Qui sera, qui arrivera.	[26] Guère, point.
[6] Quitteront.	[27] Chétif.
[7] Se.	[28] Fils (pluriel).
[8] Retirer.	[29] Qui à...
[9] Notre.	[30] Salut.
[10] Pouvons.	[31] Au contraire.
[11] Forfaits, péchés.	[32] Passagères, de *Trespasser*, passer outre, d'un lieu dans un autre.
[12] Faisant des aumônes.	
[13] Aux	[33] Ferons-nous semblables ? Comparerons-nous ?
[14] Pauvres.	
[15] Cela.	[34] Futur de *ewer*, égaler, comparer.
[16] Dès ce moment.	[35] Ceux.
[17] Commun.	[36] *Acer*, vif ; ferme.
[18] Accord.	[37] Dans.
[19] Fait.	[38] Plaisir.
[20] Testament.	[39] Qu'ils.
[21] Dernière.	[40] Séparer, dégager.
[22] Volonté.	[41] Peuvent.

l'imagination et de l'oreille. L'esprit du nord de la France a paru à bien des juges moins poétique que celui du midi : il l'était différemment. Le lyrisme français n'égale pas l'enthousiasme provençal ; les éléments de la langue lui étaient moins favorables, mais alors déjà il rendait avec bonheur les pensées gracieuses et un mélange tout national de sentiment, d'esprit et de gaieté. Mais les deux genres les plus riches de la vieille littérature du nord de la France, ce furent les *Romans de chevalerie*, précédés, dans le XIIme siècle, de deux poëmes historiques qui s'en rapprochaient, le *Brut* en 1155, et la *Rou* en 1160 ; puis les *Contes* ou *Fabliaux*. La satire gaie avait une part considérable dans ces petites narrations ; la satire sérieuse trouvait sa place dans des poëmes didactiques et allégoriques, et dans des attaques directes comme celles du hardi poëte *Rutebœuf*. Dans ces genres divers, la langue devint tour à tour brillante, ingénue, naïve, pleine de force, toujours claire, à moins qu'une allusion difficile à saisir ne l'obscurcisse, souvent d'une étonnante concision, comme dans ce vers de Rutebœuf sur les mariages d'argent :

Tant as, tant vaux et tant te pris [1].

Un des traits du style et du langage de la plupart de ces poésies, c'est la réunion, contradictoire en apparence, de la précision et de la prolixité. L'expression de chaque pensée est précise ou même serrée et vive, mais les poëtes ne se lassent pas de reproduire la même pensée sous plusieurs formes ; ils disent bien, mais ils ne savent pas s'arrêter, et la poésie dégénère en causerie. La langue travaillée par cette verve surabondante, comme par l'art savant de poëtes plus jaloux de leur renommée, déploya des mérites nouveaux.

Ce fut surtout au commencement du XIIIme siècle, que les poëtes de la France du nord, les trouvères, animés par les encouragements de Philippe-Auguste et de sa cour brillante, par la munificence des châteaux et par les applaudissements du peuple, acquirent de la gloire par les perfections inconnues dont ils ornaient la langue de la France.

La sociabilité plus vive, la conversation animée par la chevalerie et les croisades, l'urbanité de la cour du roi et des autres cours, telles que celle de Thibaut IV, comte de Champagne, firent faire à la prose, plus rapprochée des entretiens de la classe cultivée, des progrès plus rapides que ceux du langage de la poésie. Les vers de la fin du siècle ne différaient guère de ceux du commencement, tandis que dans la prose nous allons voir entre Villehardouin, historien contemporain de Philippe-Auguste, et Joinville, autre historien de soixante et treize ans plus jeune, une différence de plus d'un siècle pour le langage et le style.

[1] Je te prise.

La première croisade avait été prêchée à la fin du XIme siècle. La quatrième fut annoncée à la fin du XIIme par Thibaut, comte de Champagne et de Brie. Parmi les seigneurs qui se croisèrent, le *Sire Geoffroy de Villehardouin* (1150-1213), maréchal de Champagne, puis de Romanie, joua un rôle marquant comme diplomate et guerrier, et occupe une place non moins éminente dans l'histoire de la langue française. C'est de sa bouche que nous entendons pour la première fois une autre éloquence que celle de la chaire, et dans la *Chronique* qu'il écrivit de cette entreprise (*Chronique de la conquête de Constantinople par les Francs*), nous possédons la plus ancienne prose historique ornée de quelque beauté littéraire.

Villehardouin et cinq autres délégués furent députés vers le doge, qu'il appelle le duc de Venise, pour obtenir en faveur des nouveaux croisés des navires et la permission de s'embarquer dans le port de Venise. Écoutons son récit.

« [1] Li dux de Venise qui ot nom Henris Dandole, et ere mult sages et mult prouz, si les honora mult, et il, et les autres gens, et les virent mult volentiers ; et quand ils baillerent les lettres lor seignors [2], si se merveillerent mult por quel affaire il erent venus en la terre. Les lettres erent de creance ; et distrent [3] li contes que autant les creist [4] en come lor cors, et tenroient [5] fait ce que cis six feroient. Et li dux lor respont : « Sei- « gnors, je ai veues [6] vos lettres, bien avons queneu que vostre seignor sont « li plus haut home qui soient sans corone [7], et il nos mandent que nos « creons ce que vos nos direz, et tenons ferme ce que vos ferez. Or dites « ce que vos plaira. » — Et li message respondirent : « Sire, nos volons « que vos aiez vostre conseil ; et devant vostre conseil nos vos dirons ce « que nostre seignor vos mandent, demain se il vos plaist. » — Et li duch lor respont que il lor requeroit respit al quart jor ; et adonc aroit son conseil ensemble, et porroient dire ce que il requeroient.

« Il attendirent tres ci quart jor que il lor ot mis ; il entrerent el palais qui mult ere riches et biax, et troverent li duc et son conseil en une chambre : et distrent lor message en tel maniere : « Sire, nos somes a « toi venu de par les hals [8] barons de France qui ont pris le signe de la

---

[1] Notre *Lexique* donne l'explication de beaucoup de mots des morceaux qui suivent. D'autres sont expliqués dans la *Grammaire*. Les notes se borneront ici à mettre les élèves sur la voie des recherches et des découvertes.

[2] Gr. § 48. — [3] Gr. § 28. — [4] Gr. § 28. — [5] Gr. § 26. — [6] Gr. § 96.

[7] J. Selden, dans son livre intitulé *Title of honour*, Pl. II, C. V, infère de ce passage que les ducs et les comtes n'usaient pas encore de couronnes, ainsi qu'ils l'ont fait depuis.

[8] *Halt*, haut ; plur. *halts, hals*.

« croiz por la honte Jesu-Christ vengier, et por Jerusalem conquerre, se
« Diex le voelt soffrir. Et porce que il savent que nule genz n'ont si grant
« pooir comme vos et la vostre gent, vos prient por Dieux que vos aiez
« pitié de la terre d'oltremer, et de la honte Jesu-Christ vengier, com-
« ment ils puissent avoir navie et estoire. » — « En quel maniere? » fait
li dux. — « En totes les manieres, font li message, que vos lor saurez
« loer ne conseiller que il faire ne soffrir puissent. » — « Certes, fait
« li dux, grant chose nos ont requise, et bien semble que il béent à haut
« affaire ; et nos vos en respondrons d'ici à huit jorz ; et ne vos merveillez
« mie se li termes est lons, car il convient mult penser à si grant chose.»

« Al termes que li dux lor mist, il revinrent el palais. Totes les paroles
qui là furent dites et retraites ne vos puis mie reconter ; mais la fin de la
parole fut tels : « Seignors, fait li dux, nos vos dirons ce que nos avons
« pris à conseil, se nos y poons metre nostre grant conseil et le commun
« de la terre que il ottroit, et vos vos conseilleroiz se vos le pourroiz
« faire ne [1] soffrir. Nos ferons vuissiers à passer quatre mil et cinq cent
« chevaus, et nuef [2] mille escuyers, et ès nés quatre mil [3] et cinq cent
« chevaliers, et ving mille serjans à pié ; et à toz ces chevaus et ces genz
« iert telx la convenance que ils porteront viande a nuef mois. Tant vos
« feromes al mains, en tel forme que on donra por le cheval quatre mars [4]
« et por li home deux ; et totes ces convenances que nos vos devisons, nos
« tendrons por un an, dès le jor que nos departirons del port de Venise
« à faire le servise Dieu et la chrestienté, en quelque leu [5] que ce soit.
« La somme de cest avoir qui ici est devant nommé, si monte quatre-
« ving-cinq mille mars. Et tant feromes al mains que nos metteromes
« cinquante galées por l'amour de Dieu, par tel convenance que, tant
« com nostre compaignie durera, de totes conquestes que nos feromes par
« mer ou par terre, la moitié en aurons, et vos l'autre. Or, si vos con-
« seillez, se vos le porroiz faire ne soffrir. »

« Li messages s'en vont et distrent que ils parleroient ensemble et lor
en respondront lendemain. Conseillerent soi et parlerent ensemble celle
nuit, et si s'accorderent al faire ; et lendemain vindrent devant le duc et
distrent : « Sire, nos sommes prest d'asseurer ceste convenance. » Et li
dux dist qu'il en parleroit à la soe [6] gent, et ce que il troveroit, il le lor
feroit savoir. Lendemain al tierz jor, manda li dux, qui mult ere sages
et proz, son grant conseil, et li conseilx ere de quarante homes des plus

---

[1] Gr. § 105. — [2] Neuf. — [3] Gr. § 20.

[4] Marcs. Au XIIIme siècle la valeur du marc était de 20 sols, du marc d'argent
40 sols Parisis ou deux livres Parisis.

[5] Lieu. — [6] Sua, la sienne, sa.

sages de la terre[1]. Par son sens et engin, que il avoit mult cler et mult bon, les mist en ce que il loerent et volrent. Ensi les mist, puis cent, puis deux cent, puis mil, tant que tuit le creanterent et loerent. Puis en assembla ensemble bien dix mil en la chapelle de Saint-Marc, la plus belle qui soit, et si lor dist, que il oïssent messe del Saint-Esperit, et priassent Dieu que il les conseillast de la requeste, as messages que il lor avoient faite, et il si firent mult volenticrs.

« Quant la messe fu dite, li dux manda par les messages, et que ils requissent à tot le pueple humblement que il volsissent que celle convenance fust faite. Li messages vindrent el mostier. Mult furent esgardé de mainte gent qu'il n'es avoient ainsi mais veuz. Joffroy, de Ville-Hardoin li mareschaus de Champaigne monstra la parole por l'accort ; et par la volenté as autres messages lor dist : « Seignor, li barons de France li plus « halt et li plus poestez nos ont à vos envoiez ; si vos crient merci, que il « vos preigne pitiez de Hierusalem qui est en servage des Turcs[2] que vos « por Dieu voilliez lor compaignie à la honte Jesu-Christ vengier ; et por ce « vos y ont eslis que il sevent que nulles gens n'ont si grant pooir, qui « sor mer soient, come vos et la vostre genz, et nos commanderent que « nos vos enchaïssiens as piez, et que nos n'en leveissiens[3] desque[4] vos « ariez otroyé que vos ariez pitié de la Terre-Sainte d'outremer. »

« Maintenant li six message s'agenoillerent à lor piez mult plorant ; et li dux et tuit[5] li autre s'escrierent tuit à une voix, et tendant lor mains en halt, et distrent : « Nos l'otroions, nos l'otroions ! » Enki[6] ot si grant bruit et si grant noise, que il sembla que terre fondist. Et quant celle grant noise remest, et celle grant pitié, que oncques plus grant ne vit nus hom, li bon dux de Venise qui mult ere sages et proz, monta el leteris et parla au pueple et lor dist : « Seignor, veez l'honor que Diex vos a fait, que la meillorz « genz del monde ont guerpi tote l'autre genz, et ont requis vostre compai-« gnie de si halte chose ensemble faire comme de la rescosse Notre Sei-« gnor. » Des paroles que li dux dist bónes et belles ne vos puis tout raconter. Ensi fina[7] la chose ; et de faire les chartres pristrent lendemain jor ; et furent faites et devisées. Quant elles furent faites, si fu la chose seue que on iroit en Babyloine, por ce que par Babyloine porroient mielz les Turcs destruire que par autre terre. Et en oïant ce, fu devisé que de Saint Joan en un an qui fu mille deux cents ans et deux apres l'incarnation Jesu-Christ, devoient li baron et li pelerin estre en Venise, et les vassials apareillez contre als. Quant elles furent faites et seellées, si furent aportées

---

[1] Du pays.

[2] Saladin avait repris Jérusalem sur le roi Guy de Lusignan en 1187.

[3] Gr. § 25. — [4] Jusque. — [5] Tout, tous. — [6] Ici, alors. — [7] Gr. § 29.

devant le duc el gran palais, où li grant conseil ere et li petiz. Et quant li duc lor livra les soes chartres, si s'agenoilla mult plorant, et jora sor sains [1] à bone foi à bien tenir les convens qui erent ès chartres, et toz ses conseils ainsi, qui ere de quarante-six. Et li messages jurèrent les lor chartres à tenir, et les sermens à lor seignor, et les lor, que il les tenroient à bone foi. Sachiez que là ot mainte lerme de pitié. »

Ce style ne manque pas de sentiment, mais de souplesse ; la langue, peu maniée, est encore rebelle ; les allures de l'écrivain sont en ligne droite, et ses mouvements un peu anguleux, comme ceux d'un chevalier bardé de fer. Mais déjà la précision et la clarté de la parole font voir les choses mêmes, et l'historien, sans rechercher ce mérite, peint ce qu'il raconte.

Par les soins d'un savant infatigable, M. *Francisque Michel*, dont les travaux ont si bien mérité de la littérature et de la langue de la vieille France, le public lettré est en possession depuis 1838 d'un petit roman en prose du commencement du XIIIme siècle aussi, délicieux par la triple naïveté des sentiments, de l'art et du langage. C'est le *Roman du roi Flores et de la belle Jeanne*. On y voit entre autres un chevalier, heureux époux, heureux père d'une fille nubile, et servi par le plus dévoué des écuyers, du nom de Robins. Un entretien du chevalier et de l'écuyer nous donnera une juste idée de la manière et de la langue de l'auteur.

« Ne demora gaires ke [2] li chevaliers mut à aler à. j. tournoiement loing de son païs. Cant [3] li vint là si fut tos retenus de maisnie [4] ; il et si chevalier k'il avait de mesnie [5] ; et fu sa bannière portée à l'ostel son mestre. Li tournois coumencha [6] et le fist li chevaliers si bien par le bien fait Robin son eskuier, ke il enporta le los et le pris dou tournoi d'une part et d'autre. Au secont jour s'esmut li chevaliers à aler vers son païs, et Robins le mist à raison [7] molt de fois, et li blas (ma) molt k'il ne marioit sa biele fille, et plusieurs fois li dist, et tant ke li sire li dist : « Robin, tu et ta dame ne me laissés en paise de ma fille marier ; mais encorre ne sais-je ne voi piersonne en mon païs à cui je le dounasse. » — « A, sire, dist Robins, il n'a chevalier en vostre païs ki volentiers ne le preist. » — « Robin, biaus amis, ils ne valent riens tout, ne je ne le donroie à nul d'aus [8] ; si je ne sai orendroit piersonne à cui je le dounase, fors ke à. j. tout seul homme, et si n'est mie chevaliers. » — « Sire, or le me dites, dist Robins, et je parlerai u [9] ferai parler si sotilment à lui ke li mariages iert fais. »

1 Saints.
2 Que.
3 Quand.
4 Retenu à demeure, invité.
5 Qu'il avait avec lui.

6 Commença.
7 Raisonna, s'entretint avec lui.
8 D'eux.
9 Ou.

— « Ciertes, Robin, dist li chevalier, au sanblant ke je te voi faire vosroies [1] tu bien ke ma fille fust mariée ? » — « Sire, dist Robins, vos dites voir, car il en est bien tans. » — « Robin, dist li chevaliers, puis ke tu es si tangres ke ma fille fust mariée, elle sera asés tos mariée se tu t'i acordes. » — « Ciertes sire, dist Robins, je m'i acorderai volontiers. » — « Le me créantes-tu ensi? » dist li chevaliers, « Oïl, sire, » dist Robins. » — « Robin, tu m'as siervi molt bien, et t'ai trouvé preudomme et loïal, et tel comme je sui m'as-tu fait, et ai bien par toi acuis [2]. v. c. livrées de tiere, car il n'a [3] gaires que je n'en avoie ke v. c. Ore en ai-ge. M. livrées ; si te di ke je me loc [4] molt de toi : et por çou [5] te donrai-je ma bielle fille, si tu le veus prendre. » — « Ha, sire, dist Robins, por Dieu mierchi! ke es-çou ke vous dites? Je sui trop povre piersonne pour avoir si haute pucielle, ne si riche ne si bielle com ma damoisielle est, ne je n'afierc [6] pas à li, car il n'a chevalier en ceste tiere, tant soit gentius [7] hom, ki ne le prenge volontiers. » — « Robin, saces [8] bien ke chevaliers de mon païs ne l'aura jà ; mais je te le donrai, se te vius [9], et si te donrai avieuc CCCC. livrées de ma tiere. » — « Ha, sire ! dit Robins, espoir vous me mokiés. » — « Robin, dist li chevaliers, saces ciertainnement non fac [10]. » — « Ha, sire ! ma dame ne ses grans linages ne s'i voroient mie acorder. » — « Robin, dist li chevaliers, riens de ceste chose ne feroie pour aus tous. Tien, veschi [11] mon gant ; je te raviesc [12] de CCCC. livrées de tiere et le te garandirai par tout. » — « Sire, dist Robins, je ne le refuserai mie, c'est biaus dons, puis ke je voi ke c'est à ciertes. » — « Robin, dist li chevaliers, tu as droit. » Li chevaliers li balla son gant, et le raviesti de la tiere et de sa bielle fille. »

Jéhan, sire de Joinville, serviteur et ami de Saint-Louis, le suivit à la septième croisade entreprise par ce monarque. De retour de cette campagne et après la mort du roi, il écrivit avec amour et attendrissement l'*Histoire de saint Louis*. Sans que l'auteur cherche à mettre sa personne en évidence, son caractère se confond avec celui de la langue de son temps. De là le charme de ce langage et de ce style tout empreints de candeur et de loyauté, de sentiment et de raison, de malice et de naïveté. La gaîté se mêle à la gravité dévote, et la bonhomie du récit à l'admiration enthousiaste pour le saint héros. La narration lucide et coulante nous plaît singu-

---

[1] Voudrais.
[2] Acquis.
[3] Il n'y a.
[4] Loue.
[5] Cela.
[6] De afferir.
[7] Gentil.

[8] Sache.
[9] Veux.
[10] Je n'en fais rien.
[11] Voici.
[12] Vieux présent de l'indicatif de *raviestir*, revêtir, mettre en possession.

lièrement par un charme d'ancienneté ; mais au fond nous reconnaissons déjà notre bonne langue française, claire, vive et gracieuse. Comparé avec son successeur, Villehardouin semble avoir écrit dans une langue morte.

Citons quelques traits par lesquels Joinville fait connaître le caractère du roi saint Louis.

« De sa bouche fut-il tres-soubre et chaste. Car onques un jour de ma vie ne luy oy deviser ne souhaiter nulles viandes, ne grant appareil de chouses delicieuses en boire ne en manger, comme font maints riches homs : ainçois mangeait et prenoit paciemment ce que on lui ataignoit et mettoit devant lui. En ses paroles il fut si atrampé que jamès jour de ma vie ne luy oy dire aucune mauvaise parole de nully, ne onques ne luy oy nommer le deable, lequel nom est bien espandu, et à present fort commun par le monde, ce que je croy fermement n'estre pas agreable à Dieu, mais ainçois luy desplaist grandement. Son vin atrampoit par mesure, selon la force et la vertu que avoit le vin, et qu'il le povoit porter. Il me demanda par une foiz en Chippre pourquoi je ne metoye de l'eau en mon vin. Et je luy respondy que ce faisoient les medecins et cirurgiens, qui me disoient que j'avois un grosse teste, et une froide fourcelle, que je n'auroye povoir d'endurer. Et le bon roy me dist, qu'ils me decepvoient et me conseilla de le tramper ; et que si je n'apprenoye à le tramper en ma jeunesse, et que je le voulisse faire en ma vieillesse, les goutes et les maladies que j'avoye en la fourcelle me croistroient plus fort ; ou bien si je beuvais vin pur en ma vieillesse, que à tous les coups je m'enyvreroye : ce qu'est trop laide chose à vaillant homme de soy enyvrer.

« Le bon roy m'appela une foiz, et me dist qu'il vouloit parler à moy, pour le subtil sens qu'il disoit congnoistre en moy ; et en presence de plusieurs me dist : « J'ay appelé ces freres qui cy sont, et vous fois une question et demande de chose qui touche Dieu. » La demande fut telle : — « Senneschal, dist-il, quelle chose est-ce que Dieu ? » Et je lui respons : « Sire, « c'est si souveraine et bonne chose, que meilleure ne peut estre. » — « Vraiement, fit-il, c'est mult bien respondre. Car cette vostre responce « est escripte en ce livret que je tiens en ma main. Autre demande vous « foys-je, savoir lequel vous aimeriez mieulx, estre mezeau et ladre, ou « avoir commis et commettre un pechié mortel. » Et moy qui onques ne « luy voulu mentir, lui respondi, que j'aimeroie mieulx avoir fait trante « pechez mortelz, que estre mezeau. » Et quand les freres furent departis de là, il me rappelle tout seulet et me fist seoir à ses piedz, et me dist : « Comment avez-vous ozé dire ce que avez dit ? » Et je luy respons, que encore je le disoye. Et il me va dire : « Ha ! foul musart, musart vous « y estes deceu. Car vous sçavez que nulle si laide mezellerie n'est, comme « de estre en péché mortel ; et l'ame qui y est, est semblable au deable

« d'enfer. Parquoy nulle si laide mezellerie ne peut estre. Et bien est vray
« fist-il. Car quand l'homme est mort il est sane et guery de sa mezellerie
« corporelle. Mais quand l'omme qui a fait pechié mortel meurt, il ne
« scet pas, n'y n'est certain qu'il ait en sa vie eu telle repentance que
« Dieu lui vueille pardonner. Parquoy grant paours doit-il avoir que celle
« mezellerie de pechié lui dure longuement, et tant que Dieu sera en pa-
« radis. Pourtant vous prie, fist-il, que pour l'amour de Dieu premier,
« puis pour l'amour de moy, vous retiengnez ce dit en vostre cueur ; et
« que vous aimez beaucoup mieulx, que mezellerie et autres maulx et
« meschiefs vous viensissent au corps, que commettre en vostre ame un
« seul pechié mortel, qui est si infame mezellerie. »

« Aussi illeques me enquist si je lavoye les piez aux pouvres le jour du
jeudi saint. Et je lui dis : « Fy, fy en malheur ; ja les piedz de ces vi-
« lains ne laveray-je mie. » — « Vraiement, fist-il, c'est tres mal dit.
« Car vous ne devez mie avoir en desdaing ce que Dieu fist pour noustre
« enseignement. Car lui, qui estoit le maistre et Seigneur, lava ledit
« jour d'icelui jeudi saint, les piedz de tous ses apoustres, et leur dist que
« ainsi que lui, qui estoit leur maistre, leur avoit fait, que semblablement
« ilz fissent les ungs aux autres. »

L'historien se fait connaître lui-même ; tel mot révèle le caractère
français :

« Et désormais que ces villains Turcs, qui estoient à pié, faisoient
presse à ces heraulx, nous leur courions sus et tantoust s'enfuyoient. Et
ainsi que nous estions là gardans ce poncel, le bon comte de Soissons,
quant nous estions retournez de courir après ces villains, se railloit avecques moy et me disoit : « Senneschal, lessons crier et braire cette quenaille. Et par la creffe Dieu, ainsi qu'il juroit, encores parlerons nous
vous et moy de ceste journée en chambre devant les Dames. »

Tel autre trait appartient à la naïveté de ce vieil âge. A la suite d'un
combat des Templiers contre les Sarrazins :

« Le maistre capitaine de cette bataille avait perdu ung œil à la bataille
du mardi, et à ceste-cy y perdit-il l'autre œil. Car il y fut tué, et occis.
Dieu en ait l'ame. »

Terminons par quelques exemples de tours vifs et d'expressions heu-
reuses.

« Quand le conte de Poitiers fut arrivé, grand joie s'esmeut en toute
« l'armée. »

« En retournant de cette bataille les Turcs me donnerent de si grands
« coups, que mon cheval se agenoulla à terre du grant poix qu'il sentoit,
« et me jettèrent oultre par dessus les oreilles de mon cheval. Et tan-
« toust me redressay mon escu au coul et mon espée au poing. »

« Aigrement et vigoureusement coururent sus à pié et à cheval contre
« les Turcs. »

« La maladie qu'il avoit lui commença incontinent à croistre durement. »

« Piteuse chose est, et digne de pleurer, le trespassement de ce saint
« Prince. »

Ainsi la chevalerie, civilisation du moyen âge, née et développée en
France, patrie de ses premiers et plus brillants modèles, excitant les courages, purifiant les sentiments, élargissant l'horizon de l'intelligence, assouplit le langage, comme les membres, et ennoblit la parole en même
temps que les âmes. La langue française, naturellement, s'enrichit et
s'embellit la première. Sa *précellence*, comme s'exprime Henri Estienne,
fut à tel point reconnue que des hommes de lettres étrangers s'en servirent dans des écrits, de préférence à leur propre idiome. Au XIIIme siècle,
le Florentin *Brunetto Latini*, le maître de Dante, réfugié à Paris, y publia son *Trésor*, résumé des connaissances de son époque. Il le publia en
français et il en explique la raison :

« Et se aucuns demandoit pourquoi chis livre est escris en roumans
selon la raison de France, pour chou que nous sommes ytalien, je diroie
que ch'est pour chou que nous sommes en France ; l'autre pour chou que
la parleure en est plus delitable et plus commune à toutes gens. »

Les 25,000 étudiants de diverses nations qui fréquentaient alors l'U-
niversité de Paris contribuaient à répandre en Europe, parmi les classes
instruites, une langue qui se perfectionnait rapidement dans ce commerce
des esprits et se distinguait éminemment par les qualités qui font le
charme de la conversation.

Les Croisades, cette popularisation du dévouement héroïque et religieux, durent prendre naissance où la chevalerie était née. Les deux premières furent prêchées en France par Pierre l'Ermite et par Saint-Ber-
nard. Elles furent une glorification de la langue française et reculèrent les
limites de sa domination. L'établissement de l'empire franc à Constantinople, le zèle des prêcheurs pour la conversion des infidèles, les nombreux
croisés et les pèlerins portèrent leur idiome jusqu'aux extrémités orien-
tales de l'Europe et jusqu'en Asie. Ici ils l'enrichirent à son tour par le
contact avec les Arabes. Avant cette époque déjà, le long séjour des Arabes en Espagne avait fait passer dans l'idiome du pays bien des mots de
leur langue riche et cultivée. Au XIme siècle des chevaliers français enten-
dirent en Espagne et en rapportèrent sans doute quelques-uns. Ainsi s'explique l'introduction d'un certain nombre de mots arabes dans le français [1].

---

[1] 1º Mots qui se rapportent à l'organisation sociale, à la religion et aux mœurs
des Arabes : Sultan, sultane validé, pacha, schérif, alcade (Kadi, Kada, gouver-

Les Normands aussi propagèrent la langue française avec leurs conquêtes. Ils l'introduisirent comme langue officielle dans les pays soumis, par exemple, en Sicile et dans le royaume de Naples, en Angleterre principalement. De là le grand nombre de termes français dans le dictionnaire des lois et des tribunaux anglais, et même certaines phrases sacramentelles, méconnaissables à l'oreille.

Les poëtes français voyageaient et plaisaient en tout pays par leurs fabliaux et leurs chansons [1].

Par toutes ces causes la langue française, pendant le XIIIme siècle, était parlée à Naples, en Calabre et en Sicile, en Espagne, à Constantinople, en Syrie, en Palestine, en Chypre, dans la Morée ; c'était la langue du beau monde d'Athènes et de la contrée environnante ; elle fut parlée aux Assises de Jérusalem [2]. Ce vaste règne s'est perpétué dans les salons des nations cultivées. La civilisation doit d'ailleurs à la France la langue de la diplomatie et celle de la cuisine, deux provinces alliées.

Nous venons de raconter les destinées de la langue française jusqu'à la fin du XIIIme siècle et de mesurer l'étendue de son domaine dans ce premier âge de sa gloire. Notre chrestomathie étant destinée à faire connaître la langue et la prose des XIVme, XVme et XVIme siècles, nous serons ici très-succinct sur les faits développés dans le corps de l'ouvrage.

Au XIVme et au XVme siècle, c'est encore parmi les historiens qu'il faut chercher les écrivains qui ont rendu le plus de services et fait le plus d'honneur à la langue française, tant le talent de bien narrer est naturel

---

neur) ; mufti, uléma, iman, islamisme, musulman, derviche, minaret, harem, sérail. 2º Termes de science : mathématiques, astronomie, chimie : Algèbre (*Geber* nom d'un mathématicien arabe), chiffre (cyffer), aldébaram (étoile fixe de première grandeur dans l'œil du taureau), almicantarat et amulcantarat (petit cercle parallèle à l'horizon), halo (couronne lumineuse autour des astres), nadir (point du ciel opposé au zénith ou point vertical), alidade (alhada, règle) ; chimie (chéméia), alcali (kali, soude), alcohol (kohol, subtil), rob (suc). 3º Mots de la langue vulgaire : Coton, orange, séné, sucre, pastèque, gazelle, girafe, musc, alezan (alhhassan, cheval courageux et de bonne race), algarade, almanach, apanage, assassin (notre Lexique), babouche, bagatelle (bawathal), bazar, câble (chabal), châle, crible, felouque, horde, magazin (trésor), mascarade, matelas, mesquin, mirage, mousseline (de la ville de Moussoul, comme tulle de la ville de Tulle), récif ou rescif, salamalec, sopha, talisman, tarif, etc.

[1] Muratori rapporte un règlement des officiers municipaux de Bologne, de l'an 1288, par lequel il est défendu aux chanteurs français de s'arrêter dans les rues. *Antich. Ital.* II, c. XXIX, p. 16.

[2] *Du Cange, Gloss. med. Latin,* Præf. § 17. *Eichhorn, Gesch. der Literat.* II, 172, 173.

aux Français ! Le récit naïvement pittoresque fait tout le génie de *Froissart*; sous sa plume habile la langue étale de nouvelles richesses. *Christine de Pisan*, historiographe de Charles V, s'est essayée dans le style périodique. *Alain Chartier* l'a perfectionné. Comme les versificateurs de son siècle, il se plaît quelquefois, même dans ses ouvrages sérieux, aux jeux de la parole, aux antithèses de mots et de sons. *Comines*, ainsi qu'il convient à l'historien de Louis XI, a la sévérité de langage et parfois la concision de Tacite, à lui appartient la palme de la langue française dans ces deux siècles; il en a saisi le génie plus complétement que ses contemporains. *Olivier de la Marche* honora la maison de Bourgogne, et *Enguerrand de Montrelet* continua pesamment Froissart.

A l'exception du drame, sérieux ou comique, qui se développa au XVme siècle par l'établissement de théâtres fixes, la poésie était épuisée. *Villon* la ranima en chantant sa vie désordonnée, quelquefois avec l'accent pénétrant du remords. Il vivifia la langne de la poésie par des emprunts qu'il fit à celle du bas peuple, où il était né. Chez une classe de versificateurs la langue fit tous les frais de la poésie en fournissant des consonnances pour des jeux de mots et de syllabes dont les combinaisons étaient toujours artificielles, souvent ridicules.

Clément Marot, héritier de cet art, s'en servit avec mesure et avec esprit. Il montra par son exemple comment les allitérations, les consonnances, les assonnances, musique capricieuse des vers, peuvent servir la poésie quand elles sont l'écho de la pensée ou du sentiment. Marot fut le dernier poëte de la période gauloise et le plus achevé. La perfection relative de son style et de son langage se ressentit de la grande influence dont nous allons parler et qui opéra une révolution dans le cours du XVIme siècle.

C'est au milieu du XVme que remonte l'origine de la *Renaissance*, grand événement, dont l'action remua le monde de la science, de la pensée, des lettres et de la parole dans les pays de l'Europe où elles étaient cultivées, en Italie avant tout, asile de la littérature et des beaux-arts, puis en France et ailleurs. Nous n'avons à parler ici que de la France et de sa langue. Quelques notions de la littérature latine surtout s'étaient conservées dans ce pays avec la langue romaine; Charles V avait fait traduire plusieurs auteurs. Mais il y avait un grand espace à franchir pour arriver à la connaissance des deux littératures de l'antiquité et pour les répandre. Ce fut l'œuvre de l'enthousiasme et de la persévérance. Les génies de la Grèce et de Rome secouèrent le long sommeil du tombeau, ils reprirent vie, ils communiquèrent la vie. L'admiration, le labeur, le talent, le génie, tout sembla renaître sous le souffle d'un printemps spirituel : ce fut une *renaissance*.

La puissance et le charme des langues anciennes dans la bouche ou sous la plume des orateurs, des poëtes, des historiens, des philosophes, sacerdoce de la vérité et de l'idéal, ravirent les esprits des Français studieux. Une ardeur d'imitation s'empara surtout de la jeunesse, elle rêva des conquêtes au profit de la langue française. Toujours dans les choses humaines on rencontre, à côté de quelques esprits profonds, beaucoup d'esprits étroits, et près de l'enthousiasme la pédanterie. L'étroitesse pédantesque vit dans l'érudition un but, non un moyen, et dans l'étalage de l'érudition une suprême jouissance. Le grand nombre n'aperçut dans les écrits de l'antiquité que des formes et des mots ; bien moins saisirent l'esprit qui devait vivifier et régénérer la littérature et les langues modernes. Les premiers plaquèrent sur la langue française des mots grecs et surtout des mots latins, à la façon des médecins de Molière et de médecins plus modernes, ou à la façon de l'étudiant de Paris, dont Rabelais se moque. (Ci-après Chrestomathie.)

A Paris, quelques jeunes gens unis par la même ardeur pour l'étude de l'antiquité et pour la régénération de la langue française et de sa littérature poétique, conçurent sur les bancs de l'école le projet d'une réforme si hardie. Le plus ardent et le plus estimé pour la supériorité de son esprit, *Pierre de Ronsard*, se mit à la tête de cette association ou *Pléiade*[1]. Il conçut, avec Joachim Dubellay, âgé comme lui d'une vingtaine d'années, et comme lui poëte, le dessein de proclamer une révolution dans la langue française qu'ils avaient déjà entreprise dans leurs vers. Dubellay en rédigea le manifeste, non sans l'inspiration de son ami. Il parut au milieu du siècle, en 1549. Nous le ferons connaître par des fragments insérés dans notre *Grand Recueil*.

Quoique nous ayons à nous occuper essentiellement de la prose, nous ne pouvons passer sous silence la réforme radicale tentée dans le langage de la poésie ; elle se rattache à la question du génie de notre langue. Deux qualités surtout manquaient à la littérature française avant la renaissance, au style en général et à la langue même, l'élévation le plus souvent, l'idéal toujours. La beauté des langues et des littératures de l'antiquité révéla ce défaut. *Ronsard*, en qui se personnifient les suprêmes efforts de l'école dont il était le chef, Ronsard, qui avait l'âme plus grande que le génie du poëte, eut la pensée de doter la poésie et la langue du mérite qui leur manquait. Comme la plupart des révolutionnaires et des révolutions, la fougue l'emporta au delà du but, et, après lui, on dut ré-

---

[1] Du nom d'un groupe que l'on croyait être de sept étoiles, on appela *Pléiade* une réunion de sept poëtes illustres sous le règne de Ptolémée Philadelphe. En France on désigna par la même dénomination sept poëtes unis par la même tendance, *Daurat*, le professeur des autres, *Ronsard, Dubellay, Baïf, Remi Belleau, Jodelle* et *Pontus de Thyard*.

trograder de quelques pas. Tout désireux de demeurer fidèle au caractère
de sa langue[1], il le méconnut à quelques égards dans son ardeur à marcher sur les traces des anciens.

A l'imitation d'Homère et de Pindare, il créa des épithètes composées
que notre langue repousse, excepté quand le poëte, comme La Fontaine,
sourit lui-même de la solennité épique de son ton. Ronsard nous présente
les géants *serpent-pieds,* les centaures *dompte-poulains,* les poëtes *mâche-
lauriers.* Il y joint d'autres épithètes traduites du grec, ou, plus simplement encore, toutes grecques, comme dans ce catalogue des vertus de
Bacchus.

> O Cuisse-né, Archète, Hyménéen,
> Bassare, roi, Rustique, Euboléen,
> Nyctélien, Trigone, Solitaire,
> Vengeur, Manic, germe des dieux et père,
> Nomien, double, hospitalier.
> Beaucoup, forme, premier, dernier.
> Leneau, Porte-sceptre, Grandian,
> Lysien, Baleur, Bonime,
> Nourri-vigne, Aime-pampre, enfant,
> Le Gange te vit triomphant.

D'autres épithètes, pour n'avoir rien de grec, n'en sont pas plus françaises ; quand il appelle, par exemple, le temps un *vilain mangeard,* et
qu'il parle de la gorge *yvoirine,* de la chanson *sacrée,* de la louange *en-
miellée,* et de la jeune fille qui fuit d'un pied *fretillard.*

Certains mots, dont le sens est changé, nous apparaissent aujourd'hui,
dans leur emploi poétique, souverainement ridicules. *Perruque* a peut-
être été aussi noble que *chevelure* ou *cœsaries,* qui en sont la traduction ;
mais nous ne savons si le XVIme siècle acceptait sans rire l'*astre perru-
qué de lumière* et *Apollon perruquier,* si alors l'*estomac pantois* valait un cœur palpitant, et si tous les lecteurs comprenaient que la *tortue
babillarde* n'était autre que la lyre.

Les mots que Ronsard a tirés de racines françaises n'ont pas tous fait
fortune ; l'oreille, la délicatesse du goût, le caprice peut-être ont repoussé
enfeuer, empierrer, renglacer, player, malader, pour garder *enflammer, endurcir, glacer* ou *refroidir, blesser, rendre malade.*

Les métaphores conformes au génie d'une langue finissent par en devenir un élément ; la plupart même des expressions popularisées et des
locutions proverbiales sont métaphoriques. En tous pays, le peuple se
sert d'images qui donnent à sa pensée un corps visible ; mais les écrivains
aussi, les poëtes surtout, créent des métaphores qui finissent souvent par

---

[1] Ci-dessus, p. 17.

entrer dans la langue usuelle, quand elles ne sont pas contraires à son génie et au bon goût. Tandis que le style des vieux poëtes français, dans le laisser-aller de la causerie, avait peu de couleur, Ronsard et ses adeptes aspiraient à la vivacité pittoresque des anciens. Mais ce poëte novateur ne put faire admettre que *l'hiver enfarine les champs*, ni que la belle Hélène eût *la poitrine cuite d'amour*. Dubellay essaya vainement de nous conduire *jusqu'au ventre des dangers*, de nous faire redire que

> Les dieux ont les *pieds de laine*
> Mais ils ont les bras de fer,

pour exprimer qu'ils sont lents à punir, mais qu'ils frappent à la fin ; vainement aussi *enyvra-t-il l'esponge de sa muse de nectar* pour nous *désaigrir le soucy*.

Mais aux jours d'une heureuse inspiration, Ronsard a doté la palette de notre poésie de nouvelles couleurs, et la langue, de métaphores qu'elle répète depuis trois siècles. « Mille expressions neuves et fortes, dit M. Saint-Marc Girardin, dues à sa témérité, enrichissent le langage. Le premier il *ensanglante* les bois ; une *verte vieillesse*, une *rage acharnée*, une *tourbe qui frémit*, sont des expressions qu'il hasarde et qui se conservent. La rose s'environne *des plis d'une robe de pourpre ;* la châtaigne d'un *rempart épineux*. Chez lui, la vertu *s'allume*, la colère *s'élance*, le printemps *verdoie ;* il faut *cueillir la jeunesse* et *moissonner les plaisirs*[1]. »

Le même écrivain rend agréablement compte d'une autre tentative hasardée par un des compagnons de l'auteur de la Franciade : « Baïf, dit-il, avait peu d'esprit, beaucoup d'entêtement, un savoir indigeste, et l'aveugle confiance du pédantisme : c'est le plus dur, le plus barbare et le plus obscur des glorieux poëtes de la Pléiade. Non content de faire imprimer un volume de lignes mesurées à la grecque, vers qu'il nommait *Baïfins*, et qui sont alcaïques, saphiques, sans être d'aucune langue ; de faire *fruitir* les arbres, *soleiller* les astres, et *titiller* l'amour ; il détruisit jusqu'aux caractères de notre alphabet, introduisit la double lettre *ou* (ȣ) des Grecs, inventa des *triphthongues* pour l'embellissement de la grammaire ; et, changeant nos comparatifs et nos superlatifs, prétendit forcer ses contemporains à nommer un homme *plus savant* un *savantieur*, et une homme très-savant un *savantime*. Il faut entendre Dubellay, dans un sonnet assez ingénieux, persifler l'excès de ces travers érudits que lui-même avait favorisés. *Bravime esprit*, dit-il à Baïf :

> Bra*vime* esprit, sur tous excellen*time*,
> Qui méprisant de va*nimes* abois

[1] *Discours sur la marche et les progrès de la langue et de la littérature françaises depuis le commencement du XVI*me *siècle jusqu'en 1610.* Paris, 1829.

As devancé d'une hau*time* voix,
Des sa**van***tieurs* la troupe bruyan*time*,
De tes doux vers le style coulan*time*,
Tant estimé par les doc*tieurs* françois
Jus*timement* ordonne que tu sois
Par ton savoir à tous révéren*dime*.
Oui, mieux que toi, gentill*ime* poète
(Heur que chacun gran*dimement* souhaite !)
Façonne un vers douci*mement* naïf !
Ah ! nul, de toi har*dieurement* en France
N'a pourchassé l'indoc*time* ignorance,
Docte, Doctieur, et Doctime Baïf !

Les poëtes qui marchèrent dans la carrière ouverte par Ronsard, Desportes, Bertaut, La Fresnaye, doués de moins d'audace et de vivacité, évitèrent ses défauts et profitèrent de ses leçons. Tout à la fin du siècle et au commencement du XVIIme, un homme de la même tendance que lui, Du Bartas, introduisit dans la langue de la poésie la multiplicité des épithètes et même des épithètes composées :

En un autre escadron je voy le *peureux* lièvre,
Le lapin *oublieux* et la *broutante* chèvre,
    La *laineuse* brebis.
Mais le chien *garde-fort, garde-parc, garde-hôtel.*

Chez lui aussi on trouve des images forcées, mais tout auprès de grandes beautés de poésie et de diction.

A la suite des guerres d'Italie et des communications habituelles entre ce pays et la France, sous le regard aussi de Catherine de Médicis, des courtisans, tirant vanité de leurs campagnes d'au delà des Alpes, en avaient rapporté des modes, des usages et un langage affecté mêlé de mots italiens ; ils se piquaient même d'altérer par une prononciation italienne les vieux mots français. Henri Estienne, toujours à l'avant-garde pour la défense de la langue nationale, arrêta cet envahissement par un écrit solide et spirituel, ses deux *Dialogues du langage françois-italianisé*, composés avec l'approbation du roi Henri III et publiés en 1579.

Pendant ces vives évolutions du langage de la poésie, la prose se formait sur le modèle des anciens avec le bon sens qui est son caractère. Elle acquit de la fermeté, de la dignité, du nombre, s'appropria des tours latins, qui devinrent promptement français. C'était une réforme plus qu'une révolution ; la connaissance des prosateurs de l'antiquité accomplit ce que Joinville et Froissart avaient commencé ; des hommes moins heureusement doués qu'eux du génie de l'écrivain et du charme de l'imagination donnèrent pourtant à leur style et à leur langage une dignité alliée au naturel, souvenir de l'antiquité. Nous ferons connaître sous ce rapport les deux frères *du Bellay, Guillaume* et *Martin*, auteurs de Mémoires. Une simplicité antique, une simplicité de bon goût distingue la prose et la langue de plusieurs guerriers qui nous ont laissé leurs *Mémoires*, avant tous de *La Noue-Bras-de-Fer.* Mais aucun de ces écrivains originaux n'atteignit la gloire d'un simple traducteur, en possession de tous les trésors de sa langue, *Amyot.*

Une catégorie particulière de prosateurs de ce siècle est comprise sous la dénomination d'*école gasconne.* La population de la Gascogne se distingue par la vivacité d'un esprit original, fécond en tout genre de saillies. Le philosophe *Montaigne* en est le type le plus complet et le plus aimable. Les saillies de la parole sont à l'unisson de celles de la pensée. Les Gascons ont des locutions et des mots à eux, incisifs comme leur accent, des tours plaisants ou caustiques ; leur imagination encline à exagérer déteint sur leur langage. Dans ce seizième siècle, où l'expression des pensées s'étendit avec l'horizon de l'intelligence, la langue française atteignit le plus haut point de richesse où elle soit jamais parvenue ; elle ne dédaignait pas alors les ressources lexicologiques des provinces propres à éclairer de nouveaux rayons de lumière une face de l'esprit. Par là nous apparaît dans sa gracieuse liberté l'esprit *prime-sautier* de Montaigne et du peuple gascon. La même nationalité se reconnaît dans les *Mémoires de Blaise de Montluc,* que Henri IV appelait la Bible du soldat. Dans cette Bible la charité a cédé sa place à l'impétueuse et naïve expression du plaisir d'un égorgeur militaire. Malgré cette couleur, la narration plaît par la verve. Nous aimons mieux nous arrêter ici que de poursuivre cette classe d'écrivains et de descendre.

Un grand fait se présente encore dans l'histoire de la langue française à la fin du XVIme et au commencement du XVIIme siècle, c'est la contre-révolution provoquée par les excès où se porta la révolution opérée par Ronsard. Toute révolution, en politique, en religion, en littérature, a besoin d'une force d'impulsion qui, faute de savoir se modérer, la pousse au delà des limites de la raison et l'égare :

Vis consilii expers mole ruit sua [1].

Le bon sens réclame ; s'il est doué d'énergie, il réagit ; si la passion s'en mêle, elle l'égare à son tour. Tout comme une révolution ne peut s'opérer, si elle ne se fonde sur la nature des choses et sur un besoin réel, il est impossible qu'une contre-révolution s'accomplisse sans adopter ce qui, dans la révolution, était fondé sur la vérité.

Un Normand né en 1555, et qui vécut jusqu'en 1620, *Malherbe,*

[1] Hor. Lib. III, Od. 4.

brusque, dur, impérieux, ne ménageant ni les personnes ni les convenances, s'était pris de passion pour la langue française ; il employa sa vie principalement à l'épurer, à la limer, à la perfectionner. Il lâchait la bride à son humeur critique même à la cour où Henri IV (roi de 1589 à 1610) avait introduit par son exemple le langage et l'accent gascon. Il entreprit de *dégasconner* la cour, comme il s'exprimait. Sa rigueur à l'égard de la pureté du langage alla si loin qu'à l'article de la mort il reprit sa garde-malade. Il fit une guerre acharnée aux innovations de Ronsard. Un exemplaire de ce poëte était posé habituellement sur sa table ; il y effaçait au fur et à mesure les mots et les locutions qui lui déplaisaient. Il finit par le biffer tout entier. Cette condamnation déraisonnable d'écrits dont souvent une page renferme plus de véritable poésie que tout le volume de Malherbe, signale l'exagération de sa fougue critique.

Malheureusement, cette proscription prononcée par « le tyran des mots et des syllabes, » comme on l'appelait, n'atteignit pas seulement Ronsard, mais la belle et riche langue du XVIme siècle. Malherbe professait le respect pour le caractère natif de la langue du peuple ; il trouvait en même temps, comme ses prédécesseurs immédiats, une source principale de l'élégance du français dans ses rapports avec le génie du latin : il n'en plaça pas moins sur son lit de Procruste la langue de Rabelais, d'Amyot et de Montaigne.

Le despotisme réussit quand il s'allie avec l'audace, même dans un esprit étroit qui prend l'étendue de son égoïsme pour celle de ses idées. Aidé par la réaction qu'avaient provoqué les prétentions et la renommée exagérée de Ronsard, Malherbe accomplit sa contre-révolution. La France adopta la langue mutilée, mais polie, qu'il lui recommanda. Dès lors, de plus en plus on abandonna au peuple les locutions populaires, si fréquemment recommandables par leur énergie ou leur grâce, et l'on évita les mots et les expressions qui exhalaient un parfum d'antiquité. Il en est résulté que la langue de la grande moitié du XVIIme siècle est en partie une langue morte, que des critiques de renom l'interprètent parfois aussi faussement que les commentateurs font les auteurs grecs et latins.

Toutefois, contre une réforme si étroite, quelques hommes du XVIIme siècle protestèrent de fait par la liberté du génie, c'étaient Corneille, Bossuet, Molière et La Fontaine. Avant eux, Régnier, admirateur de Ronsard, unissant, avec l'aisance du génie poétique, l'imitation des anciens au caractère naïf de la langue française, qu'il aimait d'une passion plus éclairée que Malherbe, fit éclore de la sève de cette langue des fleurs et des fruits merveilleux. Lui aussi, adversaire et rude censeur de Malherbe, travailla au perfectionnement de « l'instrument ailé de la poésie, » comme Schiller l'a appelé, mais en conservant à l'idiome national le piquant de

la liberté gauloise et, parmi ses douceurs et son miel, une savoureuse
âpreté de goût du terroir. En s'attaquant à la réforme de Malherbe, il fit
voir par son exemple comment la langue pouvait se perfectionner et conserver ses qualités natives [1].

Malherbe fut rarement poëte et jamais sans effort. Mais il introduisit
dans la langue de la poésie et dans le mécanisme de la versification des
changements que l'on a tous adoptés comme des améliorations. Ils ont
été sanctionnés par Boileau dans ce code du classicisme qui, sous le nom
de l'*Art poétique*, a gouverné sans partage le Parnasse français durant
près de deux siècles. Il a résumé en quelques vers, sans cesse répétés,
les services rendus par Malherbe et que les littérateurs français redisent
avec une infatigable reconnaissance [2].

[1] Voy. particulièrement la *Satyre* XI.
[2] Enfin Malherbe vint... *Art. poét.* Ch. I.

GRAMMAIRE

INTRODUCTION

En abordant la question de la variété et de l'unité de la langue
qui finit par être la langue française, rappelons-nous les faits suivants : la vaste étendue du territoire de la Gaule ; les trois peuples
divisés en un grand nombre d'Etats, qui l'habitaient à l'époque de
l'invasion romaine ; les différences de langue ou tout au moins de
dialectes qui les séparaient ; la proportion inégale suivant les
contrées, dans le mélange des indigènes et des vainqueurs ; les
peuples germains divers parlant divers idiomes, qui se jetèrent
sur la Gaule et s'y établirent ; les Franks, par exemple, au centre
et au nord, les Goths au sud-ouest, et les Burgundes à l'est.

Pour peu qu'on ait observé le langage d'une population répandue sur vingt lieues carrées, on conclura de ces faits que
si la langue romane se forma dans toute la Gaule par un procédé analogue de décomposition et de recomposition, ce procédé
dut amener des résultats d'une variété conforme à tant de diversités de constitution physique et intellectuelle, de caractère, d'habitudes et de langage. On en conclura aussi que la prétendue
unité d'une langue romane, qui, au moyen âge, aurait précédé la

formation des langues néo-latines, est un rêve de savant[1]. Ce qui a précédé, ce qui précède partout l'unité littéraire du langage, c'est la variété populaire, fait constant, toujours subsistant dans les patois de tout pays, quelque limité qu'en soit le territoire.

Un homme qui a étudié à fond et d'une manière peut-être plus complète qu'aucun autre la langue française aux XIIe et XIIIe siècles, parce qu'il a connu les travaux de tous ses prédécesseurs, M. Burguy a consigné ce résultat de ses études : *Au XIIIe siècle, il n'y avait en France que des dialectes ; plus tard, il y a une langue française et des patois*[2]. Ainsi donc dans ce XIIIe siècle, si riche en poëtes et qui s'ouvre par la cour brillante de Philippe-Auguste, où les tournois poétiques étaient une des splendeurs de la cheva-lerie, la langue française n'existait pas encore *une* et fixée, mais elle flottait incertaine sur les ondulations sonores de la poésie au gré des inspirations, des sensations et des caprices des chantres normands, bourguignons ou picards.

C'est donc avec grande raison que le XIVe siècle a été choisi comme point de départ pour ce recueil et pour l'étude élémentaire du vieux français ; c'est l'époque où la langue commence à se fixer, où, à la suite du tourbillonnement des dialectes, les sédiments des-cendent au fond, et au-dessus coule la masse pure, limpide, à la fois transparente et profonde des flots entraînants de la langue française. Rien n'est par conséquent plus conforme à la nature des faits que de commencer à cette époque l'exposition des lois de la langue, en les reliant toutefois, même dans un abrégé, à leur ori-gine latine, par l'intermédiaire des deux siècles qui ont pré-cédé.

Remarquons préliminairement un trait qui sépare profondément la langue du XIVe siècle de celle des siècles antérieurs, et marque une ère nouvelle, c'est *la plus grande fixité des formes lexicologiques et grammaticales*, sans préjudice toutefois des différences dialec-tales et de la variété orthographique. Quelques exemples donneront une idée de l'incertitude précédente.

---

[1] Ce système est pourtant celui de M. *Raynouard : Choix de poésies des Troubadours*, t. I, Introd. xvi-xxi ; *Lexique roman*, t. I, dans les *Recherches philologiques sur la langue romane*, t. II, dans l'Introduction.

[2] *Grammaire de la langue d'Oïl*, ou *Grammaire des dialectes français aux XIIme et XIIIme siècles*. Berlin 1853, t. I, p. 14, n° 2.

Suivant les lois de mutation de *ou*, *o* et *u*, des consonnes liquides entre elles, de *g* et de *v*, de *b'* et de *v*, mutations usitées dans le latin et les langues qui en dérivent, tout comme dans les idiomes germaniques, et ajoutant à la cause naturelle du jeu des organes de la parole, les habitudes particulières à une race, parfois le caprice, qui a son rôle dans l'histoire des langues, nos ancêtres ont fait du substantif latin *vulpes* ou *vulpis*, le renard: *vourpis, vourpiz, vourpil, volpil, werpis, werpiz, werpil, verpil, werpille, golpil, gorpil, gorpis.*

De *caballus* on forma *caval, ceval, cevaus, cevaux, cavax, ceviulx, cevieux, cheval, chevaus, chevaux, chevax, chaviax, cheveux.*

Avec, de *ab hoc* s'écrit *aveuc, avœuc, avieuc, avoec, avuec, awecque, avecques, aveucques, avoecques;* — *avecque* chez Corneille encore, Molière et La Fontaine.

L'article déterminant se présente sous les formes suivantes (Burguy, I, 46):

SINGULIER.

	Masculin.	*Féminin.*
Sujet :	Li, l'	Li, la, lai.
Régimes indirects :	{ Del, deu, do, dou, du. { Al, au, ou, el, eu (u, o, on)	De la, delai. A la, à lai, ai lai.
Régime dir. :	Lo, lou, le, lu.	La, lai.

PLURIEL.

Sujet :	Li.	Les, li.
Régimes indirects :	{ Des. { As, es, aus (ens).	Des. As, es.
Régime dir.:	Les (los).	Les.

Le dialecte picard n'a point de formes distinctes pour les deux genres.

Nous prenons un dernier exemple de cette variété dans la flexion des verbes. Il nous est fourni par *Roquefort, Gloss.* II, 729, 730.

Volsir, vosir, voulsir, vossir, voussir : Vouloir (de *velle*); d'où *volst, volt, voult, vot, vout,* veut *(vult); vols, vous,* veux, *(volo), volz, vouz,* voulus; *voloit,* voulait; *volroit, voulroit,* voudroit; *volront, voulront,* voudront; *volrent, voudrent, vouldrent,* voulurent *(voluerunt)* ; *volsisse, voussisse,* aurais voulu *(voluissem)* ; *volsistes, vossistes,* voulûtes ; *volsist, volxit, vossist, voulsit, vousist, vousit, voulsisse,* voulût, eût voulu ; *voussissiez,* voulusssiez, eussiez voulu ; *vossistent, volxistent, voulsissent,* qu'ils voulussent, qu'ils eussent voulu ; *vorroie,* je voudrais.

Ce sont des rudiments d'une langue qui naît ; ce n'est pas encore une langue disciplinée.

GRAMMAIRE

§ 1. — La grammaire précède les grammairiens. Les langues se forment selon des lois inhérentes à l'esprit humain, et selon ce tour de l'intelligence qui constitue l'esprit d'une nation et forme l'élément essentiel du caractère national. Ces lois du langage, fondées sur une logique instinctive, s'établissent et se perfectionnent par le peuple et surtout par ses écrivains. Elles constituent une grammaire latente, en attendant que la culture intellectuelle dirige la réflexion sur cette partie de la vie du peuple. Dans la formation de ce monde intellectuel qu'on appelle une langue, le chaos précède la lumière, les éléments sont en confusion; puis de leur mouvement même, de leur tourbillonnement naît peu à peu un travail d'assimilation et d'ordre, une régularisation dirigée par la raison, cette conscience de l'entendement.

Dès le XIIme et dans le cours du XIIIme siècle, quelques règles furent suivies et reconnues, par exemple celle de la terminaison du nominatif singulier en *s*, à l'instar du latin *filius, mons, fructus, dies;* la flexion des verbes fut déterminée. Mais dans bien des parties régnait une variété qui tenait de l'incertitude. L'histoire et les principes de la formation de la langue dans ces deux siècles sont le sujet d'ouvrages savants dont les auteurs ne sauraient être honorés de trop de reconnaissance.

Au XIVme siècle la langue est déjà mieux assise, plus régulière, plus une. C'est pour le fond notre langue, avec sa marche logique, ses formes grammaticales et sa syntaxe, à quelques différences près. Ces différences sont moins considérables dans la grammaire que dans la lexicologie. Nous nous attacherons essentiellement à les signaler dans les règles suivies par les auteurs depuis le XIVme siècle jusqu'au commencement du XVIIme. Pour tout le reste, nous proclamons ici l'identité de l'ancienne grammaire et de celle qui subsiste encore aujourd'hui.

CHAPITRE PREMIER.

ORTHOGRAPHE.

§ 2.—Dans les langues dont l'écriture est alphabétique, c'est-à-dire fondée sur l'analyse des sons, le premier objet de l'écriture et par conséquent de l'orthographe, est de reproduire les mots tels qu'ils frappent l'oreille. Mais aucune langue ne possède autant de signes que de sons ; on y supplée par des combinaisons de lettres plus ou moins abitraires. C'est une cause de variété dans la représentation de la parole. La prononciation subit avec le temps et les circonstances des changements, dont les uns amènent des modifications de l'orthographe, et les autres se concilient tant bien que mal avec les anciennes habitudes orthographiques.

Du XIVme au XVIme siècle, l'orthographe se présente à nos yeux avec une incertitude, une variété, une inconséquence, qui dérouteraient les élèves, s'ils n'en étaient pas avertis dès l'entrée. Les mêmes auteurs nous offrent toutes les variétés que nous énumérerons tout à l'heure.

L'étude des littératures anciennes, dont les faibles commencements remontent au XIVme siècle et principalement au règne de Charles V, dit le Sage, et qui fut une des passions dominantes de la fin du XVme et de tout le XVIme, chargea l'orthographe des fruits de l'érudition en introduisant dans la langue des mots latins et dans l'écriture des lettres de source latine, qui se prononcèrent d'abord, ensuite s'effacèrent dans la langue parlée, mais demeurèrent dans la langue écrite, comme souvenir de l'étymologie. Dès lors est née et a continué dans le domaine de l'orthographe la lutte entre l'élément historique et l'élément phonétique. Les ouvrages les plus autorisés de notre temps n'ont pu mettre fin aux contradictions et aux inconséquences provenues de cette lutte.

Notre travail devant faire connaître la langue telle qu'elle a existé, la reproduction des variétés de l'orthographe est une condition de la fidélité historique. On trouvera donc dans nos textes les diversités suivantes, souvent à peu de distance ou dans la même période.

§ 3. — *1. Echange de voyelles et de diphtongues.*

Espagnol, Espaignol; accompagner, accompaigner; gagner, gaigner; Bretaigne; montaigne; parfaict, parfait, perfect; angin, engin; plain, plein; rang, reng.

Regle, regler, reigle, reigler; estrener, estreiner.

Païs, pays; il plaise, playse.

Seigneurie, seignorie, signorie.

Ami, ni lui, voiage, envoie, moien; plus habituellement *amy, cecy, ny, fourny, moy, roy, joye, j'ay, oyseau, yvre, nuyt.*

Receu, leu, peu, veu, je peusse.

Cœur, cuer; nœud, neud; œuvre, œvre; — seur, sœur.

Garantir, guarantir; angoisse, anguoisse.

Soul, saoul; pou (peu); repoux (repos); souffire (suffire).

Voir, veoir.

Ombre, umbre; calumnie.

Oreille, aureille.

Dangier, meilleu (milieu).

Voyelle ajoutée.

Souspeçon; derrenier.

§ 4. — *2. Echange de consonnes.*

Offenser, offencer; menasser, menacer; il face.

Ambaxadeur, palaix, fixion (fiction); *il mancât, Afriquain.*

Quand, quant, quans.

3. *Consonnes simples et doubles.*

Avaler, avaller ; abatre, abattre ; arondeles, arondelles ; suite, suitte ; peine, peinne ; saouler, saouller ; abatu, abbatu ; publique, publicque ; moquer, mocquer.

4. *Consonnes étymologiques.*

Endebté, doubte, obmettre, soubs, subject.
Dict, faict, poinct, poictrine, sainct, lict, il luict.
Advertir, adviser, advocat, advouer, nud.
Besoing (besogne, bisogno), *loing* (longe), *ung* (unicus), *cognoistre, cognu, inconnu, reconnu.*
Faulx, fausse, doulx, deffault, hault, coulpable.
Recepvoir, recepte, nepveu, niepce.
Science, sience, sçavoir, savoir.
Havoir, heu, cholere, eschole, thrésor.
Aspre, nostre, chastier, honneste, fust (subj.), *espine, estrangler, esponge, mesme, chascun, fresche.*

5. *Consonnes superflues non justifiées étymologiquement.*

Moings, heureulx, regrecter, congnoistre, cigongne, autheur, authorité, habandon, vehu, participe de *veoir.*

6. *Omission de consonnes étymologiques.*

Omne, onneur, orloge.

7. *i* et *j*, — *u* et *v* l'un pour l'autre.
ie, ioly.

Vne, quelqu'vn ; — auoir, pouoir, pouuoit.

8. Le *g* mis devant *a, o, u,* avec le même son que devant *e* et *i.*

Il *manga,* je vous *chargai.*

§ 5. — *Signes orthographiques.*

Cette dénomination comprend les *accents,* le *tréma,* la *cédille,* l'*apostrophe* et le *trait d'union.* Les écrivains français antérieurs à 1530, n'avaient aucune idée de ces signes ; ils n'en firent jamais usage. Jacques Dubois, dit Sylvius, auteur de la première grammaire proprement dite publiée en France, en 1531, imagina des signes de cette nature, un peu différents des nôtres, pour la forme et l'usage[1]. Le peu de ces auxiliaires de l'orthographe, que des éditeurs, soigneux de reproduire fidèlement les textes anciens, y ont introduits, forment un anachronisme utile pour l'intelligence des lecteurs modernes. Les écrivains du XVIme siècle en firent d'abord un usage très-limité : Rabelais, seulement de l'apostrophe et de l'accent aigu sur l'*e* final accentué ; Amyot y ajouta l'accent grave sur la préposition *à*, et le tréma : *flouët, païs;* Montaigne va un peu plus loin. Mais cette partie de l'histoire de notre langue exige encore une étude spéciale des manuscrits et des éditions publiées du vivant des auteurs.

Quelques observations seulement.

L'accent circonflexe n'existait pas ; on n'en avait besoin ni pour remplacer l's, qui alors subsistait dans l'écriture : *teste* (tête), ni pour marquer la longueur d'une syllabe, qu'alors on ne contractait pas ; on écrivait *aage, eage* (âge), *roolle* (rôle).

L'accent grave servait à distinguer de leurs homonymes les mots *à, là*, et leurs composés *delà, voylà, où*. On ne le mettait jamais sur l'*e*; on écrivait *tres, pere*. — *Après* est dû aux éditeurs.

Le *z* final, très-usité, dispensait de l'accent sur l'*e* de la dernière syllabe : *procez, progrez*.

L'*e* ne s'accentuait guère au commencement et au milieu des mots. On lit dans les éditions de Montaigne, *aisément, nommément, reservément*; l'authenticité de cet accent a peut-être besoin d'être prouvée.

Le tréma, plus employé que maintenant, se voit où nous ne songerions pas à l'employer ; dans *loüer, loüable, advoüer*.

Il semble indiquer une prononciation différente de la nôtre dans *cogneuë, euë, queuë*, il *secouë, fuër* (quelquefois), *païsant* (paysan).

La cédille était connue au XVIme siècle ; mais l'orthographe la rendait quelquefois inutile là où elle nous est nécessaire : *commencea, perceant*.

L'apostrophe n'existait pas avant 1530; on écrivait *lan, limpression, cest, deglise, jay, quil*, quelquefois sans élision *que il, que on, de y mettre, si il*, ce qui n'empêchait pas que l'élision ne se fît sentir dans la prononciation.

<hr>

[1] *Jacobi Sylvii in linguam gallicam Isagœge, una cum ejusdem Grammatica latinogallica*. Parisiis 1531, in-4°.

Durant la même période, on écrivit sans apostrophe les contractions *mame* (ma ame), *mamour, mamie.*

Dans le cours du XVIme siècle, on prit l'habitude d'écrire l'am-*bition, n'en, n'emprunter, d'un, m'amie,* — *r'avoir, nostr'aise, encor'un, de bonn'heure, un'affection* (plus rarement), même *tout'unc, n'aguerres* (il n'y a guère).

Le *trait d'union* servit aux écrivains du XVIme siècle à lier les éléments des *mots composés* ; mais quelquefois ils les écrivaient séparément sans ce lien ; d'autrefois ils les réunissaient en un mot unique. Vous découvrez ces diverses manières dans le même livre, à la même page: *Souz-rire, soubs-rire, bon-heur, bonheur, clair-voyance , bien-vueillance , bien-faicteur , quinte-essence, en-hault, avant-que, au par-avant, long temps, oultre cuidance, la plus part, la pluspart, tousjours, toutes voies, toutes-fois, toutes fois, autres fois, quoy que, puis que, par ce que, ce pendant, cependant, mal encontreux, malplaisant, entresemer, arcboutant , dequoy , parquoy.*

§ 6. — *Ponctuation.*

Avant les écrits des premiers grammairiens, on faisait usage de la ponctuation, mais au hasard, pour la seule commodité, sans lui donner pour base l'analyse logique. Les signes se bornaient à trois : le *point,* la *virgule,* et le *deux-points,* employés indistinctement, et, semble-t-il, au hasard. Qu'on en juge, ainsi que de l'absence de tout signe orthographique, par quelques lignes de Tory de Bourges, imprimeur-libraire à Paris, et auteur d'un livre publié en 1529.

« En deux Caietz (cahiers) a la fin sont adiouxtees Treze diuerses facons de Lettres. Cest ascauoir. Lettres Hebraiques. Greques. Latines. Lettres Francoises. et icelles en Quatre facons, qui sont. Cadeaulx. Forme. Bastarde, et Torneure. Puis ensuiuant sont les Lettres Persiennes. Arabiques. Africaines. Turques. et Tartariennes. qui sont toutes cinq en vne mesme Figure Dalphabet. »

« Sil eust vouluntiers enseigne cela : Mille autres hommes eussent depuis luy faict mainctes belles et bonnes Operations qui ne sont pas faictes : et ne seront iamais. »

Dans le cours du XVIme siècle, on imagina le *point-virgule,* mais on en fit peu d'usage, le *deux-points* le remplaçait, il servait commodément à tout, excepté à séparer l'annonce d'un discours du discours même; là on mettait un point. « Il commencea à semer ces propos parmi les jeunes hommes. Qu'il ne falloit point, etc.» (Amyot). Pasquier de même très-fréquemment. Il termine aussi par un *point* un membre de période qui n'a pas un sens fini, par exemple, une proposition incidente ou subordonnée, précédée d'un autre point, qui la sépare de la proposition principale. Souvent après un point, les écrivains commencent une nouvelle période par le pronom relatif. — Ces exemples d'imperfection suffisent.

La *Grammaire proprement dite* comprend deux parties, la *Lexicologie*, qui traite de la nature et de la forme des mots, et la *Syntaxe* qui traite de leurs rapports et de leur combinaison. Pour l'une et pour l'autre, nous renfermant dans notre objet, nous n'exposerons pas une théorie, mais seulement des faits par lesquels l'ancienne grammaire différait de celle qui a prévalu.

CHAPITRE II.

LEXICOLOGIE.

SUBSTANTIF.

§ 7.— Beaucoup de substantifs ont des formes et des terminaisons diverses, dont les unes sont plus anciennes, les autres plus nouvelles : *Flour*, fleur, par exemple, ne se trouve plus après le XIVme siècle. Notre *Lexique* renferme de nombreux exemples de cette variété de formes.

GENRE.

Masculins qui sont aujourd'hui féminins.

Affaire, alarme, aventure, cymbale, dot, erreur, estude, extime, malice, noblesse, œuvre (dans un sens général), *rencontre, orloge:*

Amour (même quand il ne s'agit pas de sexe), *art, comté, doute, duché, espace, mésaise, navire, poison, reproche, reste, guide, mensonge, soupçon ou souspeçon, quelque chose* « qui ne fut fondée, » *honneur, ordre, voyage, murmure.*

Plusieurs mots de ces deux classes sont des deux genres.

Gens, précédé d'un adjectif, est masculin et féminin : *tous gens; moult belles gens d'armes.*

Quelques substantifs sont d'un autre genre qu'aujourd'hui parce qu'ils ont une autre forme : *une deffaulte, toutes les revenues du comte.*

NOMBRE.

§8. — Au XIIIme siècle, l'addition de l's final à un substantif désignait le nominatif singulier et l'accusatif pluriel. Cela subsista pendant une partie du XIVme siècle. Au milieu de celui-ci, l's ajouté au substantif qui ne se terminait pas par cette consonne ou par une consonne équivalente ne servit plus qu'à marquer le pluriel.

Les substantifs en *ant* et *ent* formaient leur pluriel par l'addition d'un *s,* avec ou sans retranchement du *t, gens* et *gents; sçavans* et *sçavants; entrelassemens* et *entrelassements.*

On rencontre des pluriels maintenant inusités, tels que les *fols,* les *ayeuls* (dans le sens d'ancêtres ou aïeux).

La langue du XVIme siècle, enrichie et spiritualisée, comme la pensée, par l'étude des littératures anciennes, s'est approprié des latinismes souvent commodes, presque toujours élégants : tels sont les pluriels de noms abstraits, proscrits depuis par la grammaire[1], et poursuivis par les critiques[2]. Ils sont commodes pour exprimer une vertu ou une qualité considérée chez plusieurs personnes, ou dans diverses applications, ou qui se produit dans diverses occurences, comme on le voit dans ces exemples : « Les rois doivent mesnager leurs vies et leurs *honneurs.* » Brantôme. (*Honneurs* ne s'emploie plus que pour des charges et des dignités.) « J'en

---

[1] *Grammaire des Grammaires,* chap. 1, art. 2. *Substantifs qui n'ont pas de pluriel.*

[2] Voltaire, *Commentaire sur le Théâtre de Corneille, passim.*

ai entendu dire de grands *biens*. » Brantôme. — « Les vieux soldats qui avaient connu ses armes et ses *valeurs*. » Id.

Nous pourrions remplir des pages de citations de Corneille, de La Fontaine, de Molière, de Mme de Sévigné, de Bossuet, où des substantifs abstraits sont employés au pluriel avec une élégance qui charmait ces esprits et leurs contemporains, mais que Voltaire, Charles Nodier et M. Auger dénoncent comme des contraventions.

ARTICLE.

ARTICLE DÉTERMINANT.

§ 9. — Au nominatif et à l'accusatif *li* ou *ly*, très-usité dans le XIIIme siècle, l'est quelquefois encore dans le XIVme, principalement en Picardie et en Lorraine. Mais ce fut dans ce siècle que *le* remplaça définitivement *li*.

Au féminin *le* quelquefois pour *la*, *le Royne*.

Au génitif masculin, *dou*, rarement. « Le dit *dou* Florin. Le débat *dou* cheval et *dou* Levrier, » titres de deux poëmes de Froissart.

Datif masculin singulier *al*, *ou*, *on* : « L'on le tenoyt *on* berceau. »

Datif pluriel, *es*, *ens es* : « En *es* chasteaux et *ens es* fortes villes. » Froissart.

ARTICLE NON DÉTERMINANT.

Un et *ung*, celui-ci même au féminin : « *Ung* autre loi civile. » Au féminin : *ungne*.

Uns au masculin se lit encore au XVIme siècle.

ADJECTIF.

ORTHOGRAPHE.

§ 10. — Un adjectif fréquemment employé dans les narrations et dans la pratique et répété jusqu'à blesser le sentiment de l'élégance, *le dit*, *le dict*, s'écrit ordinairement avec l'article comme un seul mot, *ledit*, *ledict*, *laditte*, *ladicte*.

Les adjectifs terminés en *au* prennent parfois au singulier l'*x* dont nous avons fait la marque du pluriel : « Il estait nouveaux. » Cet *x* est resté probablement de l'ancienne orthographe où il remplaçait l'*u*, mais non dans la prononciation, *noviax*, comme *Diex*.

Les adjectifs de nation s'écrivaient avec une majuscule, comme cela s'est pratiqué jusqu'à la fin du dernier siècle : « Un gentilhomme François. »

Les adjectifs terminés en *e* muet, perdent quelquefois cet *e* sans élision et sans apostrophe : *habil*, *fidel*, dans Brantôme.

DOUBLE FORME.

Quelques adjectifs ont deux formes, *bel* et *beau*, *nouvel* et *nouveau*, *vieil* et *vieux*. Nous n'employons au masculin, la première de ces formes que quand l'adjectif précède immédiatement le substantif avec lequel il s'accorde et que celui-ci commence par une voyelle ou un *h* non aspiré. Autrefois, il s'employait dans tous les cas possibles. « Il n'y avait aucune chose *de nouvel* contre luy. » Froiss. — « Il fait *bel* apprendre. » — « Dionysius *le vieil*. » Montaigne. — « Autheurs *vieils* et nouveaux. » Id. — « Ny le plus jeune refuye à philosopher, ny le plus *vieil* s'y lasse. » Id. — Cette forme s'est encore conservée au commencement et dans la première moitié du XVIIe siècle ; Malherbe a dit : « *Vieil* comme je suis » et Corneille : « Tout *vieil* qu'il est. »

GENRE.

§ 11. — Les adjectifs dérivés d'adjectifs latins, qui sont les mêmes dans les deux genres, ceux qui se terminent en *is* et en *ens*, restaient souvent les mêmes au masculin et au féminin. Cette règle a été découverte par M. Ampère [1]. *Quel chose* ; *robe vert* ; *fors corroies* ; *preus* (prudens) ; *vaillant* (valens).

L'adjectif *grand* ou *grant* est de beaucoup le plus usité sous cette forme : « *Grand* cure ; *grand* foison ; il gasta *grand* partie du royaume d'Angleterre ; *grands* prouesses ; *grands* appertises ;

[1] *Histoire de la formation de la langue française*, ch. VI, Paris, 1841, in-8.

grands guerres; les *grands* entreprises et les *grands* faits d'armes. La plus *grant* et *puissant* bouticle. » Ol. Maillard. — M. Génin établit pour cet emploi de *grand* deux conditions : 1° que l'adjectif fût immédiatement uni au substantif; s'il en était séparé, ne fût-ce que par l'article, il rentrait dans la classe commune : « Or fu *grande* la noise. » 2° Que l'adjectif précédât le substantif. On trouve cependant des exemples qui dérogent à cette seconde condition, dans Froissart : « Cognées grands et bien tranchans. »

Royal et son autre forme *royaulx* servent également pour le masculin et le féminin : la *Court royal; une vierge royaulx;* de là cette expression conservée au palais :

> J'obtiens *lettres royaulx* et je m'inscris en faux.
> *Les Plaideurs.*

Parfois le féminin se forme plus sur la prononciation que sur l'orthographe : « *nud* sur la terre *nue.* » Montaigne.

Parfois on tenait compte de toutes deux : *naïfve* et l'adverbe *naïfvement; griefve.*

Le vieux français avait des adjectifs dont il n'est resté que quelques traces dans notre langue : *Mal, male; male renommée.* Il s'est conservé dans : *Bon an, mal an; bon gré, mal gré; malheur, male-faim, malepeste. Mi* n'est plus en usage que comme particule dans la composition de quelques mots : à mi-côte; mi parti. Nos vieux auteurs disent : « à *mie-chemin;* chacun luy contribua *demie-livre* de froment; à *mie-nuit.* »

Degrés de comparaison.

§ 12. — Le latin avait pour le comparatif et le superlatif des formes nées d'une simple modification de la terminaison de l'adjectif. Pour quelques adjectifs très-usuels, cette différence de forme était plus considérable en latin; elle le fut ou l'est encore en français. Au comparatif : *Bon, meillor, mieldre, mieudre,* meilleur.

Mauvais, pejor, pejour, pire.

Grand, greigner, greigneur, (Froissart); *major,* resté dans *major, tambour-major, major-dome.*

Petit, minor, mineur (Jacques le mineur); *meindre,* moindre.

La forme particulière du superlatif à la manière du latin était en usage au XIIe et au XIIIe siècle. On a vu dans notre Introduction (pag. 48 et 49) l'essai malheureux que fit Baïf au XVIe pour la ressusciter. *Grandissime* se lit dans Montluc. Hors ce mot, il ne s'est conservé que dans les titres *généralissime, illustrissime, révérendissime, sérénissime.*

Le français, comme toutes les autres langues romanes, forme le comparatif et le superlatif à l'aide d'un adverbe dérivé de *plus* ou de *magis*, et qui en a la signification, ou bien à l'aide de *moins*. Au superlatif, ce mot est précédé le plus souvent de l'article déterminant. Dans le français moderne il l'est toujours : *le plus savant;* dans le vieux français cet article peut se supprimer. « Il assembla une troupe *de plus légers* Gaulois, et qui plus avoient accoutumé de gravir ès montagnes. » Amyot. — « Elle soudain, me sçachant là, m'envoya deux des gentilshommes *plus apparents* qui fussent demeurez là. » Marg. de Valois. Au XVIIe siècle encore, les exemples abondent dans Malherbe, Regnier, Corneille, Molière, Bossuet. On en voit un même dans Racine.

Disons ici que le superlatif des adverbes se forme également par *plus* ou *moins* au lieu de *le plus* et *le moins,* ou par un équivalent. « S'accrochant comme *mieulx* ils pouvoient. » Amyot.

> Dis-moy qu'est-ce qu'on doit *plus cherement* aimer
> De tout ce que nous donne ou la terre ou la mer?
> REGNIER.

> Ce Dieu touche les cœurs lorsque *moins* on y pense.
> CORNEILLE.

« Quatre cent mille soldats qu'elle (l'Egypte) entretenoit, étoient ceux de ses citoyens qu'elle exerçoit avec *plus* de soin. » Bossuet. — « C'est le succès que l'on doit *moins* se promettre. » La Bruyère. *Trop mieulx* signifie très-bien.

En italien on dit de même : « Espugnò le città *piu forti.* » — « Tronchero i suoi cedri *piu alti.* »

PRONOMS.

PRONOMS PERSONNELS.

§ 13. — 1re *Personne. Je* n'a plus les autres formes usitées au XIIIe siècle : *jeo, jo, jeu, ieo, io, ieu,* etc., excepté *jou.*

Moi ou *moy* n'est employé au nominatif qu'avec *mesme*. « Je suis *moy mesme* la matière de mon livre. » Montaigne. Pour ce cas on met *je* où nous mettons *moi*. — « *Je* Jehan Froissart commencè à parler. » — « *Je qui* ai empris ce livre à ordonner. » Id. — « *Je qui* le scay. » — « *Je* malheureux abandonnay le pays. »

> *Je* celuy qui tes songes
> Naguières n'estimois que fables et mensonges.
>   RONSARD.

2e *Personne*. *Tu*, est encore dans Alain Chartier où nous mettrions *toi* : « Car je t'aime en vraie entente et *tu* moy. »

3e *Personne*. Emploi analogue de *il* où nous employons *lui* : « Il et messire son père. » Froiss. — « *Il* et tous ceux qui ont esté avec luy en ces batailles. » Id. — « *Il* qui estoit. » Id. — « Tellement que blasme n'en eussions ni *il* point de dommage. » Id.

Il est même, mais rarement, régime direct : « *Que mal ne l'en prist, il* et ses compagnons. » Id.

Eux au nominatif : « Comment dient *eux* ? » Gerson.

Li est passé du XIIIe siècle au XIVe comme régime direct et indirect, masculin et féminin. « La royne les emmena avec *li* (elle). » Froiss. — « Quand la royne Isabelle fust arrivée à Boulogne.... le capitaine de la ville, et l'abbé et les bourgeois vinrent contre *li* et la recueillirent moult liement. » Id.

Luy, précédé d'une préposition sert aussi pour le féminin : « Considéré le grant amour que le conte son mary avoit en *luy*. » Artois [1]. — « Ce que promeistes à la contesse vostre leale espousée, au point du sur partement que vous feistes de *luy*. » Id. — « La dame entra de nuit en une nef appareillée pour *luy* et son fils. » Froiss. — Joachim du Bellay dit de la langue française : « Luy donner ce qui estoit à *luy*. »

Luy et *eux* pour *se* : « Il visita une partie de son royaume pour *luy* deduire et esbattre. » Froiss. — « Pour *eux* defendre. » Id.

Luy, avant le verbe comme accusatif : « Se promettant de *luy* faire servir d'exemple en justice. »

Eux, avant le verbe pour *à eux, leur* : « Pour tous nobles cœurs encourager et *eux* monstrer exemple en matiere d'honneur. » Froiss.

---

[1] Le livre du très-chevalereux conte d'Artois, dans notre *Grand Recueil.*

Les 3 *personnes. Moy, toy, soy* mis avant le verbe comme régimes directs ou indirects, où nous mettons *me, te, se.* — « Pour *moy* acquitter envers tous. » Froiss. — « S'il sçavoit moy monstrer un exemple. » — « De *toy* oser exposer à tant de périls. » — « Jamais homme n'est souffert *soy* eslever. » — « Le plus sage pour *soy* tirer d'un mauvais pas. » Comines. De même après le verbe : « Souffise-*toy* de vivre en paix. »

PRONOMS DÉMONSTRATIFS.

§ 14. — Les mêmes mots, tous formés du latin, servent de pronoms démonstratifs proprement dits, remplaçant un nom, et d'adjectifs démonstratifs unis au substantif qui les suit. Certaines distinctions que l'on a prétendu observer dans leur emploi, ne tiennent pas contre la variété des exemples.

Ce, avant un pronom possessif : « *Ce mien* bastiment. »

Ce pour *cela :* « Pour *ce* n'en doivent mie les autres pis valoir. » Froiss. — « Non-seulement en *ce* mais en tout ce qui vous plaira. » Marg. de Val.

Cet, celle, ceulx : Cel office. *Celle* heure. *Celle* mer. *Celui, celuy, celluy :* « *celuy* messire Hugh. » Froiss. — « Du temps de *celuy* Evesque. » Id. — « Avoit à Gand un homme qui avoit esté brasseur de miel ; — *celuy* estoit entré en grand fortune. » Id.

Cest, ceste, cet, cette : « *Cest* moyen. »

Icelluy, iceluy, icelle : « *Icelluy* Dieu. » *Iceux.*

« *Ceste manière.* » — « *Cette* telle quelle faculté. » Montaigne. — « Or me veux retraire (borner) à la droite matière commencée et taire de *cette,* tant que temps et lieu viendront que j'en devrai parler. » Froiss. — « Je ne puis mieux que le vous representer en *cette* (lettre), afin que vous soyez, » etc. Marg. de Val.

Cestuy, cettuy : « *cestuy* pays. » — « J'ay peur que *cestuy* soit devenu fol. » — « *Cettuy* royaume. » Froiss. — « *Cettuy* fut grand. » Id. — « *Cettuy* vostre estre [1]. »

Icest, iceste : « *icestes* inclinations. »

Cil, plur. *cils.* « *Cil* messire Hugh. » Froiss. — « A *cil* ne s'en peust garder. » Id. — « *Cils* respondirent. » — « *Cils* qui estoient entrés. »

---

[1] *Cettuy-cy* est employé par Balzac.

Au XVIe siècle on ajouta, dans certains cas, aux pronoms démonstratifs les adverbes *cy* et *là*. Le grammairien Meygret combattit cette adjonction comme inutile. « Cestuy-cy, cestuy-là, cette-cy, ceslui-là. » — « Il faut nécessairement qu'il passe par un de *ces* trois chemins : Ce n'est ny par *cettuy cy*, ni par *celuy-là* ; il faut donc infailliblement qu'il passe par *cet* autre. » Montaigne.

PRONOMS POSSESSIFS.

§ 15. — Plusieurs pronoms possessifs en usage au XIIIe siècle ont cessé de l'être dès le XIVe, ainsi *mes, tes, ses*, au singulier pour *mon, ton, son*, n'a laissé de trace que dans *messire*.

L'élision de la voyelle finale du pronom *ma, sa*, devant un substantif commençant par une voyelle : *mespée, mamour, mame, same*, se voit encore dans les poésies de Froissart ; elle ne subsiste plus que dans *mamour* et *mamie*. Au XVe siècle on a remplacé en pareil cas le pronom féminin par le masculin, pour éviter l'hiatus par une inconséquence grammaticale ; dès lors on dit *mon ame, ton épée, son épaule*.

Mien, tien, sien, pronoms possessifs proprement dits, devenaient adjectifs possessifs quand ils étaient précédés de l'article déterminant ou non déterminant ou d'un pronom démonstratif, comme en italien. « Cornelio avec *les siens* Italiens. » Montluc. — « *Un mien* amy. » Comines. — « *Cette sienne* éloquence. » Montaigne. — « A la priere *d'un mien* cher seigneur et maistre. » Froiss.

Les féminins *mienne, tienne, sienne*, n'ont prévalu qu'après le XIIIe siècle.

Le pronom démonstratif se plaçait même devant l'adjectif possessif : « *Cette vostre* doute. » Amyot.

Le pronom possessif admettait même les degrés de comparaison : « Les qualitez *plus vostres*. » Montaigne.

PRONOMS RELATIFS.

§ 16. — Ce sont *lequel* et *qui*.

Lequel a quelquefois au datif *onquel* ; Rabel. et l'on trouve au féminin LAQUEL *chose* ; au pluriel *lesquieuls* ; au datif *ausquels*, quoique *aux* ne s'écrive pas *aus*, et *esquelz*. Rabel.

Qui, au nominatif, se met pour *ce qui*. « Nuit et jour il pleuvoit sur eux, *qui* leur fist moult de peine. » Froiss. — « Il estoit leger à parler des gens : sauf de ceux qu'il craignoit. *Qui* estoit beaucoup. » Comines. — « Quintilian parlant des anciens Romains : Peut-être (dit-il) parloient-ils tous comme ils escrivoient. *Qui* montre que de son temps on en usoit autrement » Pasquier. — « Que ce n'estoit rien de ceux qu'ils avoient fait mourir, si les principaux autheurs ne perdoient la vie, *qui* serviroit d'exemple à tout le royaume. » Montluc.

Qui pour *si quelqu'un, si l'on*. — « Seroit grand aumosne et grace envers nostre seigneur *qui* de tel meschef le pourroit garder. » Froiss. — « Il y auroit un grand point gaigné pour le soulagement de nostre misérable condition humaine, *qui* pourroit establir cette proposition vraye tout partout. » Montaigne.

Qui répété dans une série de membres de phrase de même construction, signifie *l'un, l'autre, un troisième,* etc. Quelques écrivains se servent encore, mais rarement de ce tour vieilli: « Le reste se retira en confusion, *qui* çà, *qui* là. — Leurs puissances (des dieux du paganisme) sont retranchées (limitées) selon nostre nécessité. *Qui* guérit les chevaux, *qui* les hommes, *qui* la peste, *qui* la teigne, *qui* la toux, *qui* une sorte de gale, *qui* une autre ; *qui* fait naître les raisins, *qui* les aulx ; *qui* a la charge de la marchandise. » Montaigne.

§ 17.— *Que* pour *qui :* « Les avocats *que* sont icy. » — « Les plus furieux combats *que* jamais aient estez. » — « Façons estranges *que* seroyent trop longues à raconter. » Rabel.

Que pour *ce qui :* « Voici *que* arriva un jour. » Id.

Ce que pour *ce qui :* « Ils remirent *ce que* brisé et rompu estoit. » Froiss. — Il veut connoistre *ce que* lui appartient. » Comines. — « Nous convoitons *ce que* nous est denié. — « *Ce que* nous effraya grandement. »

Que pour *ce que*. — « Ils lui demanderent *qu'*il voulait. » Froiss. — « Ces nouvelles vinrent au duc pour savoir *qu'*il en vouloit faire. » Id. — « Je ne scay *que* je fais. » Rabel. — « Je me doute *que* c'est. » Id. — « Que fait-il ? *Qu'*il fait mes bonnes gens ! » Id. — « Après qu'on lui aura appris ce qui sert à le faire plus sage et meilleur, on l'entendra *que* c'est que Logique. » Montaigne. — Il regarde *que* c'est. » Marg. de Valois. — « Il demande *que* c'est. » Ead. — Emploi fréquent dans Malherbe et Regnier. Dans Corneille, Hor. IV, 2,

> Le roi ne sait *que* c'est d'honorer à demi.

« La dignité du tragique rejette ces expressions de comédie, » prétend Voltaire. Ce tour n'étant plus en usage de son temps, Racine ne l'a employé qu'une fois, dans les Plaideurs, II, 7,

> Je ne sais *qu'est* devenu son fils.

Dont pour *ce dont, de quoi, à cause de quoi.*— « Il ouit les mementos des prebstres qui menoyent sa femme en terre, *dont* laissa son bon propous. » Rabel. — « La royne le voulut ouïr : *dont* ce bonhomme conceut un grand despit. » Brant. — « Le despit luy transperça le cœur *dont* il mourut. » Id.

Quoy, quoi, pronom relatif des deux genres et des deux nombres. — « L'estat en *quoy* estoit son armée. » Comines. — « Le renard *dequoy* se servent les habitants de la Thrace. » — « Les chiens *dequoy* se servent les aveugles. » Id — « Cette place forte et la façon *dequoy* je m'y garde. » Marg. de Val. — « L'appréhension *enquoy* elle m'avoit mise. » Ead. — « Tant de ruses et d'inventions *dequoy* les bêtes se couvrent des entreprises que nous faisons sur elles. » Montaigne. — « Ces circonstances *à quoy* ils veulent asservir leur foy. » Id.

On voit par quatre de ces exemples que *dequoy* s'écrivait en un seul mot. Comines écrit de même *parquoi.* — « *Parquoi* (par ces choses) on peut assez avoir d'informations. »

Quoy, au commencement d'une phrase, pour *ce que : Quoy voyant,* son père commenda... »

Corneille, Molière, Bossuet, Bourdaloue, Pascal, Mme Perier, usaient de même de ce pronom, qui plaisait aussi à Vaugelas. La Bruyère encore a écrit : « Ils sont élevés au centre des meilleures choses *à quoi* ils rapportent ce qu'ils lisent. » — *Quoi* a l'avantage de la brièveté; grand attrait pour Molière entre autres, qui évite le plus qu'il peut *lequel, laquelle;* il n'a employé ce pronom plus long que trente-sept fois dans toutes ses comédies.

§ 18.— *Où* pour *auquel, dans lequel, vers lequel,* etc., a le même avantage, et a joui de la même faveur dès le XIVme siècle : « Un chevalier *où* moult se fioit. »

En, que quelques écrivains ne reconnaissent pas pour un pronom, est un véritable pronom relatif, puisqu'il tient lieu d'un nom ou d'un autre pronom qui précède et qu'on ne veut pas répéter. Autrefois, on en usait plus largement que depuis ; on le rapportait à la première et à la seconde personne non moins qu'à la troisième ; à l'idée exprimée par une phrase entière, non moins qu'à une idée renfermée dans un seul mot. *En* ne signifiait pas seulement *de lui, d'elle, d'eux, de cela ;* mais aussi *pour cela, par cela, à ce sujet, par ce moyen.* — Je la supplierai de ne plus vivre avec vous comme un enfant, mais de s'*en* servir comme de moymesme. » Marg. de Val. « Camillus s'*en* (à ce sujet) adressa encore aux officiers. » Amyot.

Corneille s'est porté héritier de cette large liberté, non sans encourir le blâme de Voltaire. On apprend de lui à tirer parti des ressources de notre vieille langue.

> Ce n'est pas d'aujourd'hui que je sais qui je suis :
> Vous voyez quels effets *en* ont été produits.
>
> Hér. IV, 4.

> Il conspira tout seul, tu n'*en* es point complice.

Il rapporte même *en* dans le sens du pluriel à un nom mis au singulier.

> J'apprends cent fois *le jour* que vous êtes en ville :
> *En* voici presque trois que je n'ai pu vous voir.
>
> Gal. du Pal. V, 5.

PRONOMS INDÉFINIS OU INDÉTERMINÉS.

§ 19. — *Un*, dans le sens de *quelqu'un, une personne :* « *Un* qui me ressemble. En y a maint *un*. » Montaigne.

On, l'on, s'écrit aussi *en, l'en.* L'article provient du primitif *hom, om, homme.* Dans le vieux italien, *uomo* se prend dans le sens de quelqu'un. *Man* signifiait dans l'ancien haut allemand *homme,* aujourd'hui *on,* et homme s'écrit *mann.*

L'on se mettait après le verbe, où nous mettons toujours *on :* « Voudroit-l'on dire ? Pourroit-l'on ? » Comines.

Aultre, autre, le plus souvent adjectif, est aussi pronom : « De l'un corps à *l'autre.* » Montaigne. — « L'un jugement subvertissant *l'autre* sans cesse. » Id.

A la fin du XVIme siècle et dans la première moitié du XVIIme, les écrivains amis de la concision faisaient usage de *autre*, pronom, pour *nul autre* ou *quelque autre, un autre*.

> Qu'*autres* que moy soient misérables
> MALH.

> Et nostre affection pour *autre* que pour elle
> Ne peut mieux s'employer.
> MALH.

> Je ne pense pas qu'*autre* que toi me blâme.
> CORN.

> *Autre* n'a mieux que toi soutenu cette guerre
> *Autre* de plus de morts n'a couvert notre terre.
> CORN. *Hor.* II, 5.

C'est la moelle de la langue du XVIme siècle. — « *Une créature raisonnable* se peut-elle sacrifier à *autre* qu'à Dieu? » Bossuet.

Autruy, aultruy, pronom, est aussi employé adjectivement : *L'aultruy dangier*. Les Italiens disent de même *la coscienza altrui*.

Aucun, aulcun, pour *quelqu'un*. « Je l'essaie par la preuve d'*au-cuns* de mes amis. » Montaigne. — « Cette mesure qu'*aucuns* luy attribuent. Id. Comme *alcuno* en italien, qui a le même sens ; il dérive de *aliquis unus*.

Aucun est aussi adjectif pronominal : « Par *aucun* temps » (pendant quelque temps) O. d. la Marche. — « Ils doivent menager leurs vies à la mode que font *aucuns* avares leurs tresors. » — « *Aucunes choses* ils les ont escrites pour le besoin de la société publique. » Montaigne.

De là le sens de l'adverbe *aucunement*, en quelque chose, en quelque façon, d'une manière quelconque. — « Si ce rayon de la Divinité nous touchait *aucunement*, il y paroistroit partout. » Montaigne. — « Si nous n'*en* trouvons point (du soulagement), au moins serons-nous *aucunement* contens de l'avoir cherché. » Du Vair.

Au XVIIIme siècle :

> En un mot l'aimez-vous? — Je l'aime *aucunement*,
> Non pas jusqu'à troubler votre contentement.
> CORNEILLE.

Alors Orphise,
De sa frayeur première *aucunement* remise,
Sait prendre un temps si juste....
Corn. *Menteur*, II, 5.

— « Mon esprit s'abat trop pour que des maux qui, tout cruels qu'ils sont, sont *aucunement* supportables. » Bossuet.

Nul pour quelqu'un, et dans ce cas parfois joint à *ne*. « A peine n'osait *nul* apparoir aux defenses. » Froiss. — Au pluriel : « Si vous estes legistes, *nulz* de vous. »

Nulli, nullui, personne.

Quant que, tout ce que, *quantum quod*. — « Quant qu'il vouloit commander. » Froiss. — Au XIIIme siècle, souvent *quanquil*.

Quelconque avec *ne*, personne. — « Il n'y avoit *quelconque* sans peril de mort. » Gerson.

Quel que se met devant un verbe, surtout devant *être*. « *Quels que* soient vos titres, *quelles que* paraissent vos intentions. » Avec un substantif ou un adjectif, nous disons : « *Quelques* mérites qu'il ait ; *quelque* part qu'il aille ; *quelques* grandes que soient ses fautes. » Autrefois on était moins attentif à cette distinction. Froissart dit : « Laissez-les aller *quel* part ils voudront. »

En *quel* lieu *que* ce soit je veux suivre tes pas.
Molière, *Fâch.*, III, 4.

Au pronom *chacun* répond l'adjectif pronominal *chaque*. Autrefois *chascun* était aussi adjectif et se plaçait immédiatement avant son substantif : « *Chascun* mois. » Comines. — « *Chascun* cop qu'il ravit. »

NOMS DE NOMBRE.

Cardinaux.

§ 20. —Les différences d'avec la langue actuelle sont peu nombreuses.

Outre *deux* on avait *ambe, ambes*, signifiant aussi *avec*; de *ambo*; quelquefois *ambe les deux, ambedeux, andeus*, comme en italien *ambedue, ambedui*. Il ne nous en est resté que le substantif *ambe*, terme de loterie.

On avait *septante*, qui ne s'est conservé que dans la *Version des Septante*, traduction grecque de l'Ancien Testament; de plus *huytante* et *octante* pour quatre-vingts; probablement *nonante*, qui subsiste encore comme provincialisme, à côté des trois mots précédents.

Les multiples de *vingt* étaient plus usités. Nous n'avons conservé que *quatre-vingts*, *quatre-vingt-dix*, et comme nom propre de l'hospice des aveugles les *Quinze-vingts*. *Six-vingts* était fort en usage au XVIIme siècle. Au XVIme, Montluc parle de *six ou sept vingt gentilshommes*, et ailleurs de *huit vingt; trois vingt* se lit aussi, *onze vint* dans un roman du XIIIme siècle, et *douze vingts* dans Joinville. En anglais on comptait de même par vingtaines, *score : threescore, sixscore*, etc.

On voit par ces exemples, exactement copiés, que dans les multiples *vingt* s'écrivait avec ou sans *s*, arbitrairement et non comme aujourd'hui d'après une règle fixe; ajoutons que Montluc écrit *six vingts mille francs*, et Comines : *l'an mil quatre cens quatre-vingts et trois*. Il en était de même de *cent* : « L'an mil cinq *cent*. » — « Plus de *cens* mille francs. » Comines.

Mille et *mil*, on vient de le voir, servent également pour les dates. Ils servent indifféremment aussi pour le nombre des objets. La Boëtie dit : « Les batailles qui ont esté données *deux mille ans* » (il y a 2000 ans). Montluc vient de parler de six vingts *mille* francs; » ailleurs il écrit « quatorze *mil* livres; *mil* hommes, » et à peu de d'intervalle, « *dix mil* francs, six vingts *mille* francs. »

Un sabreur n'y regarde pas de si près; mais des écrivains plus pacifiques sabraient de même l'orthographe.

ORDINAUX.

§ 21. — Le vieux français avait de plus que nous une double forme pour les adjectifs ordinaux des six premiers nombres. Nous n'avons conservé complétement que le mot *second;* les autres cinq n'ont gardé qu'un emploi restreint.

Prime se retrouve dans un mot créé par Montaigne, un esprit *prime sautier*, comme dans *prime* et *primer*.

« Le *premier* luy apprenait la religion ; le *second* à estre toujours véritable : le *tiers*, à se rendre maistre des cupidités : le *quart*, à ne rien craindre. » Montaigne.

Au XIIIme siècle, la terminaison de la plupart des nombres ordinaux était *ime* en Normandie, *isme* en Picardie ; *vintime, tren-
tisme*. C'est au XIVme que la terminaison *ième* commence à être
employée plus fréquemment et avec quelque régularité (Burguy,
I, 116).

Alors aussi prévaut l'usage d'exprimer les fractions par un seul
mot (Ib. 118).

Le tiers, le quart, fraction. *Le tiers et le quart*, les premiers
venus, la troisième et la quatrième personne qu'on rencontre.
Tierce, quarte, quinte, sixte, termes de musique et de jeu. *Tierce*
et *quarte*, termes d'escrime et de médecine ; *tierce*, de plus, terme
d'église, d'astronomie et d'imprimerie.

Quint, Charles-Quint, Sixte-Quint.

VERBES.

§ 22. — La formation d'après le latin des verbes romans et français en particulier, a été savamment exposée par MM. Diez, Fallot,
Ampère, Burguy, Orelli et d'autres. Cette matière est en dehors
du domaine élémentaire. La flexion latine a servi de modèle à la
flexion française : plus reconnaissable dans le vieux français, elle
l'est pourtant encore aujourd'hui. Au XIIme et au XIIIme siècle se
forme, au XIVme se présente à peu près formée, la conjugaison
telle que nous la possédons dans ses modes, ses temps et ses personnes. Nous n'avons ici qu'à signaler quelques différences.

Les savants n'admettent que trois conjugaisons que caractérisent les terminaisons du présent de l'infinitif et du participe passé :

1e Infinitif *er*,   Participe *é*, anciennement *ed* ou *et ;*
2e   *ir*,   *i*,   «   *id* ou *it ;*
3e   *eir*, oir, re,   *u*,   «   *ud* ou *ut*.

La troisième comprend ainsi la troisième et la quatrième de
nos grammaires à partir du XVIme siècle, époque du début de la
science grammaticale en France. Dans cet essai, nous suivrons la
division vulgaire par trois raisons : 1° la voyelle finale *u* du participe est celle de tous les verbes en *oir*, mais non de tous ceux en
re ; 2° le futur de l'indicatif se forme de l'infinitif, mais non exactement de la même manière dans les verbes en *oir* et dans ceux

en *re;* 3° il est avantageux qu'un ouvrage élémentaire se rattache aux cadres reçus quand la logique et l'intérêt des choses ne s'y opposent pas.

C'est aussi dans les cadres de la grammaire usuelle que rentrent les différences de flexion auxquelles se borne l'exposé suivant. Nous ne choisissons dans chaque conjugaison que quelques exemples essentiels, et ne donnons guère que les modes, les temps et les personnes qui se rencontrent dans notre double recueil.

ORTHOGRAPHE.

§ 23. — Aux observations générales sur l'orthographe faites ci-dessus, page 60, nous en ajoutons quelques-unes relatives aux verbes.

Les manières diverses d'écrire les finales qui caractérisent les temps et les personnes, ne sont pas des différences d'un siècle à l'autre, mais se remarquent dans la même page ou même dans peu de lignes ; par exemple, à l'imparfait de l'indicatif, *j'aimoy*, *j'aimoye*, *j'aimoys* ; au conditionnel présent : je *pourroy*, je *pourroie*, je *pourroye*, je *pourrois*.

L'*s* final se trouve, mais plus rarement, à la première personne de ces deux temps tout comme du présent et du prétérit défini de l'indicatif, et à la seconde personne du singulier de l'impératif.

Je *di, m'esbahy, fay, voy, enten, crain, respon*, mais aussi : je *prens*.

J'*eu*, je *fu, peu, fy, vy, vey, vein*.

A l'impératif : *ren, fay*.

Même à la seconde personne du présent de l'indicatif, mais rarement : *tu parle*.

Le *t* final se met ou se retranche à volonté à la troisième personne du singulier du prétérit dans les trois dernières conjugaisons.

Il *fu* ou *fut, sceu* ou *sceut, nasquy, vy, volu, fy, fit, fist*.

A la troisième personne du singulier du présent et du prétérit défini de l'indicatif, le *t* final est souvent remplacé par *d*, mais pas régulièrement.

Il *void* ou *voit, croid* ou *croit ;* il *condui*.

Il *vid*, il *conclud*.

Au prétérit défini *int* s'écrit toujours par un *t*, qui au pluriel se change en *d* : *Vint, vindrent ; print, prindrent.* Au XVIIme siècle cette consonne, même adoucie, disparut.

Le *t* final remplace quelquefois le *d* qui fait partie de la racine du mot, à la troisième personne du présent de l'indicatif, après un *n* : il *rent, prent, respont.*

On observe çà et là des suppressions moins régulières de consonnes finales : nous *revenon*, ils *firen*.

Les deux derniers faits et quelques-uns des précédents nous portent à croire qu'autrefois la prononciation inclinait vers le laisser-aller recommandé par M. Génin, à l'exclusion de la liaison des mots par les consonnes finales [1].

L'*s* avant le *t* final ne manque jamais à la troisième personne du singulier de l'imparfait du subjonctif : qu'il *allast, fist, reçust.* Dans la personne correspondante du prétérit défini, l'*s* se met ou ne se met pas : Il *fit* ou *fist* ; il *volut*, ou *volust*.

Entre *i* et *y* le choix était arbitraire : Je *di* ou *dy* ; il *fi* ou *fy* ; je *voulois* ou *vouloys* ; il *voudroit* ou *voudroyt*. — Mais on ne réunissait pas ces deux voyelles là où la logique grammaticale a, depuis, exigé leur réunion : l'imparfait s'écrivait comme le présent, dans *cryons*, par exemple, où il faudrait *cryions*, comme nous écrivons *criions*.

La terminaison *és* au lieu de *ez*, à la seconde personne du pluriel, *vous aimés, irés*, est représentée comme une innovation du XVIme siècle. Jean Pillot, qui publia une grammaire française en 1581 [2], dit que de son temps l'on commençait à écrire par *és*, mais que les vieillards écrivaient encore par *z*. On voit, mais rarement, *és* dès le XIVme siècle.

Le participe présent se termine en *ent* au lieu de *ant* chez quel-

---

[1] *De la prononciation du vieux français. Revue de Paris*, janvier 1856, p. 351.

[2] *Gallicae lingua Institutio, latino sermone conscripta, per Joannem Pillotum*, Parisiis 1581 ; 1 v. in-8°. — M. *Livet*, dans son savant et utile livre : *La Grammaire française et les grammairiens au XVIe siècle ;* Paris 1859 ; in-8°, ajoute au fait que nous venons de rapporter la note suivante : « Cette orthographe (és) extrêmement répandue, en fait, dans les manuscrits du XVIIe siècle, — je citerai entre autres ceux du P. Joseph et de Chapelain, — est très-rare dans les livres imprimés, et ne semble pas avoir été soutenue par les grammairiens. » P. 309.

ques écrivains, Rabelais entre autres: «*Entendent*; plusieurs vices tous *tendens* au délit et aise du corps;» — *cognoiscent* et au pluriel *cognoiscens*.

Le participe passé de la troisième conjugaison et d'une partie de la quatrième se termine en *u : solu, condolu*, plus souvent écrit *eu : peu, sceu, veu*. Ronsard fait rimer ce dernier mot avec le *feu*. Montluc écrit dans un endroit *vu* et *cogneu*.

Ce même participe prend souvent au singulier l'*s* ou le *z*, ordinairement marque du pluriel. *Il fut corociez. Vous avez estés,* en parlant à une seule personne. *De luy suis eschapez. — Son cuer fut par esjoyz. — Quant il fust venus. —* Ces exemples sont du XIVme siècle.

Dans quelques documents de la première partie du XIVme siècle, la première personne du pluriel conserve l'*m* de la terminaison latine, ensuite remplacé par *n* : *nous avoms, offroms, desiroms, savissioms, quidoms, treoms* (de trere, traire, tirer). — Dans un passage de Froissart, *sumus* a conservé sa forme toute latine, à la place de sa transformation.

Enfin, par un rapprochement avec le latin, Rabelais encore écrit souvent au prétérit défini : ils *entrarent* (intrarunt), *allarent, parlarent*.

CONJUGAISON.

Verbes auxiliaires.

§ 24.   ESTRE, ESTER. — ÊTRE, RESTER.

Participe présent.   Estant.
         Passé.   Esté (ayant esté). « D'autres *esté* ses adversaires. » Chr. de P.
Indicatif. Présent.   Je suis.... Nous sommes; nous sumus. Froissart.
   Prétérit défini.   Je fui, forme primitive, se rencontre encore.
   Prétérit indéfini.   J'ai été, je suis été[1]. Montluc. «Possible ne *fussiez-vous esté* pris. » Braut.

[1] En italien *sono stato;* en allemand *ich bin gewesen.*

AVOIR, AVER, HAVOIR.

Au XVIe siècle le grammairien Dubois écrit tout le verbe avec *h*, de *habere*.

Participe. Prétérit.	Heu, eu.
Indicatif. Présent.	Il ha, hat [1].
Imparfait.	J'avoye, vous avoiez.
Prétérit défini.	Il ut; il y eult. Nous omes, vous otes, ils orent.
Futur.	J'averai [2]. Froissart. Nous averons, arvons; vous aurez, arez.
Impératif.	Hai.
Subjonctif. Présent.	Il aye.
Imparfait.	Il eust.
Conditionnel.	J'averoye, averroye,.... Vous averiez, averriez.

Première Conjugaison.

ALLER. [3]

§ 25. — Dans plusieurs langues romanes le verbe correspondant s'est complété, comme *aller*, par des emprunts faits aux verbes latins *ire* et *vadere*. Dans le vieux français les derniers seuls doivent trouver place ici.

Indicatif. Présent.	Je vois, voys, vas; il voist, il revoist (retourne); ils voysent.
Subjonctif. Présent.	Je voye, voise; ils voisent.

COMMANDER.

Indicatif. Présent.	Je command; — à Dieu je te command (recommande).

Plusieurs verbes de la première conjugaison retranchent ainsi à la première personne du présent l'*e* final. — Je convent (*conventer*, s'engager). Je supply.

---

[1] Contracté de *habet*; allem. *hat*. Dubois écrit aussi *hat*. « Peut-être, dit M. Livet, la prononciation lui donnait-elle raison, quand le verbe se trouvait devant les voyelles, et peut-être disait-on : *il hat un livre*. Ces liaisons faites en haine de l'hiatus sont de règle dans certains patois. »

[2] Régulièrement formé de *aver*; mais les temps dérivés ont survécu à l'infinitif.

[3] Voir sur l'étymologie de ce verbe le savant article plein de perspicacité de M. Diez, *Etym. Wörterb.* 18.

DONNER.

Subjonctif. Présent. Il doint.

ENVOYER.

Indicatif. Futur. J'envoiray.
Conditionnel.   J'envoiroye.

LAISSER.

Indicatif. Futur. Je lairay, lairray.
Subjonctif. Présent. Il laist, lest, aussi employé pour l'indicatif.
Conditionnel.   Je lairois, lairrois.

Une particularité dans l'imparfait du subjonctif de la première conjugaison est exprimée en ces termes dans la grammaire de Jean Pillot : « A la première et à la seconde personne du pluriel dites *aimissions, aimissiez ; louissions, louissiez,* etc. et non *aimassions, aimassiez,* etc. J'ay quelquefois trouvé dans mes lectures, ajoute-t-il, *estimassiez aimassiez* et autres semblables, et c'est ainsi que les Poitevins, entr'autres, écrivent et prononcent toujours. » — Froissart écrit *accordissiez, gardissions, ouvrissent,* de *ouvrer* (travailler). Montluc *ostissions,* Calvin *trouvissiez.* Nous avons même lu le prétérit défini *il marchit.* — Pillot a donc trop restreint la règle [1].

En général le vieux français aimait la voyelle *i* dans certaines terminaisons des verbes ; il la préférait à l'*u : il corist* (courut), *ils corirent, je corisse, voulsisse* (voulusse); il préférait aussi l'*i* pur à l'*i* modifié par le son nasal *n* dans *in : je venisse, il venist, je tenisse. Reconnissant,* participe de *reconnoistre. Apparissant.*

Deuxième Conjugaison.

§ 26.   FAILLIR.

Participe présent. Faillant.
Indicatif. Présent. Il fault, faut. Vous faillez, ils faillent.
Futur.   Il faudra.

[1] Le dialecte parisien repousse les imparfaits du subjonctif et les remplace par le présent : *il fallut que j'aille.* Il paraît qu'à la fin du dernier siècle encore, les terminaisons *asse, assions, assiez,* n'obtenaient pas toujours faveur, même dans les hautes régions littéraires, puisque Urbain Domergue, dans sa fougue grammaticale, s'écria un jour devant l'Académie française : « Messieurs, je voudrais que vous vous enthousiasmassiez pour nos imparfaits en *asse.* »

FERIR.

Participe passé.	Feru.
Indicatif. Présent.	Il fiert (de Afferir); affiert.
Imparfait.	Ils feroient.
Prétérit défini.	Il ferut.

ISSIR.

Participe présent.	Issant.
Indic. Prétér. défini.	Il issit.

JOYR, JOUYR.

Participe présent.	Joyant.
Indicatif. Présent.	Il joyt.

MOURIR, MORIR, MURIR.

Indicatif. Présent.	Je muir. Ils morent.
Futur.	Je morrai.
Impératif.	Morez.

OYR, OUÏR.

Participe présent.	Oïant, ouyant, oyant.
Passé.	Oy, ouy, ouyes [1].
Indicatif. Présent.	Je oy, il oyt, ot, vous oyez, oïez, oez ; ils oyent, ouent.
Imparfait.	Il ouyoyt ; nous oyons, oïons; ils oyoient.
Prétérit défini.	Je ouïs, il oy, oyt, vous ouïstes, ils ouirent.
Futur.	Nous orrons, vous orrez, oïrez, ils orront, oïront.
Impératif.	Oyez.
Subjonctif. Imparf.	Il oyst, ouist, ils oissent.

RECUEILLIR.

Indic. Prétér. défini.	Ils recueillierent.

TENIR.

Indic. Prétér. défini.	Il tenist, tenit, tiensit, tint ; ils tiendrent, tindrent.
Subjonctif. Imparf.	Vous tenissiez.
Conditionnel. Prés.	Ils tenroient.

---

[1] Dans la première moitié du XVIIe siècle, nous voyons encore *oyant* (Regnier et Berthelot). *J'oy* (Regnier). *J'ois* (Corn.). *J'oyois* (Regnier, Malh.). *Il ouit*, prétér. déf. (Malherbe). *J'orrai* (Corn.) ; *il orra* (Malh.), *oira* (Regn.). Ménage écrit en 1666 : « Nous disons présantement (sic) *on m'oira, nous oirons, vous oirez.* » — *Oyons* (Corn.). *Que nous oyions* (Mol. Préc. réd. 1659).

TOLLIR (ôter, enlever).

Indic. Prétér. défini.	Il tollat.
Futur.	Ils toldront.

VENIR.

Indic. Prétér. défini.	Il venist, venit; il viensit; il vint, ils vindrent.
Subjonctif. Présent.	Il vieigne ; ils veignent.
Imparfait.	Il venist.

Troisième Conjugaison.

§ 27.   **CHOIR, CHEOIR.**

Participe passé.	Cheu, chu, cheust.
Indicatif. Présent.	Il cheoit, chet, chiet, ils cheent, chieent.
Prétérit défini.	Il cheut (recheut), chey (il lui meschey); ils cheurent, cheirent.
Prétérit indéfini.	Ils sont cheux.
Subjonctif. Imparf.	Ils cheissent.
Conditionnel.	Il cherroit.

CHALOIR.

Indicatif. Présent.	Il chault, chaut.
Futur.	Il chaulra.
Subjonctif. Présent.	Il chaille.

DEVOIR.

Indic. Prétér. défini.	Il deust, deut.
Subjonctif. Présent.	Je doye, il doye.
Imparfait.	Il deuwist, Froiss.; ils deussient.

DOULOIR.

Indicatif. Présent.	Il nous deult.

POUVOIR.

Indicatif. Présent.	Il poet, puet, peust ; ils poiount; pevent, peuent.
Prétérit défini.	Je peuz, il pot; peust, peult, ils peulvent.
Subjonctif. Présent.	Il puist.
Imparfait.	Il peust, peult.
Conditionnel.	Il purroit.

POURVOIR.

Indic. Prétér. défini.	Il pourvey, ils pourveirent.

SÇAVOIR.

Indicatif. Présent. Je sçay, il scet, ils sevent.
Prétérit défini. Il sot, seut.
Subjonctif. Imparf. Nous savissions.
Conditionnel. Je sarroye.

VALOIR.

Indic. Prétér. défini. Il vaulsist.
Subjonctif. Imparf. Il vaulsist.

VOIR, VEOIR.

Participe présent. Veant.
Passé. Vehu, veu.
Indicatif. Présent. Nous veons, vous veez.
Imparfait. Il veoit, ils veoient.
Prétérit défini. Je viez, je vei; il veid, vid, visist (rare).
Futur. Vous voirez.
Impératif. Veez.
Subjonctif. Imparf. Je veisse.

VOULOIR.

Indicatif. Présent. Je veuil, il voult, volt; vous voillez, voillés.
Imparfait. Vous vouliés.
Prétérit défini. Il volust, volut, voulsist; ils vaurent.
Futur. Ils veuront, vauront.
Impératif. Veuillés.
Subjonctif. Présent. Je veuille, il veuille, vous vuilliez, ils veuillent.
Imparfait. Il voulsist, vousist, vous voulsissiez, ils voulsissent, vousissent.
Conditionnel. Je vouldroye, il vaurroit, vous vourriez.

Quatrième Conjugaison.

§ 28. ABSOUDRE.

Indic. Prétér. défini. Il absolut.

BRUIRE.

Indicatif. Présent. Ils bruyent.

CROIRE, CRAIRE.

Indicatif. Présent. Nous creons, vous creez, crees.
Subjonctif. Imparf. On creist.

DIRE.

Indicatif. Présent. Ils dient.
Prétérit défini. Il deist, ils distrent.
Subjonctif. Présent. Je die, il die (Amyot de même : *benie*), vous dyés, ils dient [1].

ESLIRE.

Indic. Prétér. défini. Il eslisit.

ESCRIRE.

Indicatif. Imparfait. J'escripsois.
Prétérit défini. Il escripst (scripsit); ils escripsirent, escripstrent, escristrent, escrirent.
Futur. Escriverè.

ESMOULDRE (émoudre).

Indicatif. Présent. Il esmoult.

FAIRE.

Subjonctif. Présent. Je face, etc.

FEINDRE.

Subjonctif. Présent. Ils faindissent.

METTRE.

Indic. Prétér. défini. Nous meismes.

PLAINDRE.

Participe passé. Pleint.
Indic. Prétér. défini. Il plainsit.

PRENDRE.

Participe passé. Prins.
Indic. Prétér. défini. Je prins, ils prindrent.
Subjonctif. Présent. Je preigne, prengne; ils preignent.
Imparfait. Je prinsse, il prensist, il prensissent.

RÉSOUDRE.

Indicatif. Présent. Il résolut (Montaigne).

[1] *Die*, fort en usage jusqu'après le milieu du XVIIe siècle, fut encore employé en 1670 dans *Bérénice*, en 1672 dans les *Femmes savantes* et dans *Bajazet*, en 1674 dans *Iphigénie*. Vaugelas écrit souvent *quoiqu'on die* et paraît, dans une de ses remarques, le préférer à *quoi qu'on dise*. L'Académie, dans son observation sur cette remarque, décide qu'il ne faut plus se servir de *quoi qu'on die*, en ajoutant « qu'il s'est dit autrefois, surtout en poésie. »

TRAIRE (*trahere*), (attraire, retraire).

Participe passé.	Trait.
Indicatif. Imparfait.	Ils traioient.
Prétérit défini.	Il traist, se retrait, trairent, retrairent, retrahirent.
Futur.	Il traira.

VAINCRE.

Indicatif. Futur.	Je vainqueray.

VIVRE.

Indic. Prétér. défini.	Je vesquy, nous vesquismes, ils vesquirent.

Verbes de plusieurs conjugaisons.

Un certain nombre de verbes ont plusieurs infinitifs de différentes conjugaisons. Les temps des autres modes dérivent tantôt de l'un, tantôt de l'autre ; de là une flexion mélangée.

Première et deuxième Conjugaisons.

§ 29.   AFFERER, AFFERIR.

Indicatif. Présent.	Il affiert (il convient).
Prétérit défini.	Il affera.

FINER, FINIR.

Participe présent.	Finissant.
Indicatif. Présent.	Il fine.
Prétérit défini.	Il fina.
Conditionnel.	Il finiroyt.

GISER, GEHIR, GESIR.

Participe passé.	Geu.
Indicatif. Imparfait.	Ils gissoient.
Prétérit défini.	Ils girent.
Futur.	Il gerra.

HEER, HAÏR.

Indicatif. Présent.	Je hay.
Imparfait.	Il heoit.

RECOUVRER, RECOUVRIR (recommencer, récupérer).

Participe passé.	Recouvré, recouvert.

Première et troisième Conjugaisons.

§ 30.   SEER, SEOIR.

Participe présent.	Seant.
Passé.	Sis, sise.
Indicatif. Présent.	Il seoit, sied, sist (il convient).
Imparfait.	Seoit.
Prétérit défini.	Il sist, ils sistrent, se seirent.
Subjonctif. Prétérit.	Il siese.
Imparfait.	Il sist, ils sissent.

VEER, VEOIR.

Participe passé.	Veu; vehu.
Indicatif. Imparfait.	Je veois, il veoit.
Prétérit défini.	Je viez.

Première, troisième et quatrième Conjugaisons.

§ 31.   PARRER, PERER, PAROIR, PAROISTRE; APPAIRER, APPAROIR, APPAROISTRE.

Indicatif. Présent.	Il pert, appert; ils perent.
Futur.	Il parra, appaira.

Deuxième et troisième Conjugaisons.

§ 32.   FAILLIR, FALOIR, FALLOIR.

Participe présent.	Faillant.
Passé.	Failli.
Indicatif. Présent.	Il faille, faut (manque, ne peut pas), vous faillez, ils faillent.
Imparfait.	Il falloit, failloit, failloyt.
Futur.	Il fauldra, faudra.
Subjonctif. Présent.	Il faille.
Conditionnel.	Il fauldroit.

Deuxième et quatrième Conjugaisons.

§ 33.   NASQUIR, NAISTRE (P. de la Ramée, Grammaire).

Participe présent.	Naissant.
Passé.	Nay.

Indicatif. Présent. Il naist.
Prétérit défini. Il nasquy.

QUERIR, QUERRE, QUISTRE.

Participe présent. Querant.
Passé Quis.
Indicatif. Présent. Je quier, quiers, tu quiers, nous querons.
Imparfait. Je queroye.
Prétérit défini. Je quis, il quist, quit, resqui, quistrent, quirent.
Subjonctif. Imparf. Je quisse.

SUIR, SUIRE, SUIVIR, SIVIRE, SUIVRE.

Participe passé. Suis (je poursuis).
Indicatif. Imparfait. Je suioye, il suioyt.
Prétérit défini. Ils suirent (ils acconsurent, de *acconsuivre, acconsieuré,* suivre de près, atteindre).
Subjonctif. Présent. Ils suissent.
Imparfait. Ils sivissent.

Troisième et quatrième Conjugaisons.

§ 34. ARDOIR et ARDRE, quelquefois ARDER.

Participe présent. Ardant. Il est resté dans notre adjectif *ardent.*
Passé. Ars, arse, art.
Indic. Prétér. défini. Il ardit, ils ardirent.

SOULOIR, SOLOIR, SEULDRE.

Indicatif. Présent. Il seult (*solet*); (il a coutume, il est d'usage); ils seulent.
Imparfait. Je souloye, tu soulois, il souloit, nous soulions, vous souliez, ils souloient [1]. Grammaire de J. Garnier.

PRÉPOSITIONS.

§ 35. — Quelques prépositions anciennes n'existent plus dans la langue actuelle ; d'autres y sont restées ; mais leur emploi diffère

---

[1] La Fontaine a employé cet imparfait dans son épitaphe :

> Quant à son temps bien sçut le dispenser :
> Deux parts en fit dont il *souloit* passer
> L'une à dormir et l'autre à ne rien faire.

à quelques égards de celui que nous en faisons. Avec la diversité de leurs significations, que nous exposerons, elles forment un des liens de la langue ancienne et de celle du XVIIe siècle. En général les prépositions sont une partie importante de la linguistique. Comme expression de la liaison des idées et de leurs rapports, souvent les plus délicats.

Prépositions inusitées maintenant.

ATOUT, A TOUT.

Avec « *Atout* son ost. » Froiss. (Avec toute son armée). — « Conduisant ce lion *à tout* une petite lesse. » Montaigne. — « *A tout* nos dents et nos griffes. » Id.

EMMI.

Parmi. Proprement *en mi*, au milieu.

ENCONTRE.

Contre « Aller *encontre* l'ennemi. » Ital. *Incontro*, ordinairement avec le datif, *incontro à*.

ENTOUR.

Autour. Avec le régime direct : *Entour luy*.

LEZ.

A côté, près, avec le régime direct. *Plessis-lez-Tours*, maison de campagne, château près la ville de Tours. Nom d'un château de Louis XI, sa demeure.

Aussi *de lez*. *De lez luy*. Froiss. (Auprès de sa personne.)

PUIS.

Depuis « *Puis* l'an de grâce 1336. » Froiss. — « *Puis* le temps du gentil roi Arthur. » Id. — Adv. « Donc *puis* il lui meschey. » Id.

SUS.

Sur « *Sus* l'instant. » Rabel. — « *Sus* eux. » Ronsard. — « *Sus* bout, » sur-le-champ. Montaigne.

Prépositions restées dans notre langue.

A (à)

§ 36. — Avec. « Le royaume de France ne fust oncques si desconfit qu'on n'y trouvast bien toujours *à* qui combattre. » Froiss. — « Et s'en affuit le roy d'Angleterre *à* moult peu de gens. » Id. — « Le chevalier se conseilla *aux* (délibéra avec les) autres barons et chevaliers. » Id. — « Et nous, *à tout nostre sçavoir*, nous plongeons aux abismes infernaux. » Montaigne. — « La société de l'homme *à Dieu*. » Id. — « Il joua as eschecs *à* Jehan de Chandos. » Vie de Duguesclin.

Contre. « Se courrouçant *aux* archers de cette indiscrétion. » Marg. de Val. — « Changer la terre *à* de plus dignes lieux. » Malh.

Dans, en. « La Justice divine punissant *aux* enfans la faute des pères. » Montaigne. — « De ce sçavoir, il faudroit qu'elles se ressouvinssent encore estans *au* corps. » Id. — « Plongé en l'oysiveté et *aux* delices. » Id. — « Se mettre *à* chemin. »

De. « Compagnon *à* quelqu'un. » — « Fils *au* roy. » Froiss. — « Qui fust père *au* gentil roy Edouard. » Id. — « Il fust moult amy et secret (confident) *à* très-noble et douté seigneur. » Id. — « Prendre congé *à* quelqu'un. » — « Quelque gentille flamme qui eschauffe le cœur des filles bien nées, encore les despend on *à* force du col de leurs mères. » Montaigne.

Par. « Ne se faut point laisser endormir *au* plaisir. » Id. — « Tous les roys ont eu tousiours cela : ils se laissent gouverner *à* quelques uns, peut-estre trop. » Montluc.

Pour. « Nous faut-il meilleure preuve *à* juger l'impudence humaine ? » Montluc.

AU DELA.

« *Au delà* cette vie. » Montaigne

AU TRAVERS.

« *Au travers* tous les deux. » Id.

AVEC.

Cette préposition a eu, dans la langue romane, plusieurs formes :

*avec, avoec, aveuc, awieuc, avieuc, awecque, aveuques, avoecques,
avuec*[1]. Du XIVme au XVIme siècle, elle ne s'offre plus guère que
sous trois formes, mais chez les mêmes auteurs : *avecques, avecque, avec*. — *Avecques* est la manière dont Montaigne l'écrit le plus
souvent[2].

L'*s* final ajouté à quelques prépositions et adverbes ou supprimé,
n'est pas un calcul de versification ; les deux manières d'écrire
sont aussi communes aux prosateurs ; l'orthographe s'est ainsi
formée arbitrairement, et la versification en a fait son profit :
doncque et *doncques, jusque* et *jusques, guère* et *guères, même* et
mêmes.

DE.

Avec, par, marquant l'instrument, la manière, le moyen, la
cause. « Tuer *de* glaive. » Montaigne. — « Il y pourvey *de* remède
moult felonneux. » Froissart. — « Pour monstrer *de* quelle renardise et finesse ces saincts frères se sont insinuez entre nous. »
Pasquier. — « Trois gentilshommes qui *d'*une hardiesse incroyable
soustenoient seuls l'effort de son armée victorieuse » — « Nous
soustiendrons ces flots *d'*une fermeté inflexible et immobile. »
Montaigne. — « Voyez l'horrible impudence *de* quoy nous pelotons
les raisons divines. » Id.

En. « Confiance *de* sa grâce. » — « Cellui-cy semble encherir sur
les autres *de* ce qu'il s'adresse à ce moyen de prime. » Montaigne.

DEDANS, DEHORS, DESSUS, DESSOUS.

§ 37. — Ces quatre mots ne sont plus aujourd'hui qu'adverbes :
jusqu'après le milieu du XVIIme siècle ils ont été adverbes et prépositions.

« *Dedans* ce livre. » Froissart. — « Avoir le pied *dedans* la fosse. »
Marot. — « *Dedans* mes champs ma pensée est enclose. » Desportes. — « *Dedans* dix jours. » Froissart.

---

[1] Des diverses étymologies imaginées par les savants (voir *Ampère, Histoire
de la formation de la langue française*, 291), la plus naturelle est celle qu'a dé-
fendue M. Diez (Rom. Gr. II, 405) ; il dérive *avec* du roman *ab*, qui correspond
au latin *apud* et de *oc*, latin *hoc*, près de cela, en cela.

[2] *Avecques* se voit encore au XVIIe siècle chez Regnier ; *avecque* très-souvent
dans Corneille et Molière, comme aussi dans La Fontaine. Regnard même l'a encore employé trois fois dans le seul *Joueur*.

« *Dehors* la terre il tire les trésors. » Regnier.

« *Dessous* le joug. » Regnier. — « *Dessous* cette Ægide; — *Dessous* les feuillées. » Malherb.

« *Dessus* ma lyre. » — « *Dessus* le dos. » Ronsard. — « Pour venir *dessus* ces discours. » Brantôme. — « Pallis *dessus* un livre. » Regnier.

On écrivait aussi *desur* et *de sur:* « Les peuples d'Espagne l'un *desur* l'autre ruez[1]. » Ronsard. — « *De sur* terre. » Amyot.

DEVANT, DERRIÈRE.

§ 38. — Se disent de la place occupée dans le temps et dans l'espace, et signifient *avant* et *après*. Le temps et l'espace sont deux notions correspondantes; ils sont les milieux où se passent les événements, et de plus se servent de mesure l'un à l'autre; de là les mêmes mots pour des idées des deux ordres, le mot *espace* par exemple : *un espace de temps, une heure de temps, une heure de chemin*. C'est le cas des particules *où, là, après, dans*, etc., et aussi *devant* et *derrière*. — « *Devant* ce. » Froiss. — « La nuict *devant* la misérable course en lice. » Marg. de Val. — « Ne l'avois-je pas veu *devant* hyer ? »

On emploie aussi ces mots adverbialement: « Dès le soir *devant*. » Ead.

De même substantivement pour le temps antérieur et le temps postérieur : « La mort occupant tout le *devant* et tout le *derrière* de ce moment (la vie), et encore une bonne partie de ce moment. » Montaigne[2].

---

[1] Corneille a écrit deux seules fois *de sur* :

> *Ses regards* DE SUR *vous ne pouvoient se distraire.*

Gal. du P. I, 9 ; mais cela signifie : *de dessus vous, de vous.*

> *Ils ont vu tout cela* DE SUR *une éminence,*

Suite du Ment. III, 4.

[2] *Devant* pour *avant* et *auparavant* est resté longtemps en usage dans le XVII° siècle.

> Il vit sa récompense acquise avant la peine,
> Et *devant* le combat sa victoire certaine. Corn. Gal. du P. II, 7.

Bossuet : *six jours* DEVANT PAQUE. — *C'est ce qui arriva un peu* DEVANT *la guerre de Judée*, et à la page suivante : *C'est ce qui est arrivé... un peu* AVANT *la guerre de Judée*. — DEVANT *ce temps* (l'âge de vingt ans) *l'on est enfant*. Pascal.

§ 39. — A. « *En* sa venue. »

ENVERS.

En comparaison de, au prix de : « Ce qu'on t'a rapporté *envers* ce que nous eussions dit, ne fust que jeux. »

OUTRE.

Comme préposition de lieu, ne sert plus que dans les mots composés, *outre-mer*, *outre-Rhin*, *outre-Rhône*. Au XVIme siècle encore, et même au commencement du XVIIme, *outre* se plaçait seul devant un substantif, comme *ultra* en latin, d'où il dérive : « *Outre* la vie. » Montaigne.

> Soit que le Rhône *outre ses bords*
> Lui vist faire éclater sa gloire.
>
> MALH.

> Nous eussions fait enfler la Seine *outre ses bords*.
>
> RACAN.

« *Outre* notre promesse. » M. du Bellay : en dehors de notre promesse, c'est-à-dire contre notre promesse.

PARMI

ne se met que devant un pluriel ou devant un singulier collectif. Anciennement on le mettait devant un singulier exprimant un lieu, une situation, un fait, dont l'idée a quelque étendue. « *Parmi* la ville. » Froiss. — « Quelque part que ce fut *parmi* Flandre. » Id. — Régnier a donc pu dire : « *Parmy* la vue; *parmy* l'orage; *parmy* la misère ¹.

> Le soleil aujourd'hui
> Trouve tout le chapitre éveillé *devant* lui. Boileau.

Adverbe : Se trouvant à la fin amis comme *devant*. Corn.

Ce fut en disant *devant*, ce fut en répétant après : « Un de vous me trahira. » Boss. — « Il fallait m'en avertir *devant*. » Mme Périer.

¹ Corneille a donc pu écrire :

> Il m'a porté respect *parmi son insolence*. Clit. IV, **3**.

> *Parmi* ce grand amour que j'avais pour Sévère,
> J'attendais un époux de la main de mon père. Poly. I, 2.

« *Parmi* ce grand amour, dit Voltaire, est un solécisme. *Parmi* demande toujours un pluriel ou un nom collectif. »

PAR

exprima essentiellement : 1° la manière ou le moyen ; 2° la durée.
« *Par* paix faisant. » Froiss. — « Il descoufit celui roi *par* bataille rangée et arrestée, et dura la chasse de cette desconfiture
par deux jours et *par* deux nuits. » Id. — « Tant chemina *par* ses
journées que elle s'en vint à Paris. » Id. « *Par* l'espace de trois
ans. » Id. — « *Par* nuit. » Id.

POUR

sert fréquemment à marquer l'intention, le but ou la cause, où
nous mettons *à cause de, par* ou *à.* — « *Pour* exemple » (par
exemple). — « Elle mit tous ses soins *pour* le parer. » — « Ils
s'entr'empeschaient *pour* leur grande multitude. » — « *Pour* l'i-
gnorance qui estoit en luy, à plus haut sujet ne pouvoit-il dresser
son esprit. »

PRÈS, AUPRÈS.

En comparaison, au prix de. « Toutes les beautés *près* de la
sienne sont laides. » Brant.

SOUS.

Comme nous disons : « *Sous* le règne de.... » *Sous* rend le rapport de dépendance d'un supérieur ou d'une protection. « Il me
suffit *sous* la faveur de la fortune, me préparer à sa défaveur. »
Montaigne.

SUR.

Au-dessus de... *Sur tous*, au-dessus de tous, plus que tous les
autres. Cette locution a été remplacée depuis par l'adverbe *surtout.*

A l'égard de. « Il est de grand voulenté *sur* la confusion de nos
ennemis. » Chr. de Pisan.

Où nous mettons *sous*, pour la menace d'un châtiment : « *Sur*
peine de la hart. » Montaigne.

VERS.

Envers, auprès. « Procéder *vers* ses subgiez. » Chr. de Pisan.
— « Requerir *vers* vous. » Ead. [1]

---

[1] *Vers* pour envers, fréquent dans Corneille et ses contemporains.

Locutions prépositives.

A L'ENDROIT DE.

§ 40. — A l'égard de, envers. *A vostre endroit.* Voy. le *Lexique.* Les écrivains de nos jours ont repris cette locution assez longtemps abandonnée; reprise de possession qui est d'un bon exemple.

AU REGARD, POUR LE REGARD DE.

Quant à. « Les sages disent que, *pour le regard* du sçavoir, il n'est que la Philosophie, et *pour le regard* des effets, que la Vertu, qui généralement soit propre à tous degrez et à tous ordres. » Montaigne.

« Qu'*au regard* d'elles, elles auroient de luy tout ce qu'elles avoient de Darius. » Amyot.

A L'ENCONTRE DE.

Contre. « Une conjuration *à l'encontre de* sa personne. » Amyot.

Prépositions inséparables.

§ 41. — Ces particules, qui entrent dans la composition d'un très-grand nombre de mots, sont, pour la plupart, les mêmes qu'en latin, et avec la même signification, ou des significations correspondantes; quelques autres dérivent du moins du latin.

A, AD,

donne au primitif le sens d'une action, ou d'une action plus intense : *abellir* (parer); abrever, abrevier (diminuer); *asseer,* asseyer (faire asseoir, poser); asseier, asseger (assiéger); dans ces deux mots le double *s* n'est là que pour conserver la prononciation de l'*s* entre deux voyelles ; — *adjeuner,* faire jeûner.

Idée d'adjonction *acroistre; aplouvoir, apleuvoir,* affluer.

Vers : *Advenir* (venir vers, arriver); *adjacence* (contiguïté); *advertir* (tourner vers, faire attention).

Avec ; idée d'assemblage, de réunion : *comparoir* (paraître devant plusieurs) ; *concueillir* (rassembler, se réunir).

CONTRE.

Compensation, opposition. *Contrevaloir* (égaler en valeur). *Contrevoloir* (vouloir contraindre, s'opposer) : *Contrester* (ester, stare, contre, résister) : « *Contrester* contre les garnisons françoises. » Froiss. — *Contredire* (répondre) ; *contralier* (contrarier) ; *contralius* (d'humeur contrariante).

DES, DE

§ 42. — Signifie, comme le latin *de*, ôter de, écarter de, défaire.

Se *desferrer*, *desmettre*, *desprendre*. « L'ame se relaschant aux larmes et aux plaintes semble se *desprendre*, se *desmesler* et se mettre plus au large et à son aise. » Montaigne. — « *Desployer* nos plaintes et nos persuasions. » Id. — « *Desprendre* la chair d'avec les os. » Id.

Desvoyer (dévier).

Négation : *Desconnoistre* (ne pas reconnaître) ; — *descroire* (ne pas croire, se défier).

Abaissement. *Desmis* (demissus, demissa auris). « *Desmise* humble et suppliante. » Montaigne.

DIS, DI.

Séparation, dispersion. *Dispersion*, *dispars* ; *discourir* (courir çà et là) ; *dispatrier* (exiler, séparer de la patrie) ; *dissonant*, *dilucider* (éclaircir toutes les parties).

EN, EM, IN, IM.

Dans, entrer, faire entrer. « La terre *embue* du sang du juste. » Rabel. — « Il faut qu'il *imboive* leurs humeurs, non qu'il apprenne leurs préceptes. » Montaigne. — *Infondre*, fondre, verser dans. *Enduire* (introduire). *Engigner* (tromper, faire tomber dans un piége, mettre dedans, selon la locution populaire, à laquelle correspond : donner dedans).

Faire devenir ce qu'indique le mot primitif : *ensourdir*, *enfoller* ; *endurir*, *infaméir*.

ENTRE, INTER.

§ 43. — Entre-deux, à moitié : *Entrelouir*, *entreluire* (luire à moitié) ; *entrebeu* (à demi ivre) ; *entrevez* (qui paraît peu, entrevu) ; *aller l'entrepas* (aller au petit pas) ; *interpousé* (interposé) ; — *entreclos* (nous avons le mot contraire *entr'ouvert*).

Réciproquement : « Ils *s'entredisoient* les uns aux autres. » Amyot. — *S'entrepromettre* ; *entrevoloir* (vouloir mutuellement), *s'entresoloir* (s'accoutumer réciproquement) ; *s'entr'occire*.

EX, ES.

Ex a passé dans le vieux français avec des mots d'origine latine ou même entièrement latins ; *exclamer*, *excogitation*, *exir*, *expeller*, *extoller*, *extens* (extensus) *expert*.

Il est entré avec le même sens dans des mots qui n'existent pas en latin, mais en dérivent : *Expatriation*, *exoriller* (couper les oreilles), *expaïsé* (exilé). Même dans des mots qui n'ont pas de rapport avec le latin : *Exharnir*, une des variantes de *escharner*, *escarnir* (médire, calomnier, injurier).

Au lieu de *ex* on écrivait bien plus souvent *es*, à la façon des Italiens, des Espagnols quelquefois, ainsi que des Portugais. *Espurger*, *esclos* (*ex* et claudere), *escamper* (campus), *escolorit* (pâle), *esbeu* (ivre, qui a bu jusqu'au bout), *escondire* (refuser, repousser, congédier, de *ex* et *condicere*).

Es conservait, comme particule prépositive, les acceptions de *ex* même dans des mots qui ne rappelaient pas à l'esprit une origine latine immédiate : *esrouté* (sorti de la route), *esbouillir* (bouillir complétement).

Es au commencement des mots n'est pas toujours une syllabe significative ; dans beaucoup de cas c'est moins une syllabe qu'un composé de deux éléments, l's initial du mot primitif et un *e* euphonique. Dans les mots dérivés du latin où l's initial est suivi d'une autre consonne, la plupart des langues romanes le font précéder d'un *e* pour éviter dans la liaison des mots un concours dur de consonnes. Le vieux français a moins usé de ce moyen que les langues du midi occidental de l'Europe. Dans le français moderne l'*e* a été rejeté quelquefois, comme dans *escandale*, qui n'existe plus que comme provincialisme, et l's a été supprimé là où il n'ajoute rien à la prononciation, par exemple dans *eschevin, eschelle* [1].

FOR.

Hors. *Forclore* (exclure); *forpaistre, se forpaistre* (aller paître hors de son lieu); dans *forfaire* (commettre un crime, exposer à perdre, mettre à l'amende) il y avait peut-être l'idée de se mettre hors la loi, agir en dehors de la loi.

IN, IM.

Négatif. « Gens nobles et in-nobles. » Froiss.; *inacoustumance;* *impourveu* (dépourvu).

MAL, MAU,

porte sa signification en lui : *maldire* (maudire et médire); *malfeteur; maufeteur; malmettre, maumettre* (mal placer, maltraiter); *maunez* (mal né); *malprendre* (voler); *maltraire, mautraire* (malmener, traire, *trahere* [2].

[1]

LATIN	FRANÇAIS	ESPAGNOL	PORTUGAIS	CATALAN	PROVENÇAL
sperare	espérer	esperar	esperar	esperar	esperar
spatha	espée	espada	espada	espada	espad
spalla	espaule	espalda	espalda	espatila	espala
scandalum	escandale	escandale	escandale	escandol	escandal
schola	eschole	escuela	escula, eschola	escola	escola
scriptura	escripture	escritura	escritura	escriptura	escriptura

Mots où le français n'a pas l'*e* comme d'autres langues romanes.

stylus	style	estilo, stilo	estilo	estil	estyle
statua	statue	estatua	estatua	estatua	estatua
statuere	statuer	estatuer	estatuer	estatuer	estatuar
sperma	sperme	espérma	esperma	esperma	esperma

La langue italienne n'a la syllabe initiale *es* suivie d'une consonne que pour rendre *ex*, et dans quelques mots latins commençant par *es* comme *esca*. En revanche les Italiens ont la faculté de placer un *i* euphonique devant un certain nombre de mots commençant par *s* suivi d'une consonne.

[2] Les écrivains du XVIIme siècle emploient *mal* devant un adjectif où nous mettons *peu*, parfois pour éviter un double sens, comme dans *mal-propre*, qui revient souvent sous la plume de Corneille.

Dans le Misanthrope aussi Alceste dit :

Monsieur, je suis *mal-propre* à décider la chose.

Corneille a dit semblablement :

J'ai l'oreille mal faite à ces galanteries. Pl. roy. II, 9.

Il emploie *mal propice, mal dire.* — Nous avons conservé *mau* dans trois mots : *maudire, maugréer, maussade* (*sade*, doux, gracieux).

MES

signifiait *mal* et portait cette signification, quelquefois celle de
simple négation, dans la composition des mots : *mescheoir*, *mes-
choir* (venir mal, tourner à mal, tomber dans le malheur); *mes-
croire* (ne pas croire, se défier); *mescreant* (infidèle, hérétique);
mescreable; *mesparler* (médire) : « *medisant mesescripvant* et abo-
yant contre les antiques philosophes et orateurs comme ung chien. »
Rabel. — « Qualités *mesadvenantes* à son rang. » Montaigne.

NON, NO.

§ 44. — Négation. *Nonchalent* (de chaloir, se soucier); *noncon-
trestant*, le même sens que *nonobstant*; *nonper*, non pareil ; *non-
sachance* (ignorance); *no-racontable*.

OULTRE, OUTRE.

Au delà, à l'excès. *Oultrebeu* (qui a trop bu); *oultrecuider (cuider*, croire, penser), (avoir trop bonne opinion de soi); *oultrecui-
dance; outreplus* (le surplus); *outremoitié* (au delà de la moitié);
outresaillir (tressaillir).

PAR.

Jusqu'au bout; marque le plus haut degré ou l'achèvement
d'une action : *Parchanter la messe* (achever de chanter la messe);
parester (persister); *parardre*, réduire en cendres; *parcroistre*
(grandir fort); *paraller* (aller jusqu'au bout) ; *pardire* (achever de
dire); *parfaire* (achever).

POR, POUR.

Intention dans l'action, et par là plus d'intensité; quelquefois il
n'ajoute rien au sens du primitif. *Porcacher*, *porchacer* (pour-
chasser, poursuivre, préméditer); *porprendre* (prendre de force);
porquerir (fouiller, rechercher); *pourferir* (abattre avec force) ;
poroffrir (offrir, présenter); *pourveoir* (pourvoir); *pourveance* (provision).

RE.

Dans notre orthographe moderne, on distingue entre *re* non
accentué, qui signifie *de nouveau*, de retour, et *ré* dans toute
autre acception : « Après avoir *réparti* entre ses enfants le produit de son voyage, il est *reparti*. » — « On a *réformé* ce régiment,

mais dans peu on le *reformera.* » — Avant le XVIme siècle on n'a pu faire cette différence, les accents étant inconnus ; au XVIme on n'y a pas encore pris garde.

Signifiant de nouveau, de retour : *R'aller, recheoir, restre, reclore,* et *racclore* (de acclore); *reccire, retoltre, retraire, recroire* (restituer); *revoyer* (remettre dans le bon chemin).

Avec la même signification que le mot simple, ou légèrement renforcée : *Resjouir* (esjouir); *ravaler* (abaisser); *reconter* (raconter) ; « les moynes sont *refuys* du monde. » Rabel.

SOUBS, SOUS, SUB.

§ 45. — Sous, par-dessous, après : *Soubsaagé, soubszaagé, sousagé* (enfant, mineur, plus jeune ; caduc, retombé en enfance); *sousceler* (cacher sous); *sousclocher* (boiter d'un côté); *soustoiter* (cacher dans sa maison, sous son toit). *Submettre, substenir.*

SOR, SUR.

Par-dessus, après : « Il *surcroist* des rejetons après l'hiver; » *surdire* (enchérir à l'encan, parler sur quelqu'un ; médire). — « Ce qui *surnaist* au chesne. » Monet. — « Son jumeau lui *surnaquist* une heure après; — *sorprendre, sorvivre.*

TRA, TRANS.

Au delà, à travers. *Tramettre* (transmettre, envoyer, députer); *transfreter* (passer une rivière, la mer); *transfiner* (conduire le bétail en pâture sur un finage de commune, traverser un ban intermédiaire); *translater* (traduire); *transsuder* (filtrer, suer).

TRES.

Comme *trans* : *Tresnoer* (passer à la nage); *trespasser* (traverser, passer outre, passer d'une vie à l'autre); *tresvoir* (voir à travers, entrevoir) [1].

CONJONCTIONS.

§ 46. — Nous renvoyons à notre Lexique pour ceux des mots qui y sont expliqués.

---

[1] Roquefort explique *tressuer* par suer abondamment; *très* aurait le sens de fort, beaucoup, comme dans les superlatifs. Tant qu'on ne citera pas d'autres exemples de cette signification, *tressuer* nous paraîtra être le même mot que *transsuder* qu'on vient de voir.

AINS. (Lexique.)

CAR

s'écrivait tout anciennement *quar*, à cause de son étymologie *quare*.

ADONC. (Lex.)

Il se met aussi au commencement d'une période.

PAR AINSI. (Lex.)

DEQUOY. (Lex.)

Parquoy, pourquoy, pour ce que, cependant que, puisque, combien que, parce que, pour que, comme que, pourtant, pourtant que, tant que, après ce que, si. (*Lex.*)

QUE

s'emploie dans les divers sens qu'il a conservés.

Il s'écrivait quelquefois *c* devant *a, o, u* : *conques, qu'onques, con, qu'on.*

Que.... que, tant.... que : *que morts que prins.* Le premier des deux *que* pouvait se supprimer : « Et en occirent *que* meshaignerent plus de cinq cents. » Froiss.

Que nous sert à lier les deux termes d'une comparaison d'inégalité : *plus grand, moins grand que.* Anciennement il liait de même les comparaisons d'égalité : *Pareil, pareillement que.*

Que était quelquefois remplacé par *comme* après un comparatif : « Tu seras en plus grand peril, *comme* tu seras monté en plus haut lieu. » Al. Chartier.

Aussi dans les comparaisons ou rapprochements d'égalité : « Tant à Paris *comme* ailleurs. » — Ainsi *comme* ils veulent dire.

TRES QUE.

Dès que, aussitôt que.

ADVERBES.

§ 47. — La terminaison *ment* du plus grand nombre des adverbes est aussi ancienne que la langue. Elle dérive de l'ablatif latin *mente*, exprimant la disposition d'esprit dans laquelle une action se fait : *placida mente, mala mente.* Dans le bas-latin, et de là dans les langues néo-latines, ce mot, ajouté à des qualificatifs comme suffixe ou terminaison, a passé du sens particulier qu'il avait au sens plus général de manière ou de mode dans l'acception la plus étendue.

Par suite de cette origine, *ment* dérivant d'un substantif féminin s'est rattaché au féminin des adjectifs : *Bonnement, malement, durement, belement* (doucement, sans bruit), *couardement* (avec crainte).

Cette règle a été suivie jusqu'à la fin du XVIme siècle, même pour les adjectifs dont l'*e* muet final était précédé d'une voyelle : *Attrampeement* (avec modération), *désordonnéement, ingénuement;* Montaigne; *vrayement.* Id. — Au XVIIme siècle on a supprimé cet *e*, gênant pour la prononciation. Avant ce temps déjà l'on remarque des exemples épars de cette suppression : *sauvément.*

Par une autre construction et par l'attraction naturelle ou organique de toute consonne liquide pour elle-même, dans les adjectifs féminins en *ante* et en *ente*, on changea cette terminaison en *am* et en *em* devant *ment* : *Picquamment.* Montaigne.

Mais on rencontre à côté de cette abréviation la formation primitive : *Opulentement.*

Les adverbes qui semblent formés du masculin dérivent des adjectifs qui autrefois avaient la même terminaison pour le masculin et le féminin; anciennement : *fortment, mortelment.* Cette remarque est de M. Ampère [1].

Pour tout le reste, le *Lexique* donnera les explications nécessaires.

[1] Voir sur toute cette matière : *Ampère, Hist. de la form.*, 266-269. — *Diez, Grammatik der rom. Spr.* II, 382.

CHAPITRE III.

SYNTAXE [1].

SUBSTANTIF.

§ 48. — Au XIIIe siècle, beaucoup de substantifs avaient retenu
des terminaisons latines ou adopté l'*s* final comme marque du
nominatif singulier ; au pluriel le nominatif ne l'avait pas, mais
seulement le régime direct. Cette règle avait ses variations. Au
XIVe on n'en trouve guère de traces que dans la poésie, qui aime
à rappeler la langue créée par les poëtes ; par exemple dans une
pièce de vers de Froissart :

Uns tres bons mestres argentiers

Au XIVe et au XVe siècle, le génitif d'appartenance ou *de* dépendance est souvent marqué par la position immédiate d'un substantif, avec ou sans article et adjectif, à la suite d'un autre substantif ; en d'autres termes, *de* entre les deux substantifs se met
ou se supprime.

Ainsi Alain Chartier dit également : « L'église de nostre dame
des Champs et l'église Monseigneur Saint-Denys. » Cette dernière construction est fréquente, par exemple chez Froissart :
« En nom Dieu. » — « La pacification nostre dame. » — « Le
corps nostre Seigneur. » — « Le père messire Gautier. » Christine de Pisan : « Jeroboam, qui ot esté sergent Salomon. » —
« La court le Comte. »

Ce tour subsiste encore dans des noms de lieux ou de bâti-
ments : *Villeneuve-le-Roi ; le Bourg-la-Reine ; le pont Saint-Michel ; l'Hôtel-Dieu ; les filles-Dieu.*

[1] Docile au programme qui nous sert de guide, nous nous bornons encore ici
aux notions élémentaires, en exposant les différences de l'ancienne syntaxe et de
la nôtre. L'étude savante de la syntaxe des langues romanes est l'objet du 3me
volume de la *Grammaire de M. Diez,* dont la seconde édition, perfectionnée et
enrichie, vient de paraître.

Le génitif prend quelquefois la préposition *à*, ou, si l'on veut, il est remplacé par le datif, comme encore aujourd'hui parfois dans le langage populaire. « Le frère *au* comte Thomas, père *au* duc de Lancastre. » — Froiss. « Qu'il me fist donner de l'argent *au* Roy pour faire de la vaisselle d'argent. » Montluc.

L'union de deux substantifs dont le second est un régime du premier, diffère quelquefois de notre usage dans l'emploi des prépositions. « En butte *de* tant d'offenses ; en bute (sic) de tant *de* harquebuzades ; en seureté *de* nouvelle chute ; la correspondance *de* nous aux bestes. » Montaigne.

ARTICLE.

§ 49. — Contre la règle définitivement adoptée, l'article pluriel se place devant deux substantifs singuliers : « *Les* teste et lyre d'Orpheus. » Rabel.

L'article se place devant les pronoms indéfinis : « *Les* aucuns, *les* plusieurs. » Froiss. ; « *une* telle quelle image. »

D'après la grammaire actuelle, quand un substantif pluriel pris dans un sens partitif est précédé d'un adjectif, l'article se supprime, et au lieu de *des*, nous mettons *de* : « *de* bons citoyens. » Jusqu'à la fin du XVIe siècle, il en était autrement. Nous lisons dans tous les auteurs : « *des* bons guerriers, *des* vilains garçons, *des* grandes misères ; dans *des* bons parcs. »

Devant *autre*, pronom indéfini pris substantivement, l'article se supprime (Voy. ci-dessus, § 19). Au pluriel, il se met avec ou sans *de* : « *D'autres* ont arresté l'âme au corps des trespassés pour en animer les serpents, etc. » — « *D'autres* la divisent en une partie mortelle et l'autre immortelle. » — « *Autres* la font corporelle. » Montaigne.

§ 50. — L'article ne se répète pas devant le second de deux substantifs qui sont dans le même cas, alors même qu'ils diffèrent de genre ou de nombre. « Il luy donna toute la charge et gouvernement du Roy. » Comines. — « Il m'a voulu récompenser du bienfaict et guerison qu'il avoit receu de moy. » Montaigne. — « Le père et mère de Platon. » Id. — « Vous voyez les alliances qu'il a gaignées et honneurs à ses enfans. » Id. — « Une ample instruction de l'histoire et affaires de son temps. » Id.

L'article peut de même ne pas se répéter devant le second de deux infinitifs pris substantivement. « De l'obeyr et ceder naist toute autre vertu. » Id.

Il entrait dans un petit nombre de locutions, où nous préférerons le supprimer, telles que : « Prester *la* main forte. » Montluc.

§ 51. — Rien n'est plus fréquent que *la suppression de l'article* dans un certain nombre de cas :

1° Quand le substantif est pris dans un sens général et absolu : « C'est à l'homme *science* et *cognoissance* bastie par *art* et *discours*, de discerner les choses utiles à son vivre. » Montaigne. — « La fin et le commencement de science se tiennent en pareille bestise. » Id. — « Je n'y veux mettre ni oster, oublier ni corrompre, ni abréger en rien. » Froiss. — « Pour vérité dire. » Id. — « Telle maleurté seuffre (-) nature humaine. »

Parmi les idées absolues vient se placer ici, comme une des plus fréquentes, celle de la *nature ;* ainsi que dans la spéculation philosophique, elle joue dans la grammaire à peu près le même rôle que *Dieu*, et son nom rejette de même l'article, fréquemment du moins, surtout quand elle est personnifiée. Les exemples abondent chez Montaigne ; on en trouvera dans les morceaux que nous transcrivons. En voici quelques autres : « *Nature* a embrassé universellement toutes ses créatures. » Dans des vers qu'il cite, le soleil est appelé

Fils aîné de Nature et le Père du jour.

2° L'article se supprime souvent devant les substantifs pris dans un sens partitif, d'où résulte aussi la fréquente suppression de l'article indéterminant devant un substantif singulier. « Car (-) faits d'armes qui si cherement comperés (achetés), doivent être donnés et loyalement departis à ceux qui par prouesse y travaillent. » Froiss. — « Quand il vouloit dire que (-) argent lui falloit, on l'en croyoit. » Id. — « Il vous a pleu octroyer (-) églises à vos subjects. » Calvin. — « Mesler (-) choses frivoles parmi les sainctes. » Id. — « Gagner nom et réputation c'est merveille. » Montaigne. « Ne se présentant occasion de le faire. » Id. — « Prendre nouveau party. » Id. — « (-) Multitude de gens méprise ceulx que fortune a ravallez. » A. Chartier. — « L'un des tuyaux gettoit (-) laict, l'autre (-) vin vermeil, l'autre (-) vin blanc et l'autre (-)

eaûx. » — « Affirmant ouïr (-) voix diverses. » — « Nous discernions les voix jusqu'à entendre (-) mots entiers. »

3° Devant des substantifs pris dans un sens attributif : « Il semble que ce soit raison. » Montaigne. — « Pourquoy ne disonsnous de mesme que c'est science et prudence. » Id. — « Ce seroit (-) injustice de luy avoir retranché ses moyens et puissances. » Id. — « Ce fut dict de (-) pere constant et fut sentence de (-) homme de grand mérite. »

A cela se rattache l'expression du mode ou de la manière. « Son adoration s'exprime par (-) offices et paroles sensibles. » Montaigne.

4° Après l'adjectif *tout* et avant l'adjectif *même* : « Il reconquit toute (-) Ecosse. » Froiss. — « Toutes autres apparences sont communes à toutes (-) religions. » Montaigne. « Tout (-) jour ne cessa d'occire gens. » Froiss. [1]

« De (-) mesme chose ils disent tantost gris tantost jaune. » Montaigne. — « Nous avons quelque moyenne intelligence de leurs sens, aussi ont les bestes des nostres, environ à (-) mesme mesure. » Id. — « D'où vient cela qu'il s'en trouve si peu qui ayent maintenu (-) mesme volonté et (-) mesme progrez en nos mouvemens publiques, et que nous les voyons [2], tantots n'aller que le pas, tantost y courir à bride avalée ; et (-) mesmes hommes, tantost gaster nos affaires par leur violence et aspreté, tantost par leur froideur, mollesse et pesanteur ; si ce n'est qu'ils y sont poussez par des considérations particulières et casuelles, selon la diversité desquelles ils se remuent [3]. »

5° L'article se supprime dans une foule de locutions, entre autres dans celles qui sont formées d'un verbe et d'un régime : *avoir advertissement ; avoir nouvelles ; avoir loisir ; asseoir jugement ;*

---

[1] *Toute nuict* dans Régnier et cinq fois dans le *Menteur* de Corneille. En italien *tutta notte.*

[2] A remarquer l'orthographe de ce subjonctif.

[3] *Même* sans article appartient à la langue de Corneille et de Molière : « *Même* desir vous presse ; » — « *Même* soin me regarde ; » — « *Même* prix est acquis à sa peine. » Cid, etc.

Tout autre n'eut pas fait *même* chose à sa place. *Dép. am.*

Si sa bouche dit vrai nous avons *même* sort. *Amphitr.*

Et je lui dis ici *même* chose que vous. *Misantr.*, etc.

croire conseil, mépriser conseil; faire fin; faire salade; prendre ré-solution de partir; nourrir superstition; manier armes; choisir vie solitaire; eschapper à fortune; lever argent; tenir propos; à mode; à nage.

ADJECTIFS.

ACCORD AVEC LE SUBSTANTIF.

§ 52. — L'adjectif (et le participe passé comme adjectif) uni à des substantifs de genre différent s'accorde avec le plus rapproché. — « *Sauves* leurs vies, leurs membres et leur avoir. » Froiss. — « En toutes ses alées estoit *tout* ordre et mesure gardée. » Chr. de Pisan. — « Une vie terrestre accompagnée de toutes sortes de plai-sirs et de commodités mondaines. » Montaigne.

Quelquefois on met au pluriel l'adjectif qui se rapporte à un collectif singulier. « La clergie *revestuz* des vestemens ecclésias-tiques. » Quoique *clergie* soit féminin, les individus compris dans ce nom étant des hommes, l'adjectif est masculin.

PLACE.

§ 53. — On mettait l'adjectif avant le substantif plus habituel-lement que les grammaires modernes ne nous le permettent et pour toutes sortes de qualités, même la couleur : « Une grande abbaye de *noirs* moines. » Froiss. — « L'humaine vie ; les *humaines* forces ; les *naturelles* facultez ; les *fortunées* prospéritez ; la *per-verse* fortune ; les *privez* courages ; la *nécessaire* conséquence. »

Les participes passés, placés de la même manière, ne sont pas rares. Alain Chartier nous fournit les suivants : « Une *contrainte* necessité ; les *depourveux* evenemens ; les *desesperez* mechiefs ; gens de *failli* courage ; » et Christine de Pisan : « l'*accoutumee* ma-niere ; » — « avec *résolue* volonté, » dit Montaigne. « En signe de *solennisée* joye [1]. »

<hr>

[1] Les *renommés capitaines, le redouté capitaine* et *l'assuré rempart* que des critiques modernes louent comme d'h eureuses libertés du style de Bossuet, ap-partenaient à la langue formée par les trois siècles précédents, et qui était celle des contemporains du grand orateur et dès écrivains peu antérieurs ; *l'assuré*

Même des épithètes moins simples et plus longues ou multipliées obtenaient leur place devant le substantif. Dans Montaigne : « Il se void infinis pareils exemples ; une non légère consolation ; un tel quel ombrage et feint (dans les paysages des peintres) ; une telle quelle brute connaissance. » Christine de Pisan exalte un « tres hault magnific tres poissant et tres ordené prince, » et dans Charles V : « des maintiens tels qu'appartiennent à rempli de sagesse hault prince. » — « Conduite par maulvaiz et sans conscience administreurs. »

Parmi les adjectifs dont, pour nous, l'acception varie suivant qu'ils précèdent le substantif ou le suivent, plusieurs conservaient dans les deux positions le même sens. « *Certaine* chose est que l'opinion des Anglois communement est telle. » Froiss. — « Moult estoit *bon* homme et saint. » Id. — *Même*, que nous mettons après le substantif pour porter au plus haut degré l'idée qu'il exprime et en montrer en quelque sorte la personnification, se mettait avant : *C'est la mesme bonté* signifiait c'est la bonté même ; *leur mesme condition*, leur condition même, leur condition propre. « Ils estoient pauvres comme *la mesme pauvreté*. » Pasquier[1].

Un détail mérite ici une petite place. Il est reçu que *gens* est féminin quand l'adjectif précède, et masculin quand l'adjectif suit. Si donc un adjectif précède ce substantif, et qu'un autre le suive, la grammaire perfectionnée veut que le premier soit au féminin, et le second au masculin, et nous oblige de dire : *de bonnes gens vertueux*. L'ancienne pratique était plus simple : nous lisons dans l'histoire de Duguesclin : « Nulles gens chrestiennes. »

---

refuge, l'*assuré secours*, l'*assuré rempart*, sont de Malherbe, de Maynard, de Du Bartas, de Corneille ; *la plus reculée postérité* est de Mascaron. — Plus tard aussi Boileau nous montre un *désolé vieillard*, et Regnard un *emporté joueur*. La Bruyère *de vieux et inexpérimentés capitaines*.

[1] Tour fréquent chez Corneille et qui se voit aussi dans Molière.

> Sais-tu que ce vieillard fut *la même vertu ?*
> La vaillance et l'honneur de son temps, le sais-tu ? *Cid.*
>
> Et *la même équité* m'ordonna la douceur. *Ib.*
>
> Ce que vous m'ordonnez est la *même justice. Ment.*
>
>   Avoir ainsi traité
> Et la *même innocence* et la *même bonté. Sgan.*

En italien on dit de même *l'istessa virtù*.

RÉGIME DES ADJECTIFS.

§ 54. — Les régimes de plusieurs adjectifs différaient des régimes actuels : « Semblable courage de ce qui est esprit de Trayan ; » — « estre serf à fortune ; » — « estre amy, ennemy à quelqu'un ; » — « traistre de soy-mesme ; » — « pareil de luy ; » — « prest de faire ; » — « il me trouveroit tousjours preste de le servir. » Marg. de Valois [1].

DEGRÉS DE COMPARAISON.

§ 55. — Le comparatif est souvent suivi de la préposition *de*, au lieu de notre *que* : « Je ne scay en mon royaume nul chevalier *plus preux de* vostre corps. » — « N'en ouïs oncques nul priser *plus avant de* l'autre. » Id. — « L'on ne nommera nulle part de *meilleur* chevalier *de* luy. » — Même dans une comparaison d'égalité : « Il ne fust *si* grand ne *si* puissant *de* sa partie. » O. d. l. Marche. — « On les traiteroit de la *mesme* façon *de* plusieurs autres. » De la Noue. — Cette construction était la plus ordinaire au XIIe et au XIIIe siècle : « Vous estes *meillor de* moltz de muskerouns. » Matth. X, 31. — « *Mielz* volt, se dist Salemons, li patiens *del* fort baron. » St.-Bernard. — En italien on dit toujours : « È piu dotto *del* suo padre e piu eloquente *di* Cicerone. »

Nous avons conservé *plus d'à moitié*.

Quand les deux termes d'une comparaison d'inégalité sont deux propositions, on met dans la seconde, après *que*, *ne* devant le verbe : « Louis est plus studieux que je ne l'étais au même âge. » La raison de cette particule négative explique une tournure ana-

---

[1] *Prêt de* est commun dans les vers de Corneille et même dans sa prose : « Les grands de Castille étant *prêts de* former une guerre civile. » *Ep. déd. de D. Sanche.* — « Il joint les députés comme ils étaient *prêts d'*arriver. » — Nous le lisons quelquefois encore dans le dernier tiers du XVIIme siècle : « Si l'eau de mille belles fontaines n'était *prête d'*éteindre le feu. » Fléchier, *Les Grands Jours.*

> Cette utile frayeur propre à nous pénétrer,
> Vient souvent de la grâce en nous *prête d'*entrer. Boileau, Ep. 12.

> Mon cœur se propose
> D'arrêter son courroux déjà *prêt d'*éclater. Regnard.

logue de la vieille langue quand le second terme de la comparaison n'avait pas de verbe. « Pexodorus fut bien plus content d'avoir Alexandre pour son gendre, *que non pas* Aridous. » Amyot. — « J'aimeroye mieux surmonter les autres en intelligence des choses hautes et très-bonnes, *que non pas* en puissance. » Id. — « Et font estat de trouver bien plus facilement, pourquoy une chose soit fausse, *que non pas* qu'elle soit vraye. » Montaigne.

ADJECTIFS PRIS SUBSTANTIVEMENT.

§ 56. — *Le victorieux,* pour le vainqueur ; — *en son naïf,* dans sa naïveté. — « Il n'y a *autre certain* que l'incertitude. » Montaigne. — *Le commun,* le peuple, la masse. *Un contraire,* un accident, un malheur. — *Le demourant,* le reste.

ADJECTIFS PRIS ADVERBIALEMENT.

Un adjectif, se rapportant au sujet d'une proposition, se place quelquefois après le verbe de manière à tenir lieu d'adverbe : « Il y regarde *plus entier* et *plus attentif* qu'aux événements qui nous sont legers. » Montaigne. Voir *Lexique* s. v. *Premier.*

PRONOMS.

PRONOMS PERSONNELS.

§ 57. — Le pronom *il* devant un verbe impersonnel est pour nous une sorte de neutre, comme *it* en anglais et *es* en allemand. Dans l'ancienne langue il avait, en cette qualité, un emploi plus étendu, et se mettait aussi devant les verbes personnels, où nous le remplaçons par *cela.* « Soit qu'elle veuille montrer sa douceur ou sa gravité, *il* sert d'embraser tout un monde. » Brantôme.

Le trait le plus marquant de la Syntaxe dans la matière que nous traitons, c'est la suppression fréquente du pronom personnel sujet, à la première, à la seconde et à la troisième personne, au singulier et au pluriel. Les exemples suivants renferment tous ces cas.

« Pour ce que je n'y veux mettre ni oster,... ni abreger histoire en rien, (-) vous veux de point en point parler. » Froiss. — « Or (-) me veux retraire à la droite matière commencée. » Id. — « Je t'admoneste que (-) employes ta jeunesse. » Rab. Olivier de Serres, en traçant par exemple les devoirs du père de famille, commence souvent ses préceptes par le verbe, en sous-entendant le sujet, sans le remplacer par *il* : « (-) Mettra ses affaires en tel point que.... (-) Leur défendra les blasphèmes. — (-) Apprendra aussi à mesurer le temps. » — Le *il* neutre se supprime également. « Et (-) est aisé à voir. » Montaigne. — « Et (-) ne se faut point laisser endormir au plaisir. » Id. — « A qui qu'(il) en déplaise. » — « Ce que (-) te seroit horrible à trouver. » — « Sire, (-) souvienne-vous des Athéniens. » Montaigne. — « Thémistocle résista fort et ferme, et (ce) fut lorsqu'il fit ces saines responses notables. » Amyot. — « Plus (-) persévérions escoutants plus (-) discernions les voix. » Rab. — « Ce que (-) desirez de moy. — Je me suis aperçu des bons offices que (-) m'aviez faict, le lendemain que (-) fustes partie. » Calv. — « Compagnons, oyez (-) rien ? » Rab.

Quand deux membres de phrase se suivent unis par une conjonction, le pronom personnel, sujet du second membre, peut être sous-entendu quoiqu'il ne soit pas de la même personne ou du même nombre que le sujet du premier, et que les deux verbes ne soient pas au même temps : « Tout le jour je le vis triste et colère et (-) leur manda de ne proceder aucunement. — Veuillez refrener vostre courage et (-) vous suffise ce que vous en avez fait. » Froiss. — « Ces paroles me pleurent et (-) me sembloit que j'estois transformée. — Il ne faut pas grande entreprinse pour m'y (à ces livres) mettre et (-) les quitte où il me plaist. » Montaigne. — « Il me fist grand plaisir et (-) les luy laissay. » Id. [1]

Le pronom régime peut se supprimer avec les verbes pronominaux employés comme réciproques ou réfléchis : « Ils (-) regarde-

[1] Régnier de même :

On appelle un vallet, la chandelle s'allume ;
On apporte la nappe et met-on le couvert,
Et (-) suis parmy ces gens comme un homme sans vert.
L'un faict plus qu'il ne peut, et l'autre plus qu'il n'ose.
Et (je) pense, en les voyant, voir la Métamorphose....

rent chascun l'un l'autre. » Froiss. — « Si (-) vous conseille que vous (-) departiez. » Id. (Il emploie souvent *se departir*.)

Le pronom personnel, si souvent retranché, se met parfois d'une manière redondante, après le mot qu'il représente, gallicisme usité jusqu'à la fin du XVIe siècle : « Qui a appris à mourir, *il* a desappris à servir. » Montaigne. — « Celle qui meurt à cinq heures du matin, *elle* meurt en jeunesse. » Id.

§ 58.   SOY

se rapporte à une idée déterminée, personnelle, aussi bien qu'à une idée indéfinie : « Ces paroles firent sortir Brennus hors de *soy*. » Amyot. — « Il y en (de lions) avoit un entr'autres qui attiroit à *soy* la veue de toute l'assistance. » Montaigne. — « Ce pauvre misérable (l'esclave Androclus) tout transy d'effroy et hors de *soy*. » Id. — « Il ne cessa de faire requeste à Dieu de l'oster de ce monde et de l'appeler à *soy*. » Id. [1]

[1] Nous n'aurions pas rapporté cette règle constamment suivie, si des grammairiens modernes d'une grande autorité n'avaient pas établi la règle contraire, que M. Auger sanctionne et déplore dans sa note sur ce vers de *Tartufe*, I, 1 :

> Je vous dis que mon fils n'a rien fait de plus sage
> Qu'en recueillant chez *soi* ce dévot personnage.

« La règle actuelle, dit ce critique, veut que *soi* ne puisse se rapporter aux personnes, hors des cas où le sujet de la proposition est indéterminé, comme en ces phrases : *n'aimer que soi; chacun vit pour soi.* Il est regrettable qu'on n'ait pas la faculté d'employer *soi* à la manière des Latins, qui prévenaient les ambiguïtés en distinguant par *se* et par *ille* ce qui était le sujet du verbe de ce qui n'en était que le régime. Il est certain que dans le vers de Molière *lui* serait grammaticalement équivoque, puisqu'il pourrait se rapporter à Tartufe aussi bien qu'à Orgon. » — La même raison semble excuser ce vers que, dans Polyeucte, III, 3, Félix adresse à Pauline :

> Qu'il fasse autant pour *soi* comme je fais pour lui.

Néanmoins Voltaire le blâme : « *Soi* ne se dit qu'à l'indéfini : Il faut faire quelque chose pour *soi*; il travaille pour *lui*. » — Nous oserons opposer à Voltaire l'autorité de l'auteur de *Zaïre*, qui a dit comme Corneille :

> Ou mon amour me trompe ou Zaïre aujourd'hui,
> Pour l'élever à *soi* descendrait jusqu'à lui.   I, 1.

La *Grammaire nationale*, n° 299, a fait justice de cette étroitesse grammaticale, en s'appuyant sur la pratique de nos plus grands écrivains. Aux huit exemples qu'elle a choisis elle aurait pu en ajouter cent autres. Nous nous garderons de transcrire tous ceux que nous avons recueillis.

Il se rapporte aussi à un pluriel : « Ils se resveillerent en sur-
sault et revenans à *soy* prirent les armes. » Amyot.

PRONOMS DÉMONSTRATIFS.

§ 59. — Un emploi autrefois fort ordinaire du pronom démonstratif suivi du relatif doit être remarqué. *Celui, celle qui*, se disait pour *homme, personne à faire telle ou telle chose* : « Engrans
de combattre comme *ceulx qui* estoient tous raliés soubs là grande
banniere de Guernade. » Artois. — « Il n'estoyt entre eux *celluy
ne celle qui* ne sceust lire et escripre. » — « Je ne suis pas *celuy qui*
vouldroit soustenir. » Amyot. — « Il n'y eut *celuy* d'eulx *qui* osast
ouvrir la bouche. » Id.

PRONOMS POSSESSIFS.

§ 60. — *Leur*, rapporté à un nom collectif singulier : « La pre-
miere *embusche* (embuscade) commença, au commandement de
leur capitaine, à prendre la fuite. » Artois. — « Ils donnèrent
temps et loisir à la *tourbe* qui s'enfouit hors la ville, de se retirer
à *leur* aise en lieu de sûreté. » Amyot [1].

Le pronom possessif mis une seule fois pour deux substantifs,
même différents de genre ou de nombre : « A *son* préjudice et
honte. » Comines. — « Les traicts de *mes* conditions et humeur. »
Montaigne. — « Ils donnent certaine interprétation à *sa* voix et
mouvemens. » Id.

PRONOMS RELATIFS.

§ 61. — *Que*, pour le pronom relatif et une préposition, a été
légué à l'âge classique par les âges précédents : « Avec le bon sens
qu'il convient à gouverner chevalerie. » Chr. de Pisan. — « En
l'âge *qu'il* est. » Brant. — « Ils doivent mesnager leur vie à la mode
que font aucuns avares leurs trésors. » Id.

Pour la place des pronoms relatifs, des grammairiens modernes, enclins à resserrer les liens qui entravent les libres mouve-

[1] Le pronom personnel pluriel se rapporte aussi à un collectif singulier : « As-
subjettissans à eulx *la commune* en *leur* imprimant opinion qu'ils étoient quelque
chose plus que hommes. » Amyot.

ments du langage, ont décidé que ces pronoms devaient suivre immédiatement leur antécédent. Heureusement, cette loi n'a pu avoir d'effet rétroàctif, en arrêtant la liberté gauloise de nos anciens, et des classiques, héritiers de cette liberté ; la concilier avec la clarté, de telle sorte qu'on ne puisse se méprendre sur le sens des idées ni des mots, voilà la seule loi qu'ils ont reconnue. — « Et s'en sont *beaucoup* trouvez trompez, ayans cette imagination, *qui* s'enhardissoient d'entreprendre des folies contre luy, *qui* estoient foiblement appuyez. » Comines. — « Le *president* luy fist commandement de respondre, *auquel* le prince declara qu'il en appelloit. » Castelnau. — « J'ai beu souvent de l'*eau* dans ces vases ainsi froide, et ayant grand chaud et courant la poste, *qui* ne m'a jamais fait de mal. » Brantôme. — « Au bout de cinq ou six jours arriva *le courrier*, que les parens et parentes de monsieur de Viole avoient envoyé devers le Roy, *qui* porta interdiction aux commissaires, etc. » Montluc. — « Les chrestiens se font tort de vouloir appuyer leur *créance* par des raisons humaines, *qui* ne se conçoit que par foy [1]. » Montaigne.

La liberté prise pour règle ne justifie pas les ambiguïtés comme la suivante : « Gobrias estant aux prises bien estroictes avec un seigneur de Perse, Darius y survenant, l'espée au poing, *qui* craignoit de frapper : *il* luy cria qu'*il* donnast hardiment, quand il devrait donner au travers tous les deux. » Id.

---

[1] La *Grammaire nationale* cite quatre exemples analogues de Boileau, Racine et J.-B. Rousseau. Parmi un grand nombre nous en choisissons quelques-uns d'une plus frappante liberté : « Son plus puissant charme estoit une *civilité* et une *complaisance* extraordinaire pour les nouveaux venus, *qu*'elle redoublait souvent pour retenir ceux qui commençaient à s'éloigner d'elle. » Furetière, Rom. bourg. — « Il demanda à d'autres *gens* de quelle matière estoit fait le cheval de Bronze, *qui* voyant sa naïfveté, luy persuadèrent que les pecheurs venoient la nuit tirer du poil de sa queue pour faire leurs lignes. » Id. — M. *Arnault* le vint voir pendant sa maladie, à *qui* il fit toutes sortes de protestations d'amitié. » Mme Perier. — « *Le roi* dans ce moment étoit entré dans le cabinet où elle étoit, *qui* par sa présence interrompit sa réponse. Mme de Motteville.

Si *celle-ci* venoit *qui* m'a rendu sa lettre. Corn. Menteur.
Un *loup* survint à jeun *qui* cherchoit aventure. La Font.

« Que les *mœurs* du pays où vous vivez sont saintes *qui* vous arrachent à l'attentat des plus vils esclaves. » Montesq. — « J'ai entendu jadis un *orateur*, dans le temps où nous avions des assemblées politiques en France, *qui* disait, etc. » De Tocqueville, de l'Acad. fr.

Pour l'aisance et la clarté de la construction, l'idée renfermée dans le pronom relatif régime est quelquefois reproduite par le pronom *le, la* : « Pour éviter la guerre, *que* vous savez combien je *l'*appréhende et *la* dois craindre, etc. » Marg. de Valois.

Y, EN.

§ 62. — Ces deux pronoms se retranchent quelquefois : « Et n'y (en) avoit aucun qui osast. » Froiss. — « Espier s'il (y) avoit nulle part personne. » Id. — Ha il? (Y a-t-il?) — Ha (il y a). — Ital. *Havrei; havvi?*

Plus souvent encore ces pronoms, *en* tout particulièrement, inutiles pour la clarté, forment un pléonasme, peut-être dans l'intérêt d'une liaison plus complète de la pensée, mais pas dans celui de l'élégance : « Une cave dans laquelle le vin et l'eau *y* demeuroient aussi frais que glace. » Montluc. — « Les livres sont plaisans : mais si *de leur fréquentation* nous *en* perdons enfin la gayeté et la santé, nos meilleures pièces, quittons-les. » Montaigne. — « La proie *dont* ils *en* y trouveront grand foison. » Froiss. — « *En* y eut foison de morts. » Id. — « *Dequoy* les chevaliers plus courageusement s'*en* aventuroient. » Id. — « Volontiers le peuple *du mal* qu'il souffre n'*en* accuse pas le tyran. » La Boëtie. — « *De cela* il y *en* a de grands disputes, *dont* je m'*en* rapporte aux grands docteurs[1]. » Brantôme.

Quand les deux pronoms *y* et *en* se suivent dans une même phrase, nous les mettons dans cet ordre. Autrefois on pouvait suivre l'ordre inverse : « *En y* eut foison de mortz. » Froiss. — Mais on disait aussi : « Allez vous-*y-en* vous. » Montaigne.

---

[1] Ce genre de pléonasme n'était pas inusité dans la première moitié du XVIIme siècle :

> Je creu qu'il me falloit *d'une mauvaise affaire,*
> *En* prendre seulement ce qui m'*en* pouvoit plaire.   Régnier.

> Alors *de tous ensemble*
> On *en* verra sortir un tout qui te ressemble. . Corn.

« *De cet enfant* sauvé par la supposition d'un autre, j'*en* ai fait. » Heraclius. *Id.* — Même encore dans la 1re satire de Boileau :

> *De servir un amant* je n'*en* ai pas l'adresse.

VERBES.

SORTES DE VERBES.

Actifs ou transitifs qui aujourd'hui sont neutres.

§ 63. — Approcher la verisimilitude.

Argumenter une doctrine. La déduire d'un principe.

Chevaucher un pays. Le parcourir à cheval.

Consentir un voyage.

Desmordre une prise. La lâcher.

Discourir une chose à quelqu'un. L'exposer, la développer.

Fureter tous les coins ; il n'est plus actif que dans la phrase *fureter des nouvelles*.

Gauchir la meslée. Eviter d'en venir aux mains.

Guerroyer le pays : *les partis se guerroyoient*.

Jouir une chose, *jouir son estre, la santé*.

Maugréer quelqu'un.

Parler. « Ce que j'en parle. » Calvin. Il n'a aujourd'hui un régime direct que quand il s'agit d'une langue ou d'une matière générale : *parler français, parler politique*.

Marcher. *En les marchant à terre*.

Reculer. « Par leur force ils reculèrent les payens. » Artois.

Renoncer un privilege. Il n'est plus actif que dans *Renoncer quelqu'un*, le renier.

Resister. « Que les ennemis Dieu *feussent resistez*. »

Tomber de l'eau, Montaigne. —Expression gasconne pour *faire de l'eau*.

Actifs aujourd'hui pronominaux.

§ 64. — Accoustumer quelqu'un ou quelque chose; s'accoutumer à. Montaigne dit du penser de la mort : « Ostons-luy l'estrangeté; pratiquons-le, *accoustumons-le*. »

Escrier son cri.

Enquerrir quelqu'un. L'interroger.

Laver. « Le roy *lava* et fit *laver* tous ses chevaliers (au moment de se mettre à table). » Froiss.

Fortifier. ⎰ « Les Anglais multiplièrent et fortifièrent telle-
Multiplier. ⎱ ment qu'il convint les Bretons reculer. » Froiss.
— *Multiplier* n'est aujourd'hui neutre que dans le sens de s'ac-
croître par la génération. Dans le passage de Froissart, il signifie
se multiplier par l'arrivée de nouvelles troupes.

Refroigner son front. Se refrogner ou se renfrogner.

Neutres ou intransitifs aujourd'hui actifs.

§ 65. — Appeler à délices. Aussi avec le régime direct.
Tancer avec son valet. Aussi avec le régime direct.

Neutres ou intransitifs aujourd'hui pronominaux.

§ 66.—Amender. « Si l'âme est immortelle, elle ira en *amendant.* »
Montaigne.

Appaiser. « La douleur *appaisa.* »

Arrester. « Ayant *arresté* quelques jours. » Montaigne. Il est
aussi neutre aujourd'hui dans le sens de cesser de marcher, d'agir,
de parler ; faire une station.

Diversifier. « Nous voyons flotter les événements et *diversifier.* »
Montaigne.

Enquerir. S'enquérir.

Esbattre. S'ébattre. Aussi s'esbattre.

Estudier à faire quelque chose (*Studere*).

Fourvoyer. « La nature mortelle ne fait que *fourvoyer partout.* »
Montaigne.

Glacer. Geler, se glacer.

Mesprendre. Se mesprendre.

Noyer. Nous *noyons.*

Repaistre. Se repaître.

Ruer. Se ruer.

Troubler. « Les yeux *troublent* à ceux qui travaillent outre mesure à cet exercice. »

Plusieurs verbes neutres qui prennent aujourd'hui l'auxiliaire
avoir se construisaient avec *être :* « Or *est* nostre secours *failly*. —
Il *est* fuy. »

Verbes pronominaux qui ne le sont plus.

§ 67. — S'apparaistre.

Se bouger. Montluc.

Se combattre, comme *se battre, sich schlagen.*

Se commencer. Froiss.

Se craindre. « Le Pape *se craignant* qu'on lui tient propos qui peust offenser les ambassadeurs des autres princes. » Montaigne. — « Se craindre de quelqu'un » (*sich fürchten*).

Se croupir. « Ne craignons pas en cette solitude *nous croupir* d'oisiveté ennuyeuse. » Montaigne.

Se deliberer. Se résoudre.

Se desirer à avancer. Froiss.

S'enquester. S'informer, faire des recherches.

Se feindre. Feindre, hésiter.

Se guerroyer. Froiss. Se faire la guerre.

Se partir. Froiss.

S'en partir. « Je *m'en partiray* d'ici plus ignorant toute autre chose que mon ignorance. » Montaigne.

Se prendre garde. Prendre garde, observer. Montaigne parlant des chiens des aveugles : « *Je me suis pris garde* comme ils s'arrestent à certaines portes, d'où ils ont accoustumé de tirer l'aumosne. »

Se revenir d'un profond sommeil.

Se tiédir.

Malgré le grand nombre de verbes pronominaux, l'ancienne langue supprimait souvent à l'infinitif et dans d'autres modes le pronom de ces verbes (ci-après Infinitif, § 86) et n'aimait pas le même pronom mis deux fois de suite : « Gautier vous (–) en irez à ceux de Calais. » Froiss. — « Nous transporter en pays incongneu sans savoir comme nous (–) y devons trouver. » Calv. — « Il ne vous en faut (–) esbahir. » Id. — « Nous (–) sommes retrouvés. » O. d. l. M.

Verbes impersonnels.

§ 68. — Il a, pour : Il y a. « *Il avoit* un valet qu'on appeloit Nihilvalet. » Pasquier.

Il est, cela est, c'est une chose : « *Il est* plein de raison et de piété; » il est conforme à la raison et à la piété.

Il ne me chault ou chaut (de chaloir). Il ne m'importe.

Il seult (de seuldre, souloir). Il est d'usage.

Il affiert (de afférir). Il convient.

Il me deult (de douloir). Il me fait de la peine.

Il me desplaist de cela. Froiss.

Il se supprime devant le verbe impersonnel quand la phrase commence par un adverbe : « *Pis me fait*, il m'est plus pénible. » Al. Chartier.

Accord du sujet et du verbe.

Le verbe peut s'accorder avec un sujet collectif partitif ou indéterminé, au lieu de s'accorder avec le pluriel qui en dépend. « *Infini nombre* de riches familles *est* tombé en ruine. » O. de Serres.

Après deux sujets au singulier, même quand ils ne sont pas synonymes, le verbe et l'attribut peuvent se mettre au singulier : « Lorsque la *chaleur* et *moiteur est grant.* » Chr. de Pis.

Quand, au lieu de la construction avec un verbe personnel, nous employons le tour impersonnel, le verbe s'accorde avec *il* qui le précède et pas avec le nom qui suit et qui est le véritable sujet dans la pensée ; au lieu de dire : *dix mille hommes lui furent donnés*, nous pouvons mettre : *il lui fut donné dix mille hommes.* Le vieux français conserve ce dernier tour, même en sous-entendant *il* : « *Et luy fut baillié dix mille hommes.* »

Cette construction subsiste encore, quand, avec la suppression de *il*, le nom sujet de la pensée précède le verbe au lieu de le suivre : « Deux grants maux *peut* ensuivre de bataille désroutée. » Chr. de Pis. — L'auteur avait présent à l'esprit l'impersonnel *il peut.*

Le verbe d'un premier membre de phrase peut être sous-entendu dans le second, à une autre personne et un autre nombre, se rapportant à un autre sujet : « Par le roy fus appelée et (fut) fait ce que je requeroye. » Chr. de Pis. [1]

---

[1] Rien de plus fréquent dans les plus beaux ouvrages de Corneille :

  J'aimois, j'*étois* aimée et nos pères d'accord.   Cid.

  Votre colère *est* juste et vos pleurs légitimes   Ib.

Régime des Verbes.

§ 69. — Plus on étudie les langues, plus on est frappé de la difficulté de séparer toujours logiquement et pour le fond des idées, les verbes transitifs et les verbes intransitifs, puis ceux qui ont avec l'objet de l'acte un rapport *direct*, comme s'expriment les grammairiens, de ceux dont le rapport est *indirect*. La liberté de l'esprit humain se joue de mainte distinction grammaticale, quand on prétend la rendre rigoureuse. La matière dont nous parlons dépend trop de la manière nationale et individuelle d'envisager les idées pour qu'on la règle avec une rigueur systématique. Le même acte peut être considéré dans l'agent seulement, comme pur acte sans objet, en dehors de lui-même : *chanter*, ou dans l'agent et dans un objet extérieur : *chanter une chanson*. De là beaucoup de verbes, actifs dans un sens, et neutres dans un autre, quelquefois flottant entre deux. Même rapprochement entre le régime direct et le régime indirect, séparés souvent par de légères nuances : une balle a *frappé un arbre*, une autre a *frappé au but*. Le latin de différentes époques dit : *adulari aliquem* et *adulari alicui*. Notre observation explique les changements que le temps opère dans le régime des verbes, et l'impossibilité de rendre toujours compte par le raisonnement des faits semblables ou différents qu'on rapproche. On s'en convaincra par les exemples suivants de diverses variations de ce genre.

RÉGIME DIRECT.

§ 70. — Conseiller quelqu'un, quand on met en outre le régime de la chose : « Il fut conseillé par ses avocats de ne pas répondre. » Calv.

Contribuer : « Chascun luy contribua demie livre de froment. »

Oubliez l'amitié comme lui les bienfaits.   Cinna.

Je *suis* toujours moi-même et ma foi toujours pure.   Ib. iii, 4.

Voltaire prétend que *ma foi* ne peut être gouverné par *je suis*.

A propos de cet autre vers, v, 1 :

Ma cour *fut* ta prison, mes faveurs tes liens,

le même commentateur fait cette remarque fort juste : « On sous-entend *furent*. Ce n'est point une licence, c'est un trope en usage dans toutes les langues. »

Eschapper la fureur; Amyot ; la corruption.

Demander prend l'accusatif de la personne et de la chose : « Or en demandez *la vérité qu'il* vous plaist. »

Assener quelqu'un d'un grand coup d'espée. Mont.

Entrer : « Quels signes entroit le soleil. » Rabel.

Ressembler : « Point ne le *ressembloit* de sens ni de prouesse. » Froiss. — « Ressembler son père ; ressemblant des fantosmes. »

Songer les moyens de remédier.

Régime direct de la chose, indirect de la personne, où nous faisons l'inverse : « Je ne *vous* pourray jamais *récompenser le bien* que vous me faictes. » Larivey. — « Empescher quelque chose à quelqu'un. » — « Luy empescher la liberté de ses actions. » Montaigne.

Quelquefois le régime direct s'unit à un infinitif : « Apprendre la faim à rire. » — « Cela occasionnerait messieurs de Toulouse à nous accommoder de ce qui nous serait nécessaire. » Montluc.

DATIF.

§ 71. — Bien des verbes se construisent avec le datif, entre autres ceux qui signifient demander et ordonner.

Charger : « Il *leur chargea* qu'ils gardassent son royaume. »

Exhorter à quelqu'un.

Prier : « Leur priant le bien servir; en lui priant. » Froiss.

Requerir à quelqu'un : « Je requiers au Sauveur. » Froiss.

Assister : « Leur assister de vivres. »

Consentir à quelqu'un qu'il fasse. Calv.

Favoriser à quelqu'un.

Gratifier à quelqu'un (se rendre agréable). Calv.

Se courroucer à quelqu'un.

Servir à Dieu. Calv.

Prendre congé à quelqu'un. Froiss.

Flater à quelqu'un (*adulari, blanderi alicui*).

Puer à l'huyle et à la lampe. Montaigne.

Toucher à; où nous mettons le régime direct : « Ils (les Gaulois) demeurèrent en quelque temps en doubte d'en (des sénateurs) approcher et de *leur toucher*. » Amyot.

Contredire. « Le roy ne *luy contredisoit* nulle chose qu'il voulut dire ni faire. » Froiss.

Le datif régime exprime souvent le but auquel aboutit l'acte ; *à* équivaut alors aux locutions prépositives : *à l'intention de, à l'égard de*, ou aux prépositions *pour, contre, envers* : « *Combattre aux* Français. » Froiss. — « Son intention est que sans lui *nous ne nous combattions au* pouvoir de France. » Id. — « La famine *leur* alloit croissant. » Amyot. — « En *leur* usant de fausses promesses. » Montaigne. — « Le dit messire Hugh *leur* pourchassait grand destourbiers » (dommage). Froiss.

Au XIVe siècle, la préposition *à* se supprimait quelquefois devant le régime : « *Se* (si) Dieu plaist. — Le roy le dit messire Hugh. » Froiss.

GÉNITIF.

§ 72. — Se fier de : « Il s'en descouvrit à quelques siens amis, *desquelz* il se fioit le plus. » Amyot.

Se fuir de quelque chose.

Se desrober (priver) : « En se desrobant *du* sentiment. » Montaigne.

Se joindre d'un parti.

Exhorter : « Vous m'avez *exhorté de mon devoir* ; je vous *exhorte du vôtre.* » Henri IV.

Retenir. « Se retenir de menaces. » Calvin. (Comme *s'abstenir*).

Qu'est-il de faire ? Rabel.

Se plaire de. Brant.

RÉGIME VERBE.

§ 73. — En analogie avec ce qu'on vient de voir, un verbe peut régir un autre verbe, à l'infinitif, sans préposition comme le régime direct, ou avec les prépositions *à* ou *de*.

Sans préposition.

Commander. « Il *commanda faire* commencer la bataille. » Froiss. — « L'avis que vous avez *commandé* me faire donner. » Calvin.

Conseiller. « Il *conseilla* faire arrêter ses gens. » Froiss.

Contraindre. « Je suis *contraint* m'en plaindre. » Calvin.

Prier. « *Priant* Dieu luy donner longue vie. » Id.

Supplier. « Je vous *supplie* croire. » Id.

Datif.

Desirer à ouir.
Détourner à faire.
Promettre à donner.
Commander *à* eux tous tuer. Froiss

Génitif.

Commander *de* les tuer tous. Froiss.
S'apprivoiser d'obéir.

PLUSIEURS RÉGIMES.

§ 74. — En rapprochant quelques-uns de ces exemples, on voit que le même verbe se construit, pour le régime, de deux ou même de trois manières ; tel est le cas de *commander*. Montaigne, en deux pages, se sert trois fois du verbe *débattre* avec trois régimes différents. « On ne débat que *sur* les branches. » — « C'est religion de débattre de ses (d'Aristote) ordonnances ; comme de celles de Lycurgus à Sparte. » — « On n'y (dans la Logique) débat rien pour le mettre en double ; mais pour deffendre l'auteur de l'Escole des objections estrangères. »

Temps.

§ 75. — *Variation*. Dans les récits, les écrivains entremêlaient arbitrairement le temps présent et les divers temps passés, honorant moins par là la liberté de la langue qu'ils ne blessaient la logique. « Ces deux hommes *commencèrent* à jurer une ligue, *font* quelques voyages et *sonnèrent* après leur retraite... A Venise, ils *hypocrisent* quelque austérité, et voyant que leur superstition *commençoit* à être suivie, ils *prindrent* la hardiesse de se transporter à Rome. » Pasquier. — « Soudain que je *fus* dans mon cabinet ; je me *mets* à prier Dieu. » Marg. de Val. — « Le roy mon mary qui *s'estoit mis* au lict, me *mande* que je m'*en allasse* coucher. »

Modes.

INDICATIF.

§ 76. — Le vieux français permettait de faire usage de l'indicatif dans une proposition subordonnée où nous nous servons du subjonctif.

Il peut s'agir, il est vrai, d'un fait positif, et alors l'emploi de l'indicatif, que notre usage réprouve, est pour le moins aussi logique que celui que nous faisons dépendre de *croire* : « Je *crois* qu'il vient, qu'il est venu. » — Calvin a pu dire ainsi : « Je suis joyeux que vous *avez* nostre frère, maistre Pierre Viret, » et ailleurs : « Je suis bien aise que vos lettres m'*ont donné* occasion de vous escrire. » Froissart, imité en cela par ses successeurs, dit non moins logiquement : « Ne demeura guère (Il ne se passa guère de temps) que le roi de France *assembla* plusieurs grands seigneurs. » — « Il n'est langue qui *suffit* à décrire cela. » Gerson. — « Que veult-ce estre que celuy-ci *vient* exhorter ? »

La logique ne justifie pas de même l'usage de l'indicatif pour un acte subordonné à un autre acte exprimé par le verbe de la proposition principale, comme dans les exemples suivants, dont le nombre, qu'il serait facile d'augmenter, nous fait voir une habitude de langage autorisée. « Je conseille que vous *demeurez* en ceste vallée. » Froiss. — « Si vous conseille que vous *départez* de ci. » Id. — « Je vous donne ce chapelet et vous prie que vous le *portez* cette année. » Id. — « Je veuil que vous *prenez* le cœur de mon corps et le *faictes* bien embausmer. » Id. — « Grands mercis, mais que vous me le *creantez* comme *bon* chevalier et loyal. » Id. — « Ains est son intention que vous vous *mettez* tous en sa pure volonté. » Id. — Au XVIe siècle encore même construction : « N'est-ce mieux que dès cet instant nous *reposons*. » Rabel. — « Le propous requiert que *racontons* ce qu'advint. » Id. — « Ne doutant pas que la chose *estoit* ainsi advenue. » Calvin. — « Nous disions que seriez bien ayse que vostre fils *doit* estre gendre de cest homme de bien. » Larivey [1].

L'indicatif suit même des conjonctions qui, depuis, ont constamment régi le subjonctif. « *Affin qu'*on le *peult* faire venir. » Calvin. — « *Combien qu'*il ne nous fault pas attendre. » Cependant Calvin écrit aussi : « Combien que je ne sceusse. » — *Jasoit* (quoi-

---

[1] Les premières pièces de Corneille connaissent cette sorte de construction :

> *C'est assez que je sais* qu'à votre heureux secours
> Je dois tout le bonheur du reste de mes jours.   Veuve, v, 1.

que, *jà soit*) que je le *prins*. » Id. — Il dit aussi : « *Jasoit* que je *desirasse* [1]. »

Comme en grec et en latin, le vieux français permet l'indicatif au lieu du conditionnel, du moins à l'imparfait et au plus-que-parfait. « Le messager *estoit arrivé* trop tard, si je n'y eusse mis la main. » Montluc [2].

SUBJONCTIF.

§ 78. — Tandis que l'indicatif subsiste, pour ainsi dire, par lui-même, le subjonctif, mode subordonné, exprime un acte dont la réalisation est simplement possible, par conséquent douteuse. Cette subordination et cette incertitude, c'est son caractère propre, qui devrait toujours en déterminer l'emploi. L'usage, dans les langues, ne se règle pourtant pas avec cette parfaite conséquence. Comme nous avons vu l'indicatif mis à la place du subjonctif, par une sorte de compensation le second de ces modes se montre où, selon la syntaxe moderne, nous croirions le premier indispensable. Dans une phrase de Froissart, composée de deux membres, les deux verbes expriment chacun un fait positif, et pour la pensée leur rôle est le même; et pourtant le premier est à l'indicatif et le second au subjonctif. « Les gens du pays ne s'en *donnoient* de garde et ne *cuidassent* que les François dussent passer si avant. »

Après la conjonction *comme*, on rend par le subjonctif même les faits présentés comme positifs. « Comme il *soit* voir. » Chr. de Pis. — « *Comme* jeunesse *soit* de soy encline à mains mouvemens hors ordre de raison. » Ead. — « *Comme* l'ame de sa nature *tende*

[1] *Bien que je n'ay* de quoy. Régnier.
[2] Corneille affectionne ce tour élégant :

> Sire, ainsi ces cheveux blanchis sous le harnois,
> Ce sang pour vous servir prodigué tant de fois,
> Ce bras, jadis l'effroi d'une armée ennemie,
> *Descendaient* au tombeau tout chargés d'infamie.   Cid. II, 9.

> Et ta beauté sans doute *emportoit* la balance,
> Si je n'eusse opposé contre tous tes appas
> Qu'un homme sans honneur ne te *méritoit* pas.   Ib. III, 4.

> La mort seule aujourd'hui peut couronner ma gloire ;
> Encor la *falloit*-il sitôt que j'eus vaincu,
> Puisque pour mon honneur j'ai déjà trop vécu.   Hor. V, 2.

au lieu dont elle est venue, c'est assavoir à haultes choses. » Ead.
— « *Comme* le roy de Perse *fust* en chemin et les Athéniens *commençassent* à deliberer. » Amyot.

Non-seulement notre ancienne langue compense, ainsi qu'on vient de voir, un abus très-partiel de l'indicatif, elle semble avoir affectionné le subjonctif.

Elle s'en sert quelquefois uniquement pour marquer la subordination d'un verbe à un autre, sans la plus légère nuance d'incertitude. « Il ne faut pas ignorer que le duc n'*aimast* cordialement le dict messire Jacques. » O. d. l. M.

Après *savoir*, l'indicatif semble à sa place ; mais quand nous le mettons de même après les verbes *croire*, *estimer*, *penser* et semblables, une sorte de présomption égale notre opinion à la certitude. L'ancienne langue était plus réservée, ou, si l'on veut, la langue de Comines, de Rabelais, d'Amyot, de Montaigne, inclinait à un doute modeste. Les verbes qui expriment une opinion, sont suivis chez eux du subjonctif, et même quelquefois le verbe *sçavoir*. « Nous *creons* qu'il *soit* d'aultre part et qu'il se *combatte*. » Froiss. — « *Cuidans* que ceux-là *fuissent*, ils se mirent à la fuite. » Comines. — « Ils *cuyderent* que ce *fussent* vaisseaux d'amys. » Amyot. — « Je me *doute* que ce *soit* M. de Montluc. » Montl. — Comme je *sceus* qu'il *fust* dans sa chambre. » Id.

Quand le verbe *sçavoir* est accompagné de la négation, le doute justifie le subjonctif : « Comme une impression spirituelle *face* une telle faussée dans un subjet massif et solide, et la nature de la liaison et cousture de ces admirables ressorts, jamais homme *ne l'a sceu*. » Montaigne. — « S'ils prouvent que rien ne se *sçache*. » Id. — « Il y en a aussi des nostres mesmes qui ont estimé que des ames des condamnez, il s'en faisoit des diables, comme Plutarque *pense* qu'il se *face* des dieux de celles qui sont sauvées. » Montaigne. — Remarquez toutefois que dans le premier membre de cette période, Montaigne fait dépendre de *ont estimé* l'indicatif *il s'en faisoit*. Ailleurs encore il dit : « J'aime mieux *croire* qu'ils *ont* traitté la science casuellement. »

§ 79. — Après la conjonction hypothétique *si*, nous mettons toujours l'indicatif. « *Si*, conjonction, dit Laveaux, exprimant par lui-même le doute de l'esprit, n'a pas besoin d'un mode douteux au verbe qui le suit. » Cet usage est déjà consacré par l'ancienne

langue : « *Si* nous l'*avons* acheté, s'il ne nous *plaist.* » Montaigne.
Mais l'usage contraire subsistait à côté. *Si* prenait le subjonctif
aussi, parce que, parler d'un acte sous forme de supposition,
c'est laisser de l'incertitude sur sa réalisation : « Pour aller au
royaume de Galles, *s'ils peussent.* » Froiss. — « Mais nul jà ne
l'approchast, *se* il ne l'*appelast.* » Chr. de Pis. — « Comme *s'il
fust* insensé. » Pasquier. — « *Si* Circé *eust présenté* à Ulysse deux
breuvages. » Montaigne. En latin *si* régit l'indicatif quand le fait
est accompli ou s'accomplit, et alors il équivaut à *puisque*; mais
tant que le fait reste hypothétique, *si* régit le subjonctif. En français, à mesure qu'on approche de la fin du XVIe siècle, *si* se joint
plus ordinairement à l'indicatif.

§ 80. — Quand une proposition subordonnée est liée à la principale par un pronom relatif, le verbe se met à l'indicatif si le fait
est positif, et au subjonctif, s'il y a de l'incertitude. Mais l'ancienne
langue présente quelquefois le subjonctif même dans le premier
cas : « Comme si tous ceux *qui n'adhérassent* à leur secte fussent
séparés de cette compagnie (de Jésus). » Pasquier.

§ 81. — Les écrivains rendaient élégamment par le subjonctif
le moindre doute, la moindre hésitation dans la manifestation de
la pensée. « Vous me faites plus d'honneur que je ne *vaille* »
(doute modeste sur ce qu'il peut valoir). Froiss. — « Ne *sçauroye*
dire par quel lieu on se *puisse* asseurer les uns des autres. » Comines. — « Il est incertain où la mort nous *attende*, attendons la
partout. » Montaigne. — « L'inconstance du bransle divers de la
fortune fait qu'elle nous *doive* présenter toute espèce de visage. »
Id.

§ 82. — Le *que* devant le subjonctif impératif peut se supprimer : « Veuillez refrener vostre courage, et *vous suffise* ce que
vous en avez fait. » Froiss. — « Les natures plus roides et plus
fortes *fassent* leur cachette mesme glorieuse et exemplaire. »
Montaigne.

Le *que* peut se supprimer encore quand il est alternatif et signifie *soit que* : « Se retraist chascun vers leur ville, *voulsist* le connestable ou non » (que le connétable le voulût ou ne le voulût
pas). Froiss. — « *Voulust* ou non le roy. » Id.

§ 83. — L'imparfait du subjonctif tient quelquefois lieu du
conditionnel présent ou passé : « Ha ! dame, *j'aimasse* trop mieulx

que vous fussiez autre part que cy. » Froiss. — « Qui me payast je
m'en *allasse.* » Pathelin. — « Comme il lui fut noncié que son filz
s'en retournoit vilainement d'une bataille, et venoit devers luy, il
respondit que plus joyeusement il *allast* à l'encontre de ses os. »
Amyot. — « Se le vin ne fust sitost faillis, ce que on t'a rapporté
envers ce que nous eussions dit ne *fust* que jeux. » Chr. de Pis.

§ 84.—Le rapport des temps du subjonctif et de l'indicatif était
moins rigoureusement déterminé qu'il ne l'a été depuis. « Je me
mets à prier Dieu qu'il lui *plust.* » Marg. de Val.

CONDITIONNEL.

§ 85. — Ce mode s'employait de la même manière qu'aujour-
d'hui; mais, de plus, il remplaçait le subjonctif après les mots
exprimant la crainte : « En crainte que les Allemands *se joidroient*
avec la ville. » Montl.

INFINITIF.

§ 86. — On a déjà pu remarquer dans ce qui précède quelques
traits particuliers de ressemblance entre la construction grammaticale du vieux français et celle du latin. Cette ressemblance est
surtout frappante dans la syntaxe de l'infinitif.

Rien de plus fréquent dans nos anciens auteurs que la construction latine, commode, vive, concise, qu'on appelle *le* QUE *retranché*,
dénomination moins appropriée au latin qu'au français, où le
verbe régime ou subordonné se construit ordinairement avec *que.*
Les exemples, que nous ne craignons pas de multiplier, feront voir
combien cet élément de la vieille langue est regrettable. « Jamais
homme n'est souffert soy *eslever.* » — « Comme il soit voir nature
humaine *estre* encline à plusieurs vices. » Chr. de P. — « Il juge
l'amer *estre* doux. » Ead. — « Nul autre paradiz ne présument
leur *estre* propice. » — Ead. — « Si vaut-il bien *estre dit* deux
fois. » Comines. — « Vous demandiez tous les estats et gouvernements de ce royaume *estre ostez* à ceux qui les possedoient. » Sat.
Ménip. — « J'ay estimé cet héritage *avoir esté* miraculeusement
basti. » — « Vous delivrant des erreurs où il permet les siens
mesmes *tomber* quelquefois. » Calv. — Le calque du latin, à cet
égard, n'est chez aucun écrivain plus sensible ni plus fréquent que

chez Montaigne, dont l'éducation fut essentiellement latine. « Thales luy apprend la cognoissance de toute autre chose lui *estre impossible.* » — « Il n'est pas estrange de plaindre celuy-là mort, qu'on *ne voudroit* aucunement *estre* en vie. »—«Je suis de ceux qui pensent *leur fruit ne pouvoir* contrepeser cette perte. »

L'infinitif régime s'offre encore dans des constructions un peu différentes. « La volt chastier *par luy accroistre son estat* » (en lui donnant une plus haute position). Froiss — « Ils se sont occis l'un *par pendre*, l'autre *par noyer*, l'autre *par ferir* d'un cousteau au cueur. » Id. — « Des testes de bœuf insculpées representans le labeur de cest animal *causer* ces superbes edifices. » O. de Serres. — « Taschant d'adoucir les humeurs qu'il pourroit avoir contraires à tant louable exercice *par n'y estre pas né.* » Id.[1]

§ 87. —La liberté absolue de prendre l'infinitif substantivement fut une précieuse ressource pour la vieille langue : la concision, la vivacité et la grâce en font le mérite littéraire, la brièveté d'expression, le mérite grammatical. « Que j'aye le temps et loisir *du faire* et vous *du lire.* » Froiss. — « Plus grand plaisir me ferés *du prendre* mille fois que *du refuser.* » Artois. — « Or pensez du choisir. » Id. — « Moult se delicta *au regarder et escouter.* » Id.— « Ils se penoient *du tenir* le chasteau qu'ils avaient prins. » Froiss. — « Voilà pas *un taire* parlier ? » Montaigne. — « *Le vrai vaincre* a pour son rosle l'estour, non pas le salut. » Id. — « *L'offenser* et *l'estre offensé* sont également tesmoignage d'imbécillité. » Id.

L'infinitif se prend substantivement, même accompagné d'une négation, d'une circonstance accessoire, d'un régime simple, d'un régime complexe. — « *Le n'avoir point de mal*, c'est *le plus avoir de bien* que l'homme puisse espérer. » Id. — « *Le beaucoup sçavoir* apporte l'occasion de plus doubter. » Id. — « *Le sçavoir mourir* nous affranchit de toute subjection et contrainte. » Id. — « *Le longtemps vivre* et *le peu de temps vivre* est rendu tout un par la mort. » Id. — « *Le paistre l'erbe es pasturages* est salutaire au jeune cheval. » O. de Serres.

[1] Le même tour se rencontre chez La Bruyère : en voici deux exemples : « Voulez-vous être rare, rendez service à ceux qui dépendent de vous : vous le serez davantage par cette conduite que *par ne pas vous laisser voir.* » — « Quelques-uns par une intempérance de sçavoir et *par ne pouvoir* se résoudre à renoncer à aucune sorte de connaissance, les embrassent toutes et n'en possèdent aucune. »

§ 88. — L'infinitif d'un verbe pronominal régi par un autre verbe perd ordinairement le pronom régime, l'intérêt de l'oreille et l'aisance de la diction l'emportant sur l'exactitude grammaticale: « Il ne fust nul qui avec la royne d'Angleterre se mist à voie pour li aider a (-) remettre en Angleterre à mainarmée. » Froiss. — « Themistocle acheta l'ambition d'Epicyde pour le faire (-) déporter de la poursuite. » Amyot[1].

---

[1] Voilà l'origine d'un tour fréquent chez Malherbe, qui avait quarante-cinq ans quand le XVIme siècle finit, chez Régnier, né dans ce même siècle et chez les classiques les plus vieux du XVIIme.

> Une plus belle amour se rendit la plus forte
> Et le *fist* (-) *repentir* aussitôt que pécher. *Larmes de S.-P.*

> Ceux que l'opinion *fait* (-) *plaire* aux vanités. —
> N'espérons plus, mon ame, aux promesses du monde ;
> Sa lumière est un verre et sa faveur une onde,
> Que toujours quelque vent *empesche de* (-) *calmer.*   Malh.

> S'il est vray sans faveur que tu l'*escoutes* (-) *plaindre*
> D'où vient pour son respect que l'*on te voit* (-) *contraindre*   Reg

> Si j'avois un prétexte à me mécontenter,
> *Tu me verrois* bientôt (-) *résoudre* à le quitter. Corn. *Gal. du Pal.*

> *Vous verrez* si soudain (-) *rallumer* son amour,
> Que la feinte n'est pas pour durer plus d'un jour. Ib.

> Va flatter, si tu veux, la douleur de Flavie
> Et me *laisse* (-) *éclaircir* sur l'état de ma vie. *Id. Théodore.*

> Voilà cet accident qui le *fait* (-) *retirer. Id. Ste. du Ment.*

> Annibal, qu'elle vient de lui sacrifier,
> M'engage en sa querelle et m'*en fait* (-) *défier. Id. Nicomède.*

« *Me fait défier* n'est pas français » dit Voltaire.

> Elle *voit* (-) *dissiper* sa jeunesse en regrets,
> Mon amour en fumée et son bien en procès.   Racine. *Plaid.*

Laharpe voit dans la suppression de *se* « un défaut de grammaire : »

> J'ai de quoi confondre et punir l'imposture
> Venger le Ciel qu'on blesse et *faire* (-) *repentir*
> Ceux qui parlent ici de me faire sortir. Mol. *Tartufe.*

> La peur, plus d'une fois, *fit* (-) *repentir* Régnier.
>   Boileau.

On dit quelquefois par menace : « *je l'en ferai bien repentir.* » *Dictionnaire de l'Académie.*

D'autres locutions, même très-particulières, pourraient être remarquées, parce qu'elles ont fait autorité pour les écrivains venus plus tard. Un seul exemple : l'Infinitif actif remplace élégamment le passif : «Je puis bailler ramentevance *digne d'escrire*.» O. de la Marche[1].

§ 89. — L'infinitif précédé d'une préposition, exprimant l'intention, le but, le moyen, etc., doit, d'après les grammairiens rigoristes, se rapporter, comme le participe présent (§ 93), au sujet de la proposition. Jusqu'à la fin du XVIIme siècle il pouvait aussi bien se rapporter à un régime ou s'entendre dans un sens indépendant et absolu. « Outre cette mutation qui se présente *sans y penser* » (sans qu'on y pense). Pasquier. — « Avec François Ier estoient portez les deux corps de ses deux enfans, qui n'avoient encore de sépulture, *pour vouloir attendre* à faire compagnie au roy » (parce qu'on vouloit attendre qu'ils fissent...) Brantôme[2].

Participes.

PARTICIPE PRÉSENT.

§ 90. — La distinction entre le participe présent et l'adjectif verbal, entre un mot, primitivement le même, exprimant un fait ou exprimant une qualité, est la base de toute la théorie de ce participe. Sans elle les notions demeurent confuses et l'on ne se rend pas compte des aspects divers sous lesquels le même mot se présente à la pensée et au bout de la plume. C'est ce qui est arrivé dans l'ancienne langue. La distinction fondamentale n'a pas même

---

[1]
Un flatteur aussitôt cherche à se récrier
Chaque vers qu'il entend le *fait* (–) *extasier*.
> BOILEAU.

« Pendant qu'il la (la ruine de sa patrie) prédisoit et après qu'il l'eût *vue* (–) accomplir. » BOSSUET, *Médit. sur l'Evang.*

[1]
La honte d'un affront que chacun d'eux croit voir,
Ou de nouveau reçue ou *prête à recevoir*. CORN. *Polyeucte.*

[2] « Votre Majesté a beau dire, et M. le légat et MM. les prélats ont beau donner leur jugement, ma comédie, *sans l'avoir vue*, est diabolique et diabolique mon cerveau. » (Sans que le curé, auteur d'un écrit contre *Tartufe* l'ait vue.) MOLIÈRE, 1er *Placet.*

été faite par les grammairiens du XVIme siècle. De la confusion naît l'inconséquence, point d'usage fixe; variation d'écrivain à écrivain et chez le même écrivain. Pas de principes arrêtés, même chez Montaigne, qui avait tant étudié le latin, moins peut-être, il est vrai, en grammairien qu'en esprit avide de pensées. Il lui arrive d'écrire, en deux lignes, parlant des Turcs faits prisonniers sur mer : « Il leur succéda (réussit) *frottant* des clous de navire l'un à l'autre, et *faisans* tomber une étincelle de feu dans les caques de poudre, d'embraser et mettre en cendres eux, leurs maistres et le vaisseau. » — Même inconséquence dans ce passage de Marguerite de Valois : « Cette guerre dura encore quelque temps, ceux de la religion *ayant* toujours du pire ; ce qui m'aidoit à disposer le roy mon mary à une paix. J'en escrivis souvent au roy et à la royne ma mère ; mais ils n'y voulurent point condescendre, se *fiants* en la bonne fortune. » — Nous avons donc à exposer, moins des règles fixes qu'une suite de faits et d'usages qui ne se concilient pas toujours entre eux.

Le manque de fixité est rendu plus frappant par le grand usage que nos anciens écrivains font du participe présent, commode pour l'aisance de la structure grammaticale et pour la brièveté de l'expression.

Quoique les écrivains fassent tous usage du participe présent comme indéclinable, il n'en est aucun qui ne le décline où il le trouve à propos.

Pour *l'orthographe*, indéclinable ou au singulier il s'écrit régulièrement avec un *t* final ; cependant on lit dans Pasquier : « Ne *restans* plus de tous leurs écrits qu'une carcasse, » et dans Vauquelin de la Fresnaye : « La muse nous *guidans.* »

Au pluriel on transforme presque toujours le *t* final en *s ;* quelquefois l's s'ajoute au *t* : *ayans* et *ayants.*

§ 91. — *Genre.* Généralement on n'admet, soit au singulier, soit au pluriel, que la forme masculine pour les deux genres, dans les verbes neutres aussi bien que dans les verbes actifs : « Les cuisses *faisans* par leur grosseur suffisamment élargir les jambes du cheval. » O. de Serres. — *Estans* doctes en ce gouvernement les plus simples femmelettes. » Id. — (Les poules) « *ayans* toutes la chair très-bonne, ne *cédans* en délicatesse à nulles autres. » Id.

— «Les Huguenots *ayants* recommencé la guerre.» — « Ces observations *servans* d'adresse à vostre peuple.»

Cependant le participe reçoit aussi la terminaison féminine, et, chose remarquable, non-seulement quand il marque une qualité, mais quand il exprime un acte passager ou qu'il est suivi d'un régime; ce qui, au jugement de la grammaire moderne, lui ôte le caractère d'adjectif verbal.

Cela se voit principalement chez Amyot, le grand maître de la langue du XVIme siècle; il dit : « Les choses *appartenantes à la religion.* » — « Il engrava en grandes lettres des paroles *adressantes aux Ioniens.* » — « Mille autres raisons *tendantes à cette fin.*» — Marg. de Val.

Le participe, marquant une qualité ou une manière d'être habituelle, peut s'accorder : 1° Avec le sujet : « Par ainsi elles (les âmes) eussent esté telles, *estans* exemptes de la prison corporelle aussi bien avant que d'y entrer, comme nous espérons qu'elles seront apres qu'elles en seront sorties. » Montaigne. — « De ce sçavoir il faudroit qu'elles se ressouvinssent encore *estans* au corps. » Id. — (Les femmes) *estans* plus soigneuses de l'honneur de leurs maris que de toute autre chose. » Id.

2° Avec le régime : « Le roy François Ier rechercha avec grand soin et despense l'accointance des hommes doctes, les recevant chez luy comme personnes sainctes et *ayans* quelque particulière inspiration de sagesse divine. » Id.

Il en est souvent de même du participe exprimant un acte : 1° Accord avec le sujet: « Les autres se le font accroire à eux-mêmes ne *sçachants* pas pénétrer que c'est que croire. » Id. — « Ces considérations *l'ayants* un jour amené à Nerac. » Marg. de Val. — « Les batteaux où je debvois aller par la rivière de Meuse jusques à Liege ne *pouvants* estre sitost prests, je fus contrainte de séjourner le lendemain, où, *ayants* passé toute la matinée comme le jour de devant l'après disnée, nous *mettants* dans un très beau batteau sus la rivière, nous abordasmes en une isle. » Id.

2° Avec le régime : « Ceux qui les peignent *mourants* et qui représentent cette action quand on les assomme, ils peignent le prisonnier crachant au visage de ceux qui le tuent et leur faisant la moue. » Montaigne. — « Combien voit-ón des personnes populaires conduictes à la mort, y apporter une telle asseurance qu'on n'y apperçoit rien de changé de leur estat ordinaire : *esta-blissans* leurs affaires domestiques, se *recommandans* à leurs amis, *chantans, preschans* et *entretenans* le peuple : voire y *meslans* quelquefois des mots pour rire, et *beuvans* à leurs cognoissans aussi bien que Socrates. » Id. [1]

Quelques exemples du participe invariable se rapportant à un féminin singulier ou pluriel compléteront cette matière. Nous les empruntons à Marguerite de Valois. « Moi *pressant* à toute heure, le Roy me vouloir permettre d'aller trouver le Roy mon mary. » — « Elle *passant* en Languedoc. » — « *Estant* en ces altères, mes femmes plus curieuses que moy de ma seureté et de la leur, prennent la corde. » — « Je dis à mes femmes qu'elles allassent tout bellement à la porte demander ce qu'ils vouloient, *parlant* bas, comme si j'eusse dormy. »

§ 92. — Le participe présent étant déclinable, on a eu fort na-

---

[1] Les exemples analogues sont communs dans la première moitié du XVIIme siècle. Cependant déjà sur ce vers de Malherbe :

> Mais tant de beaux objets tous les jours *s'augmentans*,

Ménage dit, sans donner de raison : « *S'augmentant* au gérondif seroit beaucoup mieux. » Néanmoins nous voyons quelquefois encore le participe présent variable après le milieu du siècle. Pascal avait écrit dans la première Provinciale (1659) : « Je les luy offris tous ensemble comme ne *faisants* qu'un mesme corps et *n'agissants* que par un mesme esprit. » Dès la seconde, publiée huit jours après, on ne retrouve plus ce participe décliné. En vers on se le permettait encore. Boileau, dans la VIe satire (1666) :

> Et plus loin des valets, l'un et l'autre *s'agaçans*,
> Font aboyer les chiens et jurer les passans.

Le 3 juin 1679, l'Académie proclama cet arrêté : « La règle est faite, on ne déclinera point les participes actifs. » Cette règle ne fut pourtant pas uniformément observée dans les dernières années du XVIIme siècle et dans les premières du XVIIIme. Boileau, l'homme de la règle, ne se soumit pas :

> Entendra ces discours sur l'amour seul *roulans*. *Sat.* x (1694.)
> Et pour lier des mots si mal *s'entr'accordans*. *Ep.* xi (1695.)
> Qu'infâmes scélérats à la gloire *aspirans....*
> Cent mille faux zélés le fer en main *courans*. *S.* xii (1705.)

Et pour qu'on ne croie pas qu'il ait seulement usé du privilége de la rime, il a écrit en prose dans sa préface de 1701 : « Je ne suis point de ces auteurs *fuyans* la peine. » Voltaire aussi dit :

> Les spectateurs en foule *se pressants*.

turellement l'idée d'en faire un *substantif*. Nous avons vu dans le dernier exemple de Montaigne (§ 91) *leurs cognoissans*, comme nous disons *leurs connaissances*. Amyot crée un autre substantif: « Ses armes reluisantes esblouissoient la veue des *regardans*. »

§ 93. — *Rapport syntactique*. Les grammairiens modernes ont décidé que le présent du participe doit toujours se rapporter au sujet de la proposition. L'usage des auteurs classiques jusqu'à la fin du XVIIme siècle n'autorise pas cette règle ; il laisse à l'écrivain plus d'aisance et de variété. Dans l'ancienne langue, le participe se rapporte indifféremment au sujet ou à un régime, ou encore ni à l'un ni à l'autre, mais à la proposition entière, ou il exprime une circonstance, comme l'ablatif absolu des Latins. « *Changeant de chemise*, parce qu'il m'avoit toute couverte de sang, M. de Nançay me conta ce qui se passait. » (Tandis que je changeais de chemise.) Marg. de Val. — « Par la figue, respondit l'asne, *laquelle un de nos ancestres mangeant*, mourut Philémon. » Rabel. — « Les langages ressemblent aux rivieres, *lesquelles demeurans toujours en essence*, toutefois, il y a un continuel changement des ondes. » Pasquier[1].

PARTICIPE PASSÉ.

§ 94. — La théorie du participe passé, plus complexe que celle du participe présent, n'a pas eu besoin de moins de temps pour se dégager du chaos de l'usage. Ceux des grammairiens du XVIme siècle qui ont réfléchi sur l'accord de ce participe ont des vues divergentes, et les écrivains, de leur côté, divergent et sont de plus très-variables. Commençons encore ici par des traits d'inconséquence. Montaigne dit : « Notre mère Nature nous avoit *munis* et *planté* de tout ce qu'il nous faloit ; » et Montluc, à peu d'intervalle : « Une lettre que son fils luy avoit *escrite*, » et « L'attaque que les ennemis avaient *receu*. »

§ 95. — Quand le participe passé, sans verbe auxiliaire, a le

---

[1]   Sans juges nous jugeons, *estant nostre raison*
   Là-haut dedans la testé où selon la saison
   Qui regne en nostre humeur, les brouillars nous embrouillent
RÉGNIER.

« *Ne paroissant rien* dans tout ce discours, de ce manger en figure, de ce boire en allégorie.... il s'ensuit que.... » Bossuet.

simple caractère d'un qualificatif, son accord avec le substantif qu'il accompagne ne saurait rencontrer la moindre difficulté.

Il en est de même quand le verbe auxiliaire *estre* est un lien entre le substantif et le participe qualificatif. Remarquons seulement que cet accord subsiste encore quand le participe précède le substantif : « Estant venue la nouvelle. » Amyot.

§ 96. — Accompagné de l'auxiliaire *avoir*, le participe passé reste invariable quand le régime le suit, et s'accorde avec le régime quand celui-ci le précède. Cette double règle fondamentale est quelquefois observée par nos anciens auteurs. Marot l'a nettement exposée dans une pièce de vers conservée par Pasquier[1]. Pierre Ramus, dans sa Grammaire, s'appuie sur son autorité. Dubois et Maigret avaient proposé des systèmes différents. Ainsi vous voyez dans Montaigne : « Les javelots et les dards qu'on leur a *jettez ;* les desplaisirs que nous avons *soufferts.* » Id. — « Il me les (mes lettres) avoit *renvoyées.* » Marg. de Val.

Bien plus souvent, Montaigne et d'autres semblent considérer le participe et son auxiliaire actif comme un tout, tel que *amavi, amavit,* etc., qui ne change point, quel que soit le régime qui précède. Les passages sont innombrables où cette méthode est suivie : « La cour enrichit ceux qui l'ont mal *desserri.* » Al. Chartier. — « Ma matière que trop ay delaissié. » Chr. de Pis. — « Il les avoit *envoyé.* » Comines. — « Les commentaires que j'ay *publié.* » Calv. — « Les ayant *persuadé.* » Amyot. — « L'opinion que vous avez *conceu.* » Montl. — « Il a entendu des choses que je n'ay pas *entendu.* » Id. — « La forme corporelle que Nature leur a *donné.* » Montaigne. — « Si les plaisirs que tu nous promets en l'autre vie sont de ceux que j'ay *senti* ça bas, cela n'a rien de commun avec l'infinité. » Id. — « Les grandes courvées de guerre qu'il avait *fait* et *souffert*[2]. » Brant.

---

[1] Enfans, oyez vne leçon, etc.

[2] Encore au XVIIme siècle : « Je ne connois en vous ni mon image que j'y avois *formé* ni le caractère de chrétien. » Bossuet. — Dans ses *Remarques sur la langue françoise*, Vaugelas commence la Remarque 184, *De l'usage des participes passifs dans les prétérits*, par ces mots : « En toute la Grammaire Françoise il n'y a rien de plus important ni de plus ignoré. » — Ménage avant lui et lui-même ont établi quelques règles particulières, inutiles, mal fondées en logique et pour cela rejetées plus tard. Nous en rapportons deux. La première dispensait d'accorder le participe avec le régime direct antérieur lorsque le nominatif sui-

En revanche, on accorde parfois le participe avec le régime qui suit : « Comme il eust *oye* la parole. » Chr. de Pis. — « Bien avoit *retenue* la parole qu'avoit *dit* Tibere. » Ead. — « Puisque n'avez *trouvez* mes escus. » Larivey. — « Après qu'il auroit *lue* la sentence. » Montluc.

Il est une construction particulière à la poésie, c'est celle du régime direct placé entre l'auxiliaire *avoir* et le participe passé. Là, parfois le participe demeure invariable, comme dans ces vers de Garnier :

> Quand elle *eut* quelque temps *ses désastres ploré,*
> Et *les playes* du mort de *baisers honoré*.....
> Vous *avez* l'inhumant *mes édits transgressé.*

Mais Garnier suit aussi le système qui a prévalu ensuite de rendre dans ce cas le participe déclinable :

> Est-il vray ? *Avez-vous cette faute commise* [1] ?

vait le participe. Mascaron a donc pu dire : « La fermeté naturelle qu'a *eu* ce *cœur* pendant toute sa vie. » Et Corneille :

> Là par un long récit de toutes les misères
> Que durant notre enfance ont *enduré nos pères.*   *Cinna.*

Dans la même tragédie il a dit d'Emilie :

> Et qu'ont *mise* si haut *mon amour et mes soins.*

Par la seconde règle, dans certains cas, le participe après le régime direct demeurait invariable quand il était lui-même suivi d'un qualificatif. D'après ce principe Mascaron a dit : « Ce n'est pas encore le dernier degré du malheur de notre âme : jusqu'ici vous l'avez *vu abusée, trompée, séduite.* » — Et Bossuet, dans l'Or. fun. de la reine d'Angleterre : « Combien de fois a-t-elle en ce lieu remercié Dieu humblement de deux grandes grâces : l'une de l'avoir *fait chrétienne ;* l'autre, messieurs, qu'attendez-vous ?... C'est de l'avoir *fait reine malheureuse.* » Quatre lignes plus loin il rentre dans la règle ordinaire : « Que ses douleurs l'*ont rendue savante* dans la science de l'Evangile. » Les Pensées de Pascal nous présentent ce passage : « Moïse ne vous a point *tiré* de captivité et ne vous a pas *rendu* véritablement libres. » Le second participe est justifié par Vaugelas et le premier peut-être par « attraction » comme dit la grammaire.

[1] Ce tour est fort ordinaire aux poëtes de la première moitié du XVIIme siècle :

> A quel front orgueilleux *n'a l'audace ravie*
> Le nombre des lauriers qu'il a déjà plantés. —
> Quiconque de plaisir *a son ame assouvie*
>   MALHERBE.

> Et bien qu'elle (la fortune) ne *m'ait sa faveur départie.*
>   RÉGNIER.

Le participe est rendu déclinable même dans les verbes neutres fléchis avec l'auxiliaire *avoir* : « Bien que la redite d'une mesme chose *ait accoutumée* d'estre ennuyeuse.. » O. de Serres.

Nous réunissons ici, sans réflexions, quelques cas particuliers, dont les élèves pourront se rendre compte.

« Voir des grands qui *se fussent voulus* entremanger. » Montluc. — « La ville *se fust* bien *peue* esmouvoir. » Chr. de Pis. — « Au temps que je les (ses chausses) *avois faites faire.* » Montluc. — « Ils se sont *reservez* un merveilleux advantage au combat. » Montaigne. — « *Veuë* sa nature. » Comines. — Il écrit aussi : « *Veu* la grande obéissance. » — « Il fist semblablement à maint de ses citoyens et autres *esté* ses adversaires, retournez à mercis. » Chr. de Pis.

§ 97. — *Participe passé absolu,* semblable à l'ablatif absolu latin. « Brennus, *ceste demande ouye,* se prit à rire. » Amyot. — « En estants assiégés tout court furent un jour et une nuict sans boire et sans manger, *la plus part de leurs bestes mortes.* » Montaigne. — « *Finis les dits huit jours* elle fait venir en sa chambre ledit Julio. » Brantôme.

Orthographe. — Remarquons, pour terminer, une singularité d'orthographe : au XIV⁰ siècle, le participe passé masculin en *é,* reçoit quelquefois au singulier un *s* ou un *z* final : « Il en seroit *parlez* en honneur. » — « Le conte d'Artois qui leur affaire avoit bien *regardez.* » — « Sire, vous n'y fussiez *entrés.* » Chr. de Pis.

§ 98. — Une particularité de la flexion des verbes dans l'ancienne langue, c'est que le *t* euphonique, destiné à empêcher l'hiatus entre la troisième personne du singulier terminée par une voyelle et le pronom personnel, est à peu près inconnu. On le découvre bien rarement, comme dans cette interrogation de Mon-

Et ceux qui par le fer *ont ma perte jurée.* RACAN.

Aussitôt que ma femme *eut sa vie expirée. Id.*

Mon père est mort, Elvire, et la première épée
Dont s'est armé Rodrigue *a sa trame coupée.* CORN. *Cid.*

Aucun étonnement n'*a leur gloire flétrie. Id. Hor.*

Un homme dont l'épée
De toute ma famille *a la trame coupée. Ib.*

Le seul amour de Rome *a sa main animée. Ib.*

taigne : « N'adresse-t-elle pas? » Devant *on*, *l'* le remplace : « Et
les recouvre *l'*on. » Ordinairement l'hiatus subsite en plein dans
l'orthographe. « Reprendra-il, » écrit O. de Serres, et Montaigne : « Aussi-a-elle. Encore-l'a-elle rangée. Encore nous trom-
pera-elle. A peine sera-elle propre à juger. Semble-il pas? Des-
couvre-il pas? »

PRÉPOSITIONS.

§ 99.   AVANT, DEVANT

régissant un infinitif, 1°, et c'est la manière la plus ancienne,
précède seul l'infinitif : « Avant monter; Avant vous en venir;
Avant passer outre. » Montaigne. — « Avant mourir. » Brantôme.
— 2° Avant que : « *Avant que* sortir. » — « *Avant que tomber* en
ceste calamiteuse fortune. » Du Vair. — 3° Avant que de : « *Avant
que de* mourir* !. »

DE

devant un substantif ou un infinitif, où nous préférons *à*. « En
butte *de* tant d'offenses. » Montaigne. — « Qu'est-il *de* faire? »
(Qu'y a-t-il à faire?) Rabel. — « Apprendre *de* policer notre maison. » — « Condamner *d'*estre pendu. »

Au lieu de *par*, marquant la cause : « Pour complaire à ce fils,
que *d'*affection, *de* debvoir, *d'*espérance et *de* crainte elle idolas-
trait. » Marg. de Val.

Au lieu de *pour* devant un infinitif : « Le duc ne vouloit pas
estre noté en son jugement, *d'*avoir départi les champions à l'a-
vantage de l'estranger. »

L'ancien français affectionne la construction d'un substantif uni
à un infinitif par *de* : « Le remède *de* la soustenir » (une maison
qui tombe en ruine). — « L'amère poincture *de* souffrir. »

Le *de*, qui nous sert à lier un substantif, un adjectif ou un verbe
avec un infinitif suivant, est souvent supprimé : « N'est mie sans

1 Les deux dernières manières étaient celles du XVIIme siècle. *Avant qu'aimer* se voit dans Destouches, au XVIIIme. *Avant de* est la locution la plus moderne.

grant peril (-) donner auctorité de seigneurie à enfant. » Artois.
— « Et est l'effet d'une haute ame et bien forte (-) sçavoir condescendre à ces allures puériles. » Mont. — « Les Suisses offroient (-)
rendre ce qu'ils avoient pris. » Comines. — « Force me est (-) te
rappeler. » Rabel. — « Il dict n'estre mon estat (-) suivre les courts
de gros seigneurs. » Id. — « Sans cesser (-) abattre chevaliers, (-)
fendre heaulmes, (-) percer escus. » Artois. — « Il commanda (-)
le traiter à la fourche. » Rabel. — « La bergiere les advertit (-)
cribler avoyne hault en l'aer. » Id. — « En vous congratulant (-)
vous entretenir en ce bon couraige. » Calvin. — « Je fus contrainct
me desrober de luy. » Montaigne. — « Il me suffit sous la faveur
de la fortune (-) me preparer à sa défaveur. » Id. — « Il faut
qu'il tasche (-) se conformer à leur humeur. » Montl. « Ils estoient contraincts (-) se haster. » Comines. — « Délibéra (-) ne me
mesler d'autre chose. » Montaigne. [1]

§ 100.   PENDANT

placé après son régime, semble un participe absolu : « Le siège
pendant. » Froiss.

POUR

séparé de l'infinitif régime, comme en style de Palais : « Rechercher la douleur *pour*, par le tourment de cette vie, en *acquerir* la
beatitude d'une autre. » Montaigne. — « Ils se sont seulement re-
culez pour mieux sauter et *pour* d'un plus fort mouvement *faire*
une plus vive faussée dans la troupe. » Id. — « Escrivans à leurs
amis, *pour*, du maniement des affaires et des grandeurs, les *retirer* à la solitude. » Id. — « Diodorus le dialecticien mourut sur
le champ, et pris d'une extrême passion de honte, *pour* en son
escole et en public ne se *pouvoir* desvelopper d'un argument
qu'on luy avoit faict. — Ce seroit injustice de luy (à l'âme) avoir

---

[1] La suppression de ce *de* est fréquente dans Régnier :

Au moins je le supplie
(-) Sçavoir que le bon vin ne peut estre sans lie.

On la remarque encore chez Corneille :

Qu'il sera dangereux (-) rencontrer sa colère. *S. du Ment.*

C'est plutôt quelque ivrogne ou quelque autre sottise
Qui ne meritoit pas (-) rompre votre entretien. *Ib.*

retranché ses moyens et ses puissances, de l'avoir désarmée, *pour*, du temps de sa captivité et de sa prison, de sa foiblesse et maladie, du temps où elle auroit esté forcée et contrainte, *tirer* le jugement et une condamnation de durée infinie et perpétuelle. » Id.

AU TRAVERS.

Nous disons *à travers*, avec le régime direct, et *au travers de*. Autrefois *au travers* se mettait aussi avec le régime direct : « Au travers tous les deux. » Montaigne.

Préposition avec deux régimes d'espèce différente (substantif et verbe).

« *Après la conqueste* de Lille en Gascogne, *et que* le comte Derby y eust laissé gens d'armes et archers. » Froiss.

Préposition non répetée.

§ 102. — Rien n'est plus ordinaire dans notre ancienne langue, qu'une préposition non répétée devant un second régime, ou même devant plusieurs régimes consécutifs, substantifs ou infinitifs : « Après le congié prins *au* roy de France et (-) tous les princes de sa court. » Artois. — « Quelle autre œuvre pourroit estre plus digne *de* louange et (-) religion ? » Gerson. — « Du temps de Ciceron (-), César et (-) Saluste. » Pasquier. — « Une promptitude de langue non commune à l'Angevin et (-) Manceau. » Id. — « Ils escrivoient qui *en* Picard, qui (-) Champenois, qui (-) Provençal, qui (-) Tholozain. » Id. — « Pour nous parer de leur (des animaux) beauté, et nous cacher sous leur dépouille *de* laine, (-) plume, (-) poil, (-) soye. » Montaigne. — « D'avoir attribué la divinité non seulement *à* la foy, *à* la vertu, *à* l'honneur, (-) concorde, (-) liberté, (-) victoire, (-) piété : mais aussi *à* la volupté, (-) fraude, (-) mort, (-) envie, (-) vieillesse, (-) misère : *à* la peur, *à* la fièvre, et *à* la male fortune, et (-) autres injures de nostre vie fresle et caduque. » Id.

« Il fut conseillé *de* ne pas respondre, ains (-) demander son renvoy par devant d'autres juges. » — « Elle prist résolution *de* se joindre à la Royne et (-) se conformer à sa volonté. . . Quant aux discours de la Philosophie, ils ont accoustumé *d'*esgayer et resjouïr ceux qui les traitent, non (-) les renfroygner et contrister. » Montaigne [1].

La suppression de la préposition a lieu même quand les régimes ne sont pas entièrement semblables, par exemple quand l'un est précédé de l'article, et l'autre pas, ou qu'ils n'appartiennent pas à la même classe de mots : « Cela fut confirmé tant *par tesmoignages* de l'Escripture que (-) *les exemples* de l'Eglise ancienne. » Calvin. — « *Pour* l'amour du Roy et (-) luy tenir compagnie. » Froiss.

[1] Cet usage passa du XVIme siècle au XVIIme avec Malherbe et Régnier. Deux citations seulement de celui-ci :

> Apprenons *à* mentir, (-) nos propos desguiser,
> À trahir nos amis (-) nos ennemis baiser,
> (-) Faire la cour aux grands et dans leurs antichambres
> Le chapeau dans la main nous tenir sur nos membres,
> Sans oser ny cracher, ny tousser, ny s'asseoir,
> Et nous couchant au jour (-) leur donner le bon soir. *S.* IV.

> Un chacun a son vice ;
> Le mien est *d*'être libre et (-) ne rien admirer,
> (-) Tirer le bien du mal lorsqu'il peut s'en tirer ,
> Sinon (-) adoucir tout par une indifférence,
> Et (-) vaincre le malheur avec la patience ;
> (-) Estimer peu de gens, (-) suivre mon ver coquin,
> Et (-) mettre a même taux le noble et le coquin.   *S.* XV.

Corneille suivit les errements de la langue, telle qu'il la trouva chez les poëtes

> Que je tâche *de* vaincre un indigne courroux
> Et (-) vous donner pour lui l'amour qu'il a pour vous.   *Cinna.*

> Nous aurons la gloire
> *D*'achever de César ou (-) troubler la victoire.   *Pomp.*

> Mais c'est une imprudence assez commune aux rois
> *D*'écouter trop d'avis et (-) se tromper au choix.   *Ib.*

Les prosateurs usaient de la même liberté. Ménage blâme, il est vrai, d'Ablancourt d'avoir écrit : « Ils sont riches *en* gros et (-) menu bétail. « Il falloit, dit-il, » *en* gros et *en* menu bétail. Cependant Bossuet écrit : « Il étoit bon aussi *de* prévenir le scandale de la croix et (-) faire voir que. . . La gloire *de* ne prier et (-) ne gémir que pour les autres. » Les grammairiens censuraient alors déjà, comme depuis, toutes ces suppressions si longtemps permises; ils n'empêchèrent par La Bruyère de dire: « Je cherche par la connoissance de la vérité, *à* régler mon esprit et (-) devenir meilleur. »

CONJONCTIONS.

QUE.

§ 103. — Cette conjonction forme le lien entre la proposition subordonnée et la proposition dont celle-ci dépend. Il arrive souvent
qu'entre *que* et le verbe se place une incise exprimant une condition, un motif, une restriction, une circonstance quelconque. Dans
ce cas, l'ancien français répète le *que* après l'incise, sans doute dans
l'intérêt de la clarté plus que de l'élégance. « Les physiciens (médecins) luy dirent *que*, s'il ne mangeoit pas, *qu'*il estoit mort. » Al.
Chartier. — « Je conseillois en Italie à quelqu'un qui estoit en
peine de parler italien, *que* pourveu qu'il ne cherchast qu'à se
faire entendre, sans y vouloir autrement exceller, *qu'*il employast
seulement les premiers mots qui luy viendroyent à la bouche... »
Montaigne. — « Il nous faut avoir esperance *que* cependant que
nos corps dorment en terre, *que* nos ames vivent avec luy. »
Calv. — « Et croy bien *que* si le Roy eust voulu, *qu'*elles y eussent
été. » Brant. — « Je vous prie *que* si je meurs, *que* vous vous
monstriez amy de ma femme et de mes deux filles. » Montl.

Lorsque entre une proposition subordonnée dont la conjonction
que fait partie, et une proposition précédente, il y a comparaison, le lien comparatif est formé par une autre particule *que*. Les
deux se rendent en latin par *quam ut*, en allemand par *als dass*,
en anglais par *than that*. En français la logique exigerait, mais
l'oreille repousse *que que*[1]. Nous évitons cette répétition en choi-
sissant une autre tournure. Nos pères se tiraient d'embarras en
supprimant le second *que*. « Ils avoient plus cher à mourir *que*
(-) fuite vilaine leur fust reprochée. » Froiss. — « Lors commanda le pallefrenier que plus toust les chevaux n'eussent de huit
jours avoyne *que* (-) l'asne n'en eust tout son saoul. » Rabel.[2]

---

[1] *Que que* était admis au XIIIme siècle et signifiait *pendant que, tandis que*.
[2] Ce tour subsistait encore au XVIIme siècle :

> J'aimerois mieux être un peu plus tard à toi
> *Que* (-) tes justes devoirs manquassent vers ton roi.   Corn. *Clit.*
> Plutôt, plutôt la mort, *que* (-) mon esprit jaloux

§ 104. — Il serait difficile de justifier ou même d'expliquer toujours la présence ou l'absence de *ne* dans une proposition subordonnée. Quelquefois il semble être une simple copule entre deux propositions, à moins qu'on ne pense motiver l'emploi de la conjonction comme annonçant la possibilité d'une incertitude; par exemple : « Il luy tardoit bien qu'il *ne* fust jà à cheval. » Comines. — « Il ne faut pas ignorer que le duc *n'*aimast cordialement le dit messire Jacques. » O. de la Marche. Ou encore lorsque la forme de la proposition principale est négative : « Si ne pourroit-on reprocher au roy d'Espagne qu'il *n'*aye grandement aymé la guerre. » (Le sens de ces paroles, déterminé par l'ensemble, est : « Et pourtant on ne saurait faire au roi d'Espagne un reproche de ce qu'il a aimé la guerre.)

Ne souvent supprimé.

1° Après *craindre*, etc. : « Il craignoit qu'il (-) fust veu de guères de gens. » Comines. — « Craignant qu'il (-) se guastast. » Rabel. — « Je crains que l'absence (-) m'y nuise. » Marg. de Val. — « J'ay peur que cestuy (-) soit devenu fol. » Larivey [1].

> Forme des sentiments si peu dignes de vous,   Id. *Nic.*
>
> J'aimerois mieux souffrir la peine la plus dure
> *Qu'il* (-) eût reçu pour moi la moindre égratignure.   Mol. *Tartufe.*

[1] *Après craindre, avoir peur, de peur que*, Régnier supprime souvent *ne*, Corneille et Molière quelquefois.

> Tant *je craignais qu'il* (-) eust
> Quelque procès-verbal qu'entendre il me fallust.   Régnier.
>
> Lui, dis-je, qui *craignoit que*, faute d'autre proye,
> *La beste* (-) *l'attaquast*, ses ruses il employe.   Id.
>
> Mais *j'ay* grand peur enfin que l'amour (-) *soit* plus forte. Id. II.
>
> *De peur qu'*en les joignant *quelqu'une* (-) *eust* l'avantage
> Avec un bel esprit, d'avoir un beau visage.   Id.
>
> *Je crains* à tout moment *qu'on* (-) *me surprenne ici.*   Corn.
>
> *De peur qu'*encore un coup *Philiste* (-) *me devance.*   Id.
>
> Mais hélas ! *je crains* bien *que j'*(-)*y perde* mes soins.   Mol.

« Peut-on *craindre que* des choses si généralement détestées (-) *fassent* quelque impression dans les esprits? » Id.

> *De peur que* ma présence encor (-) *soit* criminelle.

Quand il est à craindre qu'une chose n'arrive pas, nous mettons *ne... pas*. Anciennement on se contentait de *ne*. « Je crains que le Roy, mon père, courageux comme il est, *ne s'amuse toujours* à la chasse, mais devenant ambitieux (-) veuille changer celle des bestes à celle des hommes. » Marg. d. Val.

2° Avec un mot négatif : « *Nulle* qualité (-) nous embrasse purement et universellement. » Montaigne. — « *Nulle* accointance ou communication de chose estrangere (-) y trouve place. » Id. — *Ny* le bled, *ny* le vin (-) se voit, *ny* aucun de nos animaux en ce nouveau coin du monde. » Id.

3° Dans l'interrogation de forme négative : « Epicurus (-) opposeroit-il *pas* cela à Platon avec grande apparence de l'humaine raison? » Id. — « (-) Voilà *pas* une forme de parler certaine? » Id. — « (-) Voilà *pas* un taire parlier? » Id. — « Le plus hault (-) est-il *pas* tousjours le plus digne[1]? »

---

[1] Tour fort ordinaire dans les écrivains classiques.

> Mais quoy? *tant de malheurs* (-) *te suffisent-ils pas?* RÉGNIER.

> (-) *Avez vous point* sur vous quelque chanson nouvelle? Id.

> (-) *Voy-je pas* vos bontés à mon aide paroistre? MALH.

> Les feux du firmament (-) *sont-ce pas* des oracles
> Dont le silence parle et s'entend par les yeux? RACAN.

> (-) *Dois-je pas* à mon père avant qu'à ma maîtresse? CORN.

> (-) *T'ai-je pas* là-dessus ouvert cent fois mon cœur?
> Et (-) *sais-tu pas* pour lui jusqu'où va mon ardeur? MOLIÈRE.

> (-) *Sais-je pas* que Taxile est une ame incertaine?
> Que l'amour le retient quand la crainte l'entraîne?
> (-) *Sais-je pas* que sans moi sa timide valeur
> Succomberait bientôt aux ruses de sa sœur? RAC. *Alex.*

> Mais de quoi s'agit-il? (-) *Suis-je pas* fils de maître? Id. *Plaid.*

> Hé bien! (-) *l'ai-je pas dit?* Ib.

« (-) *Est-il pas* très-juste que le pécheur souffre et que le crime ne demeure pas impuni? et la justice *n'est-ce pas* un grand bien? » Bossuet, Serm. — « (-) *Avez-vous pas* connu Jésus-Christ comme médecin des infirmes? » Ib. — Ses miracles (-) *devoient-ils pas* faire taire les bouches les plus médisantes? » Ib.

Après cela, après cent autres exemples de ces auteurs et de leurs contemporains, il semble étonnant que M. Augier, dans une note sur les *Précieuses ridi-*

Il en est naturellement de même des propositions subordonnées de forme négative exprimant une interrogation indirecte ou un doute, comme dans ces vers de Régnier :

> Et lui demanda-t-il *s'il* (-) *s'estoit point* blessé. —
>   Afin qu'il se puisse sçavoir
> *Si le goût (-) dément point* ce que l'œil en peut voir.

NI OU NE.

§ 105. — *Ne*, synonyme de *ni*, était une conjonction négative ou disjonctive. Dans l'un et l'autre cas, elle était d'un usage plus étendu que notre *ni*. Elle servait non-seulement pour la négation et la disjonction proprement dites, mais encore lorsqu'une demi-négation était implicitement renfermée dans l'idée d'empêchement, d'obstacle, de difficulté, ou dans le doute, par conséquent aussi après une interrogation, ou quand elle se rapportait à une phrase négative, sans qu'elle-même exprimât une négation.

« La dame requist conseil quelle chose elle en pourroit faire, *ni* où se traire à garant, *ni* à conseil. » Froiss. — « Quoiqu'ils feussent ainsi priés *ne* requis d'arrester, ils n'en firent compte. »

---

cules, sc. v, *vous avois-je pas commandé?*... ait écrit : « Molière, contraint par la mesure, a quelquefois retranché le *ne*, partie essentielle de la négation ; mais cette suppression qui est une licence en poésie, est une faute en prose, où rien ne la motive. Il est vrai qu'on se la permet souvent dans la négligence du langage familier. Peut-être a-t-il cru par là imiter avec plus de vérité le style de la conversation. » Des académiciens plus récents n'ont pas méconnu ainsi la langue de leurs pères. M. Victor Hugo :

>   C'est une femme, *est-ce pas*
> Qu'attendait ta maîtresse?

> Quoi donc ! *vous prit-il pas* l'autre jour un baiser?

M. Alfred de Musset :

> Par fatigue du moins *t'arrêteras-tu pas ?*

>   La source sanglante
> Où Paris baptisa sa liberté naissante,
> *La sens-tu pas* encor qui coule dans ton sein?

« Tu as de singulières idées sur l'éducation des femmes. *Voudrais-tu pas* qu'on les suivît ? » — Et M. Emile Augier :

> De bonne foi, Madame, *est-ce pas* mon devoir? etc.

Id. — » Le tuez sans deport (délai), comme grand *ni* comme haut qu'il soit. » Id — « Adonc estoit le royaume de France gras, plein et dru, *ni* on n'y savoit parler de nulle guerre. » Id. — « Si fist le roy Philippe le plus bel appareil qui oncques eust esté fait pour aller outre mer *ni* du temps de Godefroy de Bouillon *ni* d'autre. » Id. — « Grand foison y survinrent pour voir ceux de Calais, *ni* comment ils fineroient. » Id. — « Où iras-tu, *ne* quel seur retrait as-tu advisé ? »

Après le superlatif, *ni* semble rendre l'idée qu'il n'y a rien au-dessus : « La plus grand grace qu'ils pourront trouver *ni* avoir. » Froiss. — « Quant à la nourriture des enfants, qu'il estimoit estre la plus belle et la plus grande chose que scauroit establir *ni* introduire un réformateur de loix. » Amyot.

Enfin, *ne*, *ni* sert de copule ordinaire comme *et*. « L'autre chose est pour donner à entendre comment *ne* par quelle maniere je vein. » O. d. l. Marche.

Conjonction non répétée.

§ 106. — Comme la préposition (§ 99), la conjonction ou particule conjonctive, qui devrait se répéter dans un second membre de phrase, ne se répète pas : « *S*'il vous plaisait et (–) me voulussiez prester six ou sept cents armeures. » Froiss. — « Ils *ne* pouvoient ni (–) devoient fuir. » Id [1].

ADVERBES.

Négations [2].

§ 107. — *Non*, le véritable adverbe négatif, se joignait autrefois aux verbes. Il a été remplacé dans cette dernière fonction

[1]   Madame, il faut garder que quelqu'un *ne* nous voie
Et du palais du roi (–) découvre notre joie.   CORN. *Med.*

Elle *n*'ôte à pas un ni (–) donne l'espérance.   Id. *Cid.*

[2] La théorie de la négation française est l'objet d'un chapitre spécial de la Grammaire romane de M. Diez : III *Abschn. Kap.* 2; 1. *u* 2. *Ausg.* — Comme pour le reste, nous nous bornons ici à marquer les différences essentielles entre le vieux français et le français moderne.

par *ne*, devenu la véritable négation française; on lui a donné pour appui ou complément d'anciens substantifs ou monosyllabes qui l'accompagnent ordinairement : *pas, point, rien, mie*, devenus des adverbes artificiels, comme les appelle M. Génin. L'usage s'est donc établi en français de nier au moyen d'une double négation, surtout *ne pas, ne point*.

Mais dans l'ancienne langue on se contentait, quand on le trouvait bon, avec toute espèce de verbe, de la négation *ne*, et l'on supprimait la seconde. « Je vois que la différence d'âge, *n'*empesche (-) la conformité d'humeurs. » — « Sire, *ne* craignez (-) de nous accorder nostre requeste. » Montluc. — « Il est adverty que les Seize *ne* se contentent. (-) » Sat. Ménip. — « Afin de *ne* me (-) les rendre. » Larivey.

Pour mieux nier, il s'est introduit fautivement dans le langage populaire une triple négation, qu'on ne saurait admettre dans la langue disciplinée et littéraire; elle excite la colère des *Femmes savantes* contre la pauvre Martine, qui trouve que tous leurs biaux dictons *ne servent pas de rien*.

Cette faute, que l'on croit fort ordinaire dans nos anciens auteurs, parce qu'on les juge d'après notre langue et non d'après la leur, y est moins réelle qu'apparente.

1° Certains mots qui pour nous sont négatifs ne l'étaient pas toujours, même au XVIIme siècle : *Aucun* signifiait souvent *quelqu'un, aliquis, alcuno*. *Pas un* et *personne* se disaient également pour *quelqu'un, une personne*. *Rien*, suivant son étymologie *rem*, prenait la signification de *quelque chose* [1].

[1] Au XVIIme siècle : Aucun :

> Je *n'ai point* lieu d'en craindre *aucune* résistance.   CORN.

> *Sans* donner à *pas* un *aucun* lieu de se plaindre.

Pas un :

> *Jamais pas* un de vous *ne* reverra mon onde.
> MALHERBE.

Si *pas un* en maint passage signifie *nul*, en maint passage aussi le sens positif est évident.

> On l'amène et du port nous le voyons venir,
> *Sans* que *pas un* d'entr'eux daigne l'entretenir.
> CORNEILLE.

2° Quand il y a trois mots regardés comme négatifs, le troisième se rapporte ordinairement à un autre verbe que les deux premiers, et c'est là ce qui distingue Molière de Martine, bien qu'on ait prétendu qu'il avait souvent commis la même faute qu'elle.

Une analyse exacte justifiera nos écrivains dans la plupart des cas. « Tu *n'as pas rien* vaincu, sinon toy-mesme. » Al. Chartier. — « Il fait bien à noter que *jamais* Lycurgus *ne* voulut qu'il y eust *pas* une de ces loix mise par escript. » Amyot. — « Je *ne* voy *pas* maintenant *personne* qui oyant parler de Néron, ne tremble mesme au surnom de ce vilain monstre. » La Boëtie.

§ 108. — Dans les comparaisons d'inégalité formées par deux propositions, les anciens écrivains mettent comme nous *ne* à la seconde, à moins que la première ne soit négative ou interroga-

> Ils combattront plutôt et l'une et l'autre armée.
> Et mourront par les mains qui leur font d'autres lois
> Que *pas un* d'eux renonce aux honneurs d'un tel choix.   Id.

Remarquez qu'ensuite de ce sens affirmatif le verbe *renoncer* n'est pas accompagné de la négation *ne*. Dans l'*Epître dédic. de don Sanche* Corneille écrit de même : « Il avait conçu de la passion pour toutes deux sans oser prétendre à *pas une*, se croyant si fort indigne d'elle. » — Et Mme Périer, dans la *Vie de Pascal* : « On prenait son avis sur tout avec autant de soin que de *pas un des autres*.

> Si j'en connais *pas un* je veux être étranglé.
> RACINE, *Plaid.*

Personne :

> Je *ne* voudrois *pas* conseiller à *personne* de la tirer en exemple.
> CORNEILLE, *Pr. d'Héraclius.*

Rien :

> Albert *n'est pas* un homme à vous *refuser rien*.   MOL.

> Nous *n'avons pas* envie aussi de *rien* savoir.   Id.

> Pour *ne pas* consentir à *rien* prendre de vous.   Id.

« Il *ne faut pas* qu'il *sache rien* de tout ceci. » Id. — « *Ne* faites *point* semblant de *rien*. » Id. — Dans ce dernier exemple, dit M. Génin, *rien* est visiblement un substantif au génitif, gouverné par un substantif qui le précède, *semblant* : « *Ne* faites pas semblant de quelque chose, ou qu'il y ait quelque chose. »

> On *ne veut pas rien faire* ici qui vous déplaise.
> RACINE, *Plaid.*

tive [1]. Mais souvent à ce *ne* ils joignaient *pas* : « Il eust fait plus faveur au duc de Lorraine *qu'il ne faisoit pas.* » Comines. — « Quant à l'amitié, elles l'ont (les bestes) sans comparaison plus vive et plus constante *que n'ont pas* les hommes. » Montaigne [2].

Ou bien *ne* se supprime et l'autre négation reste : « L'animal le plus aisé à tourner qui soit *point.* » Amyot.

Adverbes de quantité.

§ 109. — Ils peuvent se lier immédiatement et sans *de* au substantif ou à l'adjectif qu'ils régissent. « Beaucoup gens. » Comines. — « L'Anglois avoit assez puissance et beaucoup hardement et courage. » O. de la Marche. — « Vistez-vous jamais rien si rabaissé, si changé, si confus ? » Montaigne.

§ 110. — L'adverbe *tout* devant un adjectif se change souvent en adjectif : « *Tous* petits que nous sommes. » Amyot. — On le voit écrit de cette manière, même devant un autre adverbe : « *Tous* ainsi comme. » Chr. de Pis.

CHAPITRE IV.

STYLE.

§ 111. — Le mot *style* exprime une matière générale et vaste que nous ne sommes point appelé à traiter. Nous n'avons à parler ni de ces mérites dus aux qualités les plus brillantes de l'esprit, en tout pays et à toutes les époques, ni de ces mérites individuels qui pro-

---

[1] Exemple de l'exacte observation de cette règle restrictive : Amyot, parlant des filles spartiates : « *Il ne* leur *estoit pas* moins bien séant de s'exercer à la prouësse, et estriver entre elles à qui emporterait le prix *qu'il est* aux hommes. »

[2] Ah ! vous avez plus faim que vous *ne* pensez *pas.*
MOLIÈRE.

Tu juges mes desseins autres qu'ils *ne* sont *pas.*
CORNEILLE.

cèdent du talent de chaque écrivain. Nous devons moins considérer, malgré leur parenté, les qualités littéraires que les qualités grammaticales. Il ne sera même question que de deux traits, qui impriment à notre vieille langue un cachet distinctif : *l'inversion* et la *concision*.

INVERSION.

§ 112. — La langue française est peut-être de toutes les langues d'une riche culture celle où l'ordre des mots est le plus exactement déterminé par la logique et par le besoin de marcher droit au but. Ce qui s'écarte de cet ordre s'appelle *inversion*. Anciennement les écrivains jouissaient à cet égard de plus de liberté : ils déterminaient l'ordre d'une phrase au gré du caractère de la pensée. Au XIVme siècle, les inversions étaient habituelles. Elles diminuent à mesure qu'on avance vers le XVIIme. Faisons-les connaître par un nombre d'exemples suffisant pour caractériser la vieille langue.

Substantif ou pronom régime direct avant le verbe : « Jean le Bel qui grand cure et toute bonne diligence mist en cette affaire.» Froiss. — « Pour ton nobles cœurs encourager. » Id. — «Pour vérité dire. » Id. — « Pour les périls esloigner où ils estoient. » Id. — « Grand dépit en eurent. » Id. — « Il rapporta qu'ils avoient bien mort desservie » (méritée). Id. — « Les chaisnes qui le pont tenoient. » Id. — « Il fit sa bannière mener. » Id. — « Il sembloit qu'il deust son sens perdre. » — « Pour la ruine eschever. » Al. Chartier. — « Sans effroy faire. » Id. — « Ce bien lui apprint adversité. » Comines. — « Cette imagination leur donnoit l'obscurité du temps. » Id. — « Protestions voix quelconques n'entendre. » Rabel. — « Grangousier lequel voyant. » Id. — « Ceci ay-je reconnu de mes yeux. » Montaigne. (Chez lui les inversions deviennent rares.)

Substantif ou pronom régime indirect avant le verbe ou le nom qui le régit. « De plusieurs et belles avenues il en fut chef et cause et des rois moult prochain. » Froiss. — « Ceux qui par prouesse y travaillent. » Id. — « Par plaisance qui tondis m'a *à ce* incliné. » Id. — « Aux dictes besoignes traire a fin moult aydierent les communes du pays. » — « Les choses qui de leur mesme condition sont plus à mespriser que par vices d'autruy à priser, tu loues et exauces. » Al. Chart. — « Nous qui sommes à terre couchez. » Montaigne. — « A ce prince mesme qui le vid sur ses derniers traits (à sa dernière heure) il fit une instante supplication. » Id. — « Mon regret est plustot par le temps augmenté que diminué. » — « Je me suis en devoir mis. » — « Il est au plaisir, qu'il ne peut honnestement recevoir, tout ouvert et dissolu; et au tort et à la douleur, qu'il ne peut honnestement souffrir, insensible. » La Boëtie.

Infinitif régime avant le verbe : « Ceux qui parler en oyoient. » Froiss. — « Seigneurs qui bien aider vous pourroient. » Id.

Participe avant son auxiliaire. — « Si requis et examinés en estoient. » Froiss. — « Les grands faits d'armes qui avenus en sont. » Id. — « Ce que brisé et rompu estoit. » Id. — « Les enfants que vus n'avoit. » Id. — « La haute entreprise que faite avoient. » — « Ainsi que commandé l'avoit. » Id. — « Si veu l'avez. » Rabel.

Participe présent au commencement de la phrase immédiatement avant le sujet avec lequel il s'accorde. « Sonnant ce mot mal à la bouche. » Rab. — « N'estant pas leur pays suffisant pour nourrir leur multitude. » Amyot. — « Ayans les Romains repris courage. » Id. — « Ne se présentans occasion de le faire. » Montaigne.

Adverbe avant le verbe. « Les seigneurs qui là estoient. » Froiss. — « Son frere qui encore vivoit. » Id. — « Qui si puissamment a regné. » Id. — « Plusieurs autres qui honorablement l'amenerent en la cité de Paris. » Id. — « De nuit entra en une nef. » Id. — « Pour plus fort te encourager. » Rabel.

L'adverbe, et parfois la conjonction au commencement d'une proposition fait placer le verbe avant le sujet. « Puis se retrairent les Gascons sagement. » Froiss. — « Tant chevaucherent les Anglois qu'ils vinrent devant le chastel. » Id. — « Adonc se retrairent les Anglois tous merencolieux. » Id. — « Et puis fist la reine ramener messire Huc. » Id. — « Si luy fist leur venue grant joye. » — « Petit y gagnèrent. » — — « Et pourtant évita religieusement Epicurus d'en alleguer en ses escrits. » Montaigne. — « Si sont aucuns des nostres tombés en pareille erreur. » Id. — « Ainsi

eslance nostre ame ses pointes diversement et imperceptible-
ment. » Id.

La conjonction *et* unissant deux propositions fait souvent mettre, dans la seconde, le verbe avant le sujet, construction ordinaire en allemand. « Et ne voulut nul repondre premier. » Froiss. — « Son beau visage en fait foy et diroit-on que. » Amyot.

Le sujet se plaçait après le verbe au gré du sentiment de l'auteur, comme en latin : « Adjoustoyent aucuns, que ces mesmes ames remontent au ciel par fois, et en dévallent encores. » Montaigne.

Dans l'interrogation c'est l'ordre naturel ; mais il y a cette différence que nous mettons aujourd'hui le substantif, puis le verbe, suivi du pronom personnel représentant le sujet, tandis que l'ancienne langue avait le privilége de mettre le substantif sujet après le verbe, et de se passer du pronom. « Sur quel fondement de leur justice peuvent les Dieux recognoistre et récompenser les actions vertueuses. » Montaigne.

L'attribut, enfin, suivant l'effet qu'il doit produire, se place au commencement de la phrase, ou se rapproche du verbe, du nom ou pronom, au gré du sentiment de l'écrivain : « Vray est que....» — « Comme débiles sont les armes au dehors. » — « Confessons ingénuement que Dieu seul nous l'a dict, et la foy : car *leçon n'est-ce pas* de nature et de nostre raison? » Montaigne. — « J'ay *soigneuse* entretenu les neux de ses liens cruels. » Marg. de Val.— « C'est ce qui me fait *plus patiente* supporter mes malheurs. » Ead.

CONCISION.

§ 113. — La concision ou la brièveté de l'expression, conforme à la vivacité de l'esprit français, fut, dès l'origine, un des mérites de nos écrivains en vers et en prose. Les poëtes, même quand ils laissaient leurs pensées couler avec surabondance et reproduisaient plusieurs fois de suite la même idée, la rendaient chaque fois en serrant l'expression. Ils alliaient deux choses contradictoires en apparence, la prolixité du fond et la concision de la forme. Cette alliance était un des caractères des fabliaux. Parmi les prosateurs, la concision est un mérite de Villehardouin; elle nous surprend parfois et toujours nous charme dans l'abandon de Joinville et dans la richesse de Froissart ; chez Comines elle est l'image de son esprit. Mais c'est dans le XVIme siècle surtout que le génie français, ayant pris à l'école des anciens une plus vive conscience de lui-même, affectionna la brièveté féconde, qu'il tira du fond de sa langue native, ou de celle des Romains par une imitation sans servilité. En ce point, comme dans toutes les autres parties du langage, Amyot, quand il le veut au milieu de son abondance, et surtout Montaigne, sont restés nos maîtres et nos modèles. Ils nous ont fait voir, mieux que personne, que parmi les élégances de la diction, il n'y en a pas de supérieure à ces traits incisifs qui frappent l'esprit d'une plus vive secousse.

Nous avons fait connaître dans cet essai de grammaire quelques moyens de concision qu'offrait le génie de notre ancienne langue : les suppressions d'articles, de pronoms personnels, de prépositions, de négations ; le remplacement de pronoms par des adverbes, l'usage varié de l'infinitif, les participes absolus, même certaines inversions. Les mots de *marotisme* et *marotique*, créés au XVIIIme siècle pour désigner le style des imitateurs de Marot, restreignent à un poëte ce qui appartenait à l'ancien idiome et lui donnait un charme de vivacité, innocent de la lourdeur des imitations. Les mêmes tours vifs et brefs se rencontrent dans la prose de Calvin aussi bien que dans les vers de l'*élégant badinage*.

La vivacité nationale, qui a suggéré certaines formes de langage, s'est imprimée dans un grand nombre *d'expressions* aussi anciennes que la langue ou adoptées à l'exemple des plus fidèles interprètes de son génie : « Vray que. » Pasquier. — « Pis me fait. » Froiss. — « Profiter à vertu. » Id. — « Non ferait mon peuple. » Id. — « Il fait bel. — Faire espaule. — Faire à contre poil. — Il est danger. — Haïr à mort. — Rompre un bois (une lance). — Pour nostre particulier. — Tirer court d'un grain. — Tout revient à une. — Nulles nouvelles. » Ces expressions nous sont fournies par Montaigne. « Chacun dans sa chaumière. » Rab. et Mont.

Nous n'énumérerons pas des traits de concision, qui, tout conformes à l'esprit français sont restés pourtant la propriété des auteurs, bien que répétés par d'autres. Dans Froissart : « La bataille est en son feu. — Tout ce qu'il veut dire et faire *il l'est*. » — Dans Montaigne : « Tout empenné (tout d'une pièce). — La trahison de nos appétits. — Desloger quelqu'un d'une créance. — Surprendre quelqu'un d'ignorance. — Trouver son plus court (le moyen le plus court). » — « Jules-César donna congé aux lois et à la liberté. » La Boëtie.

L'ellipse, dont la critique moderne vante avec raison l'élégante hardiesse dans un vers célèbre d'*Andromaque*, servait merveilleusement à la concision de nos anciens auteurs : « La estoient tant de comtes, de barons et de chevaliers *que sans nombre.* » Froiss. — « Le cuiderent mort, *ce que non.* » Artois. — « Si vous allez avec un visage pasle... quand toute la ville et tous les soldats auroient cœur de lyons, *vous leur ferez venir de moutons.* » Montluc. — « Est-ce à toy de nous gouverner *ou à nous toy?* » Montaigne. — « Les trente tyrans t'ont condamné à mort. *Et Nature eux*, respondit-il. » Id. — « Les bestes nous flattent, nous menassent, nous requièrent; *et nous elles.* » Id. — « Ils se disent toutes choses des yeux. *Quoy des mains?* » Id.

Nous terminerons par quelques réflexions de Marmontel à propos du marotisme. « Depuis que Pascal et Corneille, Racine et Boileau, ont épuré et appauvri la langue de Marot et de Montaigne, quelques-uns de nos poëtes, regrettant la grace naïve des anciens tours qu'elle avoit perdus, l'heureuse liberté de supprimer l'article, une foule de mots injustement bannis par le caprice de l'usage, et quelques inversions faciles qui, sans troubler le sens, rendaient l'expression plus vive et plus piquante, essayèrent, en écrivant dans le genre de Marot, d'imiter jusqu'à son langage. Mais comme, pour manier avec grâce un style naïf il faut être naïf soi-même, et que rien n'est plus rare que la naïveté, La Fontaine est le seul poëte qui ait excellé dans cette imitation...

« Il est à souhaiter qu'on n'abandonne pas ce langage du bon vieux temps; il perpétue le souvenir, et il peut ramener l'usage des anciens tours, qui avoient de la grâce, et des anciens mots, qui, doux à l'oreille, avoient un sens clair et précis. La Bruyère en a réclamé quelques-uns : il y en a un bien plus grand nombre, et l'on feroit un joli dictionnaire de ceux qu'on a eu tort d'abandonner et de laisser vieillir...

« L'ancienne langue françoise était un arbre qu'il fallait émonder, mais qu'on a mutilé impitoyablement[1].

« Le vieux langage, dit Fénelon, se fait regretter quand nous le retrouvons dans Marot, dans Amyot, dans le cardinal d'Ossat, dans les ouvrages les plus enjoués et les plus sérieux ; il avait je ne sais quoi de court, de naïf, de hardi, de vif et de passionné. On a retranché, si je ne me trompe, plus de mots qu'on n'en a introduits. D'ailleurs, je voudrois n'en perdre aucun et en acquérir de nouveaux. Je voudrois autoriser tout terme qui nous manque et qui a un son doux, sans danger d'équivoque[2]. »

En fils bien nés, soyons héritiers respectueux ; usons largement et généreusement de l'héritage de nos pères, mais ne le laissons ni se perdre ni s'amoindrir.

[1] *Eléments de littérature* § *Marotique.*
[2] *Lettre écrite à l'Académie française sur l'éloquence et la poésie,* etc.

LEXIQUE

A

à. Avec. *Etre d'accord à quelqu'un. S'accorder à quelque chose,* y consentir.

à, prép. Avec. *à pou de paroles,* Avec peu de paroles. *Combattre à quelqu'un. à force,* Avec force, en employant la force. *à toute sa route,* Avec toute sa troupe. En ital. *a ragione, avec* raison.

à, prép. Auprès. *Il estoit entré en grand grace à tous les Flamands.* Froissart.

à, prép. Contre. « *Avoir de la hayne à quelqu'un.* » *Se courroucer à eulx. Incliner aux François. Les assaults et les escarmouches qui estoient presque tous les jours à ceux du chastel.* Froiss. *Rebelle à lui.* Id.

à, prép. Dans, etc. *Au faict du prince,* Dans l'action, par l'action du prince.

à, prép. En. *Je mourrai plus à paix.* Froissart.

à. Envers et pour. *Amour filiale au roi, mon père.* Gerson. *Piteux au peuple.* Comines.

à, prép. Par. *à qui commencerai-je? Il se laissoit plus gouverner à d'autres qu'à elle.*

à, prép. Pour. *A quoy feroye plus long conte. Il se presenta à demander ceste charge.* Amyot. *Ils le vouloient avoir à seigneur.* Froiss. *Il avoit à femme la fille messire Hue.* Id. *Ils le couronnerent à roi.* Id.

à, prép. Sur. Répandre les faveurs *aux* autres gentilshommes. Mettre *à* voiture, comme nous disons mettre *à cheval.* Au XVIIme siècle, on trouve des exemples de toutes ces acceptions

dans Régnier, Malherbe, Corneille, Molière, Bossuet.

A, du verbe avoir, souvent pour *Il y a. Avoit,* Il y avait.

Aaisier, aaiser, aiser, aisser, etc., v. a. Mettre à l'aise, soulager, aider, causer du plaisir, satisfaire.

Abominer, v. a. Haïr, détester.

Abordée, s. f. Abord, *de prime abordée,* de prime abord.

Accebute, voy. Hacquebute.

Accoint, adj. Familier, lié avec quelqu'un.

Accointance, s. f. Familiarité, liaison, connaissance, compagnie. *Prendre accointance des uns aux autres.* Se lier, se familiariser les uns avec les autres.

Accoiser, accoysier, achoiser, aquayser, etc., v. a. Adoucir, apaiser, calmer. De *Coi, quies.*

Accomplir, voy. Armes.

Acconsuir, aconcuir, acconcieure, acconsuire, v. a. Suivre de près, atteindre, rejoindre.

Accord, s. m. Parti. *Estre de l'accord de la roine.*

Accorder, v. a. Promettre, s'engager à faire ce qu'un autre demande.

Accorder, v. n. Convenir, tomber d'accord.

Accorder (S') à quelque chose, v. pron. Y consentir.

Accouster, v. a. Écouter.

Accoustumance, s. f. Coutume, habitude.

Accueillir, v. a. Recueillir. *S'accueillir,* v. pron. Se rassembler, se concentrer.

AC

A ce que, loc. adv. et conj. De manière que, afin que.

Acertener, v. a Rendre certain, informer.

Acertes, acertement, adv. Assurément, sérieusement, avec assurance.

Acesmer, assesmer, assemer, etc., v. a. Orner, parer, embellir. On le fait dériver du bas latin *acomare,* peigner les crins des chevaux, étriller.

Acouragé, adj. Courageux.

Addresse, s. f. Direction, avis.

Addresser, adresser, adressier, adrecher, adreter, adercer, etc., v. a. Diriger, dresser, redresser, corriger, faire réussir. *Ad* et *directum.* En bas latin *addretiare, addressare.* Ester à droit, comparaître devant le juge.

Adextré, adj. ou partic. Accompagné ou ayant à sa droite. *Il estoit adextré des deux princes.*

Admendrir, v. a. Amoindrir.

Admiration. *Plein d'admiration.* Digne de toute admiration.

Admiral, s. m. Amiral. En allemand *Admiral.*

Admonnetement, s. m. Admonition, exhortation, avertissement. *Admonere.*

Adoler, adouler, v. a. Affliger, chagriner. — V. n. S'affliger, ressentir de la douleur. *Dolor.*

Adonc, adhonc, adont, adoncques, adv. Alors. *Ad tunc. Jusques adonc,* jusques au moment que...

Adonc, conj. Donc.

Adresse, s. f. Direction, but vers lequel on dirige ses efforts. De *Adressier, adrecer,* etc. Diriger, redresser, parvenir.

Aduleur, s. m. Flatteur. *Adulari.*

Advenir, v. n. Arriver, avoir lieu.

Advenir (S'), v. pron. S'accorder, convenir.

Adventure, s. f. *Par cas d'adventure,* loc. adv. Par hasard.

Adventure. *A l'adventure,* loc. adv. Peut-être.

Advenue, avenue, s. f. Evénement, aventure.

Advis, s. m. Bon conseil, avertissement, prévision.

AF

Advis, s. m. Sentiment, opinion, idée. *Il m'est advis, se m'est advis, ce m'est advis.* Il me semble, je crois, c'est mon opinion. Roquefort dérive *advis* et *adviser* du bas latin *advisare;* Du Cange dérive *advisare* du vieux français *advis;* Hickesius (Gram.theot.) de la préposition latine *ad* et du vieux allemand *wisan,* en kymri *visa,* montrer, instruire. M. Diez le fait venir plus naturellement de *visum, visum mihi fuit;* en vieux italien, *fu viso a me;* en vieux français, *il m'est vis, li est vis.* De là s'est formé le composé italien *avviso,* prov.; en français, *advis, avis.*

Advis de pays, s. m. Bruit public, opinion répandue.

Advisé, adj. Sage, prudent, éclairé.

Advisement, avisement, s. m. Avis, conseil, intelligence.

Adviser, v. a. Faire savoir, délibérer, consulter, avoir égard, avertir.

Adviser (S') **de,** v. pron. Imaginer, concevoir une idée, se rappeler, prendre conseil de.

Advocasser, v. a. Plaider.

Aer, s. m. Air. *Aër.*

Afaiter, afaitier, affaiter, affaicter, etc., v. a. Réparer, entretenir, disposer, arranger, préparer.

Afaitié, adj. Instruit, savant, poli, ajusté.

Affaire, s. m. *Homme de grand affaire,* Homme à grandes affaires, personnage important.

Affectément, adv. D'une manière affectée.

Affecter, v. a. Ne se prend pas seulement dans le sens d'affectation ou de recherche, mais signifie aussi désirer, unir, approprier. *Cela m'est affecté,* Cela m'appartient en propre. *Afectar,* en espagnol, a toutes ces acceptions.

Afferer, aferer, afferir, v. n. Convenir, être convenable, appartenir. *Il affiert,* il convient. *Afferre.*

Affermer, v. a. Affirmer. *Firmus* ayant été changé en *ferme, affermer* était la forme naturelle, comme *affermir.*

Affier, v. a. Confier à la foi de quelqu'un. En bas latin, *affidare* signifiait: 1° Engager sa foi, promettre, et au XIIIme siècle *affier* avait le même sens; 2° Certifier, prouver; 3° Fiancer. En italien, *affidare*, assurer, donner sa foi. Au XVIme siècle, la signification d'*affier* était changée en *confier*.

Affiger, v. a. Afficher. *Affigere*.

Affin, s. m. Parent, allié, voisin. *Affinis*.

Affoler, v. a. et n. très-usité, a plusieurs significations : 1° Blesser le cœur, l'esprit, par une passion, surtout par l'amour, faire perdre la raison; 2° Perdre l'esprit, la raison; 3° Blesser d'une blessure incurable ou qui laisse toujours des marques; estropier; 4° Causer un dommage, détruire, perdre. Voir Ducange, *Glòss.*, in *Affolare*. Selon ce savant, le mot *fol, fou* est d'origine gauloise (celtique); chez les Armoricains, *ffol* signifiait fou, imbécile, idiot.

Affuir, v. n. Fuir.

Affuster, v. a. Mettre à l'affût, viser, mirer.

Afourrager, v. a. Pourvoir de fourrage.

Aggrandir (S'), v. pron. Grandir.

Agmodéré, adj. Modéré. On trouve dans Plaute *admoderari* avec la même signification que *moderari*.

Agu, adj. Aigu, tranchant, incisif. *Acutus*.

Aguillion, s. m. Aiguillon.

Ahan, s. m. Peine, fatigue, respiration violente, tourment. Ce mot est une imitation du bruit d'une respiration précipitée.

Aidier, adier, aister, ayder, etc., v. a. Aider, servir, donner secours. *Aist*, présent du subjonctif: *M'aist diex*, que Dieu m'assiste, m'aide. De même au participe passé. *Adjuvare*.

Aïe, ahie, aye, etc., s. f. Aide, secours. Exclamation de douleur pour demander secours.

Ainçois, conj. Au contraire, aussitôt, avant, mais, plutôt, en attendant.

Ains, conj. Mais. Très-usité jusqu'à la fin du XVIme siècle, même encore quelquefois dans la première moitié du XVIIme.

Ains, prép. et adv. Avant, auparavant.

Ains-né, adj. Aîné.

Ainsin, adv. Ainsi.

Ainsi que, adv. A mesure que, dès que. « Ils les occirent *ainsi qu'*ilz les trouvoient errans çà et là par les champs. » Amyot.

Ainsi que, conj. Lorsque, quand. « Et si estoient les François fort las et travaillés *ainsi qu'*ils venoient. » Froiss.

Ainsi que, conj. Dès que, aussitôt que.

Ainsois que, conj. Aussitôt que, dès que.

Ains que, conj. Avant que.

Aise, *Tout aise*, à plaisir, à son aise.

Alenviron (d'), adv. D'à l'environ, d'alentour.

Allangourir, v. a. Rendre languissant.

Aller (s'en), construit avec un participe passé, ou nous mettons *aller* avec l'infinitif. *Il s'en va mort*, Il va mourir. Montluc. *La religion s'en alloit perdue*, Là religion se perdait, allait se perdant. Ce tour a été imité par les plus anciens poëtes du XVIIme siècle. Malherbe a dit : *Mes années s'en vont terminées. Nos pasturages battus de gresles et d'orages, s'en alloient désolés.* Et Racan : *Nostre printemps s'en va presque expiré.*

Alliance, s. f. Relation d'amour.

Alloier, alloyer, aloier, v. a. Lier, allier.

Ambe, ambes, adv. et nom de nombre. Avec; les deux. Quelquefois *ambe les deux*, comme en italien *ambedue, ambo*.

Amenrir, amendrir, amanrir, v. a. Amoindrir, diminuer, mutiler; v. n. Dépérir, s'amoindrir. *Minuere*.

Amentevoir, v. a. Rappeler, redire, comme ramentevoir. *Mens*.

Ameur, s. m. Amateur, du verbe *amer, amare*.

Amoderer, v. a. Modérer, ralentir.

Amollier, v. a. Amollir, adoucir.

Amonter, v. n. Monter, avancer, arriver à un but élevé; v. a. Elever, hausser, agrandir, exalter.

Amy, s. m. *Estre amy à quelqu'un. Vous m'estes amy. — Aussi amy de quelqu'un.*

AN

Anatomie seche, s. f. Squelette. Montaigne.

Ancesserie, accessorie, anchisèrie, ancesterie, s. f. Ancienneté d'une famille, suite d'aïeux.

Ancien, adj. Vieux. *Les anciéns pères.* Aujourd'hui encore provincialisme.

Anel, s. m. Anneau.

Angele, s. m. Ange. *Angelus.*

Anuit, annuit, ennuit, anuyt, etc., adv. Ce soir, cette nuit, aujourd'hui. Formé de *à* et *nuit.*

Aorer, aourer, adourer, aeurer, aorrer, etc., v. a. Prier, adorer, honorer. *Adorare.*

Aorner, v. a. Orner. *Adornare.*

Aourer, v. a. Honorer, adorer.

Apert, appert, adj. Intelligent, connaisseur, savant; évident. *Apertus. En appert,* évidemment.

Apertement, adv. Ouvertèment.

Apertise, appertise, s. f. Adresse, dextérité, capacité, évidence.

Apetiser, appetisser, appeticier, v. a. Rendre petit, diminuer, amoindrir.

Appaourir, v. a. Appauvrir.

Appareillement, adv. Avec soin, avec préparation.

Apparement, adverbe. Evidemment.

Apparence, s. f. Probabilité, vraisemblance, apparence de raison ou de droit; excuse, moyen de justification. *Ma sœur dit qu'il n'y avoit point d'apparence de m'envoyer sacrifier comme cela.* Marg. de Valois.

Apparent, s. m. Apparence, préparatif. *Faire apparent de,* Faire mine de, se montrer disposé à.

Apparer, aparer, aparoir, apperer, v. n. et a. Paraître, apparaître; faire paraître, rendre évident, prouver. *De apperer, il appert. Apparere.*

Apparoir, v. n. Apparaître.

Appartenant, adj. Convenable, qui appartient à la chose, à la situation. *D'emouvoir guerre au roi d'Angleterre, ce n'estoit pas chose qui fust appartenante.* Froiss.

Appenser, v. n., **appenser** (s'), v. pron. Penser, méditer, agir avec prudence.

AR

Appertise, s. f. Manifestation, montre.

Appeter, v. a. Désirer. *Appetere.*

Appetit, s. m. Désir, goût, fantaisie; *à mon appetit,* à ma fantaisie. *A l'appetit d'autruy,* au goût, selon le désir d'autrui.

Appointement, s. m. Arrangement, accord, conciliation.

Appointer, v. a. Convenir, déterminer. *Appointer avec quelqu'un,* s'entendre, traiter avec quelqu'un.

Après. *En après,* loc. adv. Après cela.

Après ce que, loc. conj. Après que.

Appresser, appressier, v. a. Accabler, oppresser, fouler, poursuivre.

Approchement, s. m. Approche.

Approfiter, v. a. Mettre à profit.

Approuvander, approvender, v. a. Pourvoir d'une prébende, approvisionner.

Archie, archiez, s. f. Courbure d'un arc tendu, forme d'arc.

Ardoir, ardre, v. a. Brûler. Participe passé *ars. Ardere.*

Argentier, s. m. Officier préposé à des distributions d'argent. L'argentier du roi était autrefois le surintendant des finances, appelé aujourd'hui ministre des finances.

Arguer, v. a. Argumenter; réprimander, blâmer; avertir. *Arguere.*

Armes. *Accomplir les armes,* terminer légalement un combat; remplir les conditions d'un combat singulier.

Armure, s. f. Mis pour homme armé; *armure de fer,* cuirassier, comme *lance* pour soldat armé d'une lance.

Arois — aroient, conditionnel présent de avoir, aurais — auraient.

Aronde, arondelle, s. f. Hirondelle.

Arraisonner, v. a. Parler raison; interroger, questionner. *Raison; ratio.*

Arrenter, v. a. Doter d'une rente.

Arrere, arriere, adv. et prép. Derrière, arrière; de retour; chez, auprès.

Arreter, v. n. Durer, tarder. *Et n'arresta gueres que Jacotin vint,* Il ne se passa guère de temps que... Voy. *Demeurer.*

AR

Arriere de (Estre), n'avoir pas atteint, être privé de.

Arrivée. *De belle arrivée*, Dès l'abord, dès le commencement.

Arsure, s. m. Incendie ; action de mettre le feu.

Articulement, adv. Nettement, d'une façon bien articulée.

Asçavoir, adv. Savoir, c'est-à-dire.

Asoun, adj. Aucun, quelque.

Assassinateur, s. m. Assassin. Mot adopté par les langues romanes ; *assassino* en italien et portug., *asesino* en esp., *assassin* en prov. D'après le savant Silvestre de Sacy, il vient de l'arabe *'haschischin*, nom des membres d'une secte dans l'Orient, qui, exaltés par une boisson, *'haschich*, tirée du chanvre, juraient d'exécuter tout homicide qui leur serait ordonné par le Vieux ou le *Scheik* de la Montagne, *Schajch algabal.*

Assegurance, asseguranche, s. f. Assurance, promesse.

Assemblée, s. f. Assemblage, réunion.

Assembler, v. n. S'assembler, se joindre à. *A celle compagnie assembla le connestable. Assembler aux ennemis*, v. n. En venir aux mains.

Assentir, s'assentir. Consentir, donner son assentiment ; sentir, pressentir, ressentir. *Assentiri.*

Asses, assez, assex, asseiz, etc., adv. Assez, beaucoup, trop, en grande quantité. *D'asses*, abondamment. *Il suffiroit asses* n'est pas une tautologie, mais signifie : « il suffirait bien. »

Asseur, adv. Assurément, certainement ; en sûreté, en sécurité.

Asseurer (S'), v. pron. Se confier, compter sur, avec *de*. « Vous avez raison de *vous asseurer de moy*. » Se rassurer ; se convaincre.

Assis, adj. Sis, situé.

Atant, à-tant, atante, ataunt, a-taunt, adv. Au temps, alors, après, maintenant, au reste.

Atorner, atourner, atorneir, atourneir, v. a. Arranger, habiller, parer ; adapter, régler.

A tout, loc. prépos. Avec. *A tout la langue*, Avec la langue. *A tout les armes*, Avec les armes.

AV

Atrampé, adj. Modéré, tempérant.

Atramper, v. a. Modérer, tempérer. Atrampér son vin, y mêler de l'eau ; c'est l'origine de l'expression usitée depuis : *tremper son vin*. Roquefort a omis ces deux mots.

Attemprance, s. f. Modération. *Ad temperare.*

Attendre (S') **à,** v. pron. Faire attention.

Attraire, v. a. Attirer, allécher. Nous en avons conservé le substantif *attrait.*

Aucques, auques, adv. Alors, en ce moment ; quelque part. Adj. Aucun, quelqu'un.

Aucunement, aulcunement, adv. De quelque manière, en quelque degré.

Audiancer, v. a. Assigner à une audience ; prendre jour pour juger une cause.

Auparavant, prép. Avant. *Auparavant cette bataille.*

Auparavant que, conj. Avant que. Corneille fait plusieurs fois usage de cette conjonction. Voltaire déclare que cela n'est pas français.

Aussi, adv. Au commencement d'une proposition, De même. *Aussi disoyt le franc archier de Baignolet.* Rabelais.

Autant. *D'autant que*, adv. D'autant plus que ; puisque, comme, pour autant que.

Autant, d'autant que, conj. Parce que, comme. *D'autant qu'il n'y a point d'appel du roy, pour cette raison il appela...* Castelnau. « Cette locution, qui a tout à fait vieilli, s'employait surtout en style de pratique et de chancellerie. » Acad.

Autel, otel, adj. Semblable, tel ; adv. Semblablement.

Authoriser, v. a. Sanctionner, donner autorité.

Autre. *L'autre hier*, avant-hier, il y a peu de jours ; comme nous disons *l'autre jour*. En italien, *l'altro jeri, jer l'altro, altrieri.*

Auxi, axi, auxint, adv. Aussi.

Aval, prép. et adv. En bas, vers le bas ; à travers, par. « Il fut manifesté *aval le pays*, » par tout le pays.

AY

Avaler, v. a. Faire aller à val, abaisser, jeter bas, renverser; accoucher. Dans la seule acception que ce mot ait conservée, *avaler* signifie donc faire descendre la nourriture. *Ravaler* se rattache dans un sens moral à la signification primitive.

Avaller, v. a. Mettre *à val*, en bas, abaisser, descendre; v. pron. *S'avaller*, se glisser en bas, descendre.

Avaluer, v. a. Evaluer, faire valoir, augmenter la valeur.

Avant, *en avant*, du temps. *Dès lors en avant*, dès ce moment, dans la suite.

Avant, prép. avec l'infinitif. *Avant mourir.* Comines.

Avant que, conj.; suivi d'un infinitif. *Avant que choquer.* Construction fréquente chez Corneille et ses contemporains.

AY

Avenamment, adv. D'une façon avenante, avec grâce.

Avenant, adj. Agréable, affable, convenable.

Avenir, advenir, v. n. Arriver. Il avint, advint.

Aventurer, v. n. Aller à l'aventure, chercher fortune.

Aventureux, adj. Qui aime les aventures.

Aver, v. a. Avoir.

Averai, averrai, averois, averrois. J'aurai, j'aurais.

Avictuailler, v. a. Pourvoir de vivres.

Avolé, adjectif. Etranger, qui est d'un autre pays ou qui est passé dans un autre pays; étourdi, tête légère. *Avolare*, voler d'un lieu dans un autre.

Aye, s. f. Aide, secours.

B

BA

Bacheler, bachelier, bachelard, s. m. Jeune homme en dessous de l'âge viril, mineur, gentilhomme aspirant à devenir chevalier, apprenti dans les armes, les sciences ou les arts. Ital. *baccalare*, puis du fr. *baccelliere*, esp. *bachiller*, port. *bacharel*, prov. *bacalar*. Ducange a traité à fond cet article au point de vue des choses. *Baccalaria* était un petit fonds de terre tenu en fief et cultivé par un vassal d'un rang supérieur aux simples paysans, et qui portait le titre de *baccalarius*. Ce sens remonte au IXme siècle, et le mot était usité surtout en France et dans le nord-ouest de l'Espagne (Diez). Plus tard, on a donné le nom de *baccalarii* à des hommes voués à la carrière militaire, mais pas assez riches ou trop jeunes pour lever bannière. De là viennent les acceptions du mot bachelier. L'étymologie de *baccalaria*, *baccalarius*, est fort controversée, mais non éclaircie.

Bacteler, batteler, v. n. Battre, frapper à coups redoublés, en parlant, par exemple, du carillon des cloches.

BA

Bacinet, bassinet, s. m. Espèce de chapeau de fer des hommes d'armes.

Bacul, s. m. Croupière,

Badin, adj. Sot, extravagant.

Bague, s. f. surtout usité au pluriel. Bagages, hardes, meubles. *Sortir vie et bagues sauves*, c'est-à-dire avec tout ce qu'on peut emporter.

Bailler, v. a. Donner.

Baloier, baloyer, v. n. Flotter, voltiger, se mouvoir de çà et de là. Ital. *balicare*, catal. *balejar*. Roquefort le dérive de *vacillare*, au moyen d'une transposition forcée de consonnes. M. Diez hésite à le faire venir de *ballare*, danser. Mais de *baloyer* dérive naturellement *balayer*.

Balotter, v. a. Donner son suffrage, voter au moyen de balotes de couleur différente.

Ban, s. m. Défense, ordonnance; peine, punition, exil.

Ban, s. m. Territoire d'une seigneurie; circonscription territoriale des biens et des droits d'une commune. Ducange a traité à fond tout ce qui concerne le *ban* et les mots qui dérivent de ce nom, au mot *Banerum*.

Baneret, banneret, bande-ret, banret, bannier, etc., s. m. Chevalier ayant droit de porter bannière à la guerre et assez de vassaux pour former une compagnie. Dans quelques parties et villes de France, et de la Suisse française, on appelait ainsi certains officiers de paroisse ou fonctionnaires municipaux. De *Ban.*

Bannerolle, s. f. Banderole, petit étendard.

Baragouin, barragouin, employé comme adjectif par Montaigne: «Autheurs *barragouins* et François.» Ce mot est substantif. Il dérive des mots bretons *bara,* pain, et *gwin,* vin, que les Français entendaient souvent de la bouche des Bretons; ils en firent le nom d'un langage barbare, étrange. Ce mot se rencontre le plus anciennement dans des chansons satiriques. Villemarqué, *Dictionn. franç. bret.*

Barat, baral, baras, baraz, s. m. Embarras, empêchement, ruse, tromperie, dispute. Ital. *baratto,* esp. *barato,* prov. *barat,* marché ou échange frauduleux.

Barge, barje, s. m. Barque, esquif, grande barque.

Baronnie, s. f. Réunion de barons.

Bas, adv. *En bas,* Bas, à voix basse.

Bas. Voy. Vespre.

Basme, s. masc. Baume. *Balsamum.*

Baston, batton, s. m. Arme, bâton, hache, épée. Toute arme offensive ou défensive. Voir Olivier de la Marche.

Bataille, s. f. Bataille; corps de troupes, corps d'armée; l'ensemble des troupes.

Batterie, s. f. *Faire batterie,* attaquer une place avec de l'artillerie.

Battre des mains, (voy. Paulme).

Beau, *Voir son plus beau,* Avoir beau jeu, jouir des faveurs de la fortune.

Bechée, s. f. Becquée ou béquée.

Beer, bayer, v. n. Aspirer à, attendre avec impatience, viser à, désirer; se construit avec à. *Beer à haut affaire; beer à trahison.* Au sens propre: Rester la bouche *béante* à regar-der une chose; *bayer aux corneilles.* Molière.

Beguine, s. f. Religieuse de l'ordre de ce nom.

Benevolence, s. f. Bienveillance.

Besogner, v. a. Travailler, se donner de la peine.

Biax (prononcez biau), adj. Beau.

Bidaus, bidaux, bideaulds, pitaux, s. m. pl. Froissart. Corps de mauvaise infanterie qui combattait avec des lances. Monstrelet les nomme *bibaux. Bidaldi* en bas latin, dérivé du français.

Bien, adv. *Estre bien de quelqu'un,* Etre bien vu de quelqu'un, être dans ses bonnes grâces.

Bieneuré, bien euré, ad. Bienheureux.

Bienfaict, s. m. Action honorable, mérite.

Bien-faire, v. a. Faire du bien, rendre service. *Je luy bien-feray volontiers.*

Bienseance, s. f. Convenance, utilité, avantage.

Bienveigner, v. a. Faire bon accueil, souhaiter la bienvenue.

Bien venir quelqu'un, v. a. Bien accueillir, bien recevoir.

Bieu, bleu. Voy. Jurons.

Boe, s. f. Boue.

Bon, *Tout à bon,* loc. adv. Ouvertement, rondement.

Bon homme. Homme bon, moral, honnête homme.

Bouchon (à). Cette expression ne se trouve dans aucun lexique ou dictionnaire. Nous ne l'avons rencontrée qu'une fois dans Olivier de la Marche, *abattre à bouchon;* elle veut dire le visage (la bouche) contre terre. En italien *cader boccone* (de *bocca,* bouche), tomber le visage et le ventre contre terre. En patois de la Gruyère *Tsegi a bothon* (le *th* prononcé comme en anglais). Quand les Gruyeriens parlent français, ils traduisent cette expression par *tomber à bouclons.*

Boullevert, s. m. Boulevard, boulevart. Chez Roquefort *Bollewerque* et *boulverch;* chez Nicot *bouleouver;* chez Oudin *boulevard, boulevert, boulever.* De l'allemand *Bollwerk,* bastion.

BO

Boutée, s. f. Effort, attaque, impulsion.

Bouter. *Bouter trois testes en un chaperon.* loc. prov. Se rapprocher, se concerter.

Bouticle, s. f. Boutique, magasin. Ital. *bottega,* esp. *botica,* prov. *botiga,* napol. *potega,* sicil. *putiga.* De *Apotheca.* Diez.

Boutilerie, s. f. Intendance du vin de la cour. Il ne s'est conservé dans la langue moderne que le titre de *boutillier,* échanson, *Grand boutillier de France.*

Boutis, s. m. Choc, rencontre (action de bouter).

Bouvine, s. m. Race bovine, bœufs et vaches.

Adj. Bestes bouvines.

Bragmart, braquemart, s. m. Epée courte et large, sabre.

Brague, braguée, braguier, s. f. et m. Divertissement bruyant. *Faire brague,* etc., Se divertir, vivre dans la joie.

Braguerie, s. f. Braverie, étalage de luxe ou de divertissement. *Se braguer,* provincialisme, se vanter, faire étalage de quelque chose.

Braver, v. n. Faire le brave, le fringant, marcher fièrement.

Braverie, s. f. Bravade.

Bref. Voy. Heure.

Brehagne, brehaig, brehai- gne, brehaine, etc., adj. Stérile, infructueux.

BU

Bren, s. m. Son de farine; ordure; l'ordure la plus sale.

Brevement, adv. Dans peu, bientôt.

Brief, adj. Bref. *De brief,* loc. adv. Dans peu, bientôt.

Brigandine, s. f. Sorte d'armure ancienne en forme de corset ou de cotte de mailles.

Briser, v. a. Au XIVᵐᵉ siècle, dans le sens de *rompre,* si usité au XVIᵐᵉ et dans la première moitié du XVIIᵐᵉ, pour toute espèce d'interruption ou de cessation. *Briser un voyage.* Froiss.

Brodure, s. f. Broderie.

Broissailles, s. f. pl. Broussailles.

Brouillas, s. m. Brouillard, temps obscur.

Brouillis, s. m. Désordre; brouillerie.

Bruit, s. m. Renommée, réputation. *Gagner son bruit,* Se faire un nom. *Avoir le bruit,* Avoir la réputation; passer pour le premier dans son art.

Buffe, buffle, s. f. Coup de poing, soufflet.

Buffet, s. m. Soufflet. Voy. le curieux article *Buf* dans Diez, *Etymol. Wörterb.,* 75.

Buissart, s. m. Petit navire de transport.

C

CA

Ça bas, adv. Ici-bas, dans ce monde.

Caduque, adj. Caduc. *Le mal caduque,* Le haut mal, l'épilepsie.

Cagne, caigne, cagnie, s. f. Chien, chienne. *Canis.*

Cale, calette, cale, s. f. Calotte, ornement de tête, bonnet.

Cambre, s. f. Chambre. *Camera.*

Campana, s. f. Cloche. *Campana,* de *Campanie* où les cloches furent inventées.

Campanes d'or et de soie; ornements, sans doute en forme de cloches.

CA

Canonnière, s. f. Meurtrière dans une muraille pour tirer des coups de feu sans être vu.

Capeluche, s. f. Chaperon. Voy. ce mot.

Cappe, chappe, s. f. Chaperon, capuchon; gros manteau.

Cappette, s. f. Petit manteau.

Care, s. f. Visage, figure. (Voyez Chère.)

Caraque, carraque, caravelle, s. f. Barque, nacelle. Ital. *carracca,* esp. et port. *carraca.* En bas lat. *carraca,* navis oneraria, comme l'interprète Ducange.

CA

Carger, cargier, v. a. Charger. Ital. *caricare, carcare,* esp. et prov. *cargar.* En ital. *caricare* signifie aussi surcharger, exagérer; de là *caricatura,* caricature; en franç. *charger* et *charge* ont la même acception.

Carme, s. m. Poëme, poésie. *Carmen.*

Carrousse, s. f. et **Carroux,** s. m. Débauche de table, intempérance. *Faire carroux,* Faire des excès de table.

Cas, s. m. Acte, trait.

Cathédrant, s. m. Celui qui préside à une thèse de théologie ou de philosophie. Celui qui parle en chaire. *Cathedra.*

Caut, caùlt, adj. Rusé, fourbe; sage, prudent. *Cautus.*

Cautelle, s. f. Précaution. *Cautela. Cautèle* signifie maintenant ruse, finesse.

Cautement, adv. Prudemment, avec circonspection.

Cautilleux, adj. Rusé, précautionné, prudent; cauteleux.

Caution, s. f. Précaution. *Cautum* de *cavere.*

Cependant que, conj. Tandis que, pendant que. Cette conjonction est encore employée au XVIIme siècle par Malherbe, Regnier, Racan, fréquemment par Corneille, une fois par Molière dans sa première pièce, *l'Etourdi,* en 1653. Dans La Fontaine, le Chêne dit au Roseau:

Cependant que mon front au Caucase pareil,
Non content d'arrêter les rayons du soleil,
   Brave l'effort de la tempête.

Charles Nodier dit sur *cependant que:* « Manière emphatique de parler qui est plus propre à la poésie, surtout dans cet exemple. » Dans le grand nombre d'exemples que nous avons recueillis, *cependant que* est une manière ordinaire de parler et signifie *tandis que,* ni plus ni moins. Nouvel exemple du peu d'attention que même des linguistes renommés ont donné à l'histoire de la langue. Vaugelas, *Remarque 448,* dit: « Pour bien parler, on ne doit jamais dire *cependant que,* non plus qu'*auparavant que.* »

Certaineté, s. f. Certitude, assurance.

CH

Certes (à), adv. Avec certitude, sérieusement.

Cestes, pron. dém. plur. *Cestes presentes* (lettres); aussi pour : ce temps-là.

Ce temps, pendant, loc. adv. *Stapendant* dans la langue populaire. *Cependant.* On écrivait aussi *ce pendant que.*

Chache, chace, s. f. Chasse; l'acte et le produit.

Chaire, s. f. Fauteuil, chaise. « Assis en la *chaire* des Conseils. » A l'entrée de Brennus dans Rome, il vit les sénateurs *assis dedans leurs chaires en gravité sans mot dire.* Amyot.

Chalan, chalon, s. m. Petit bateau où l'on nourrit le poisson; espèce de barque; boutique.

Chalange, chalonge, chalaunge, s. m. Contestation, dispute, opposition.

Chaloir, v. n. Importer, dans le sens de se soucier. Il se construit avec le datif. *Il ne leur doit chaloir,* Ils ne doivent se soucier.

Champ. *Estre, mettre aux champs,* Etre, mettre en campagne, en parlant de troupes.

Chanter, v. a. Dire, contenir, en parlant d'un écrit: « Une cédule *chantant* que on doibt à tel tant. » Gerson. Cette signification s'est maintenue dans le langage populaire et plaisant. « Qu'est-ce qu'elle *chante,* cette physique? » demande le *Bourgeois gentilhomme.*

Chanu, adj. Chenu, blanc de vieillesse. *Canus.*

Chapel, s. m. Chapeau.

Chaperon, s. m. Habillement de tête, espèce de capuchon que les hommes et les femmes de tous les rangs portèrent jusqu'au XVme siècle. Il était en drap, et ressemblait à un bourrelet, avec des pendants aux côtés du chaperon. On s'en enveloppait la tête comme avec une coiffe. Riches et pauvres portaient le chaperon, et, suivant le commandement de Charles VII, en 1447, chacun fut obligé d'avoir une croix dessus, à moins qu'elle ne fût sur la robe. Lorsqu'on voulait saluer quelqu'un, on levait ou l'on reculait le chaperon de manière que le front

CH

fût découvert. La reine Isabelle de Bavière prit en haine Jean Torel, par la seule raison qu'il ne levait pas son chaperon lorsqu'il lui parlait. Lorsque les habits étaient mi-partis, c'est-à-dire de deux couleurs, le chaperon l'était aussi. *Cappa, capero* de caput; en provençal *capagroun*. Roquefort.

Chaple, caple, capleis, chapleis, chapliz, etc., s. m. Combat, carnage, combat à l'arme blanche, cliquetis d'épées, blessure. Du Cange le dérive de *capulatura, capulatio,* blessure; *capulare, capellare,* tailler.

Char, s. f. Chair, viande. *Caro.*

Charnure, s. f. Carnation.

Charope, s. f. Femme paresseuse et indolente. Mot dauphinois et suisse roman. *Charoupe, Glossaire genevois* de J. Humbert. *Tsarope,* patois vaudois. *Charospa* (prononcez *tcharóspe*) en provençal moderne, une coureuse, une femme de mauvaise vie. Honnorat, *Dictionn. franç. prov.* Digne, 1846, 47; 3 vol. in-4°.

Chastellerie, s. f. Châtellenie, territoire d'un baron, d'un châtelain.

Chastelet, châtelet, s. m. Petit château. Il y avait autrefois à Paris deux châteaux : *le grand Châtelet,* où l'on rendait la justice, et *le petit Châtelet,* où l'on tenait les prisonniers. Il signifiait également, à Paris, la juridiction, le tribunal où les affaires civiles et criminelles se jugeaient en première instance. *Conseiller au Châtelet. Notaire au Châtelet. Procureur du Châtelet. Sentence du Châtelet.* Académie franç.

Chaudecole, chaude-colle, s. f. Promptitude, premier mouvement de colère. *Cole* dérive, comme colère, de χολή, bile.

Chauver, chauvir, chouer, v. n. Remuer, dresser les oreilles, comme les ânes, et comme quelques hommes aussi. Voy. *Dict. de Bayle,* art. *Hercule,* rem. G.

Chef, chief, s. m. Tête, bout. *Au chef de,* Au bout de.

Chef, s. m., t. de Blason. Pièce qui est au haut de l'écu, et qui en occupe le tiers.

Cheoir, choir, v. n. Tomber, tourner en injure.

Cher. *Aimer cher.* « *J'aimerois aussi cher* que mon escolier eust passé le temps à jouer à la paume. » Montaigne. *Avoir plus cher,* Préférer. *Ils avoient plus cher à mourir que fuite vilaine leur fust reprochee.* Froiss.

Chere. (Voy. Chiere.)

Cherger, chergier, carger, v. a. Charger, enlever.

Chermer, v. a. Charmer, enchanter, ensorceler.

Chesne, s. f. Chaîne.

Chevaler, v. a. Monter à cheval, s'en servir pour poursuivre quelqu'un ou une affaire. Soumettre comme un cheval que le cavalier force à lui obéir. *Chevaler les voyageurs,* les poursuivre pour les dépouiller.

Chevalereux, adj. Qui a les qualités d'un chevalier, héroïque.

Chevalerie, s. f. Vertus, qualités chevaleresques. *La fiance qu'il avoit eu en la chevalerie de son chevalier.* — Réunion de chevaliers.

Chevalet, s. m. Petit cheval.

Chevance, s. f. Bien, faculté, héritage; bonne fortune, ruse. Les mots de la basse latinité *chevancia* et *cabentia* dérivent du français; on les trouve à la fin du XIIIme et du XIVme siècle dans des chartes écrites en Angleterre.

Chevauchier, chevaucher, v. n. Monter, aller à cheval.

Chevestre, s. m. Licol.

Chevetain, chevetaine, chevetaigne, s. m. Capitaine, chef. La forme primitive, que l'on trouve aussi, est *chefvetain. Capitaneus* en bas lat. *Caput,* chef.

Chiere, chere, s. f. Visage, mine, contenance; accueil. *Chiere lie,* bonne mine, visage gai; *faire chiere lie, bonne* ou *belle chiere,* faire bon visage, bon accueil. *Faire grande chere,* faire grand accueil; étaler de la pompe. *Cara* en bas latin, visage. On voit dans Corripus, poëte du VIme siècle : « *Postquam venere verendam Cæsaris ante caram.* » Ducange fait dériver ce mot de χάρα, la tête, que les Eoliens faisaient féminin. *Cara,* espagn., portug. et provençal.

Chierté, s. f. Cherté, rareté. *Estre en chierté,* Etre cher, rare.

CH

Chieux, prép. Chez.

Chimacree, chimagree, s. f. Simagrée, façon affectée.

Chevacher, v. n. Chevaucher.

Chose, s. f. Souvent employé pour *personne. Vous estant la chose du monde que j'aime le plus.* Ce sens est fréquent dans les poésies du XIIIme siècle. Voy. *Rien.*

Chouse, s. f. Chose. (XIIIme s.)

Ci, cy, adv. Ici.

Ci, cist, cest, pron. dém. Ce, ces, ceux, ceux-ci. *Iste,* XIIIme s.

Cithre, s. f. Cithare, guittare. Κίθαρα.

Clair, adj. Sincère, ouvert. *De clair cœur.* Froiss.

Clamer, v. a. Crier, publier, recommander, accuser, appeler, nommer. *Clamare.*

Clergie, s. f. Clergé.

Coadjuteur, s. m. Aide, appui, dans un sens général, non ecclésiastique.

Cocte d'armes, cotte-d'armes, s. m. Casaque que les chevaliers portaient par-dessus leur cuirasse.

Cogne, s. m. Petit bateau.

Cohardise, s. m. Couardise, poltronnerie.

Colacion, collation, s. f. Conférence, assemblée, discours, harangue.

Colée, s. f. Coup d'épée sur le cou; coup, soufflet.

Colier, s. m. Ce qu'on appelle aujourd'hui *collet,* espèce de lacs à prendre les lièvres, les lapins, etc.

Collegial, s. m. Homme de collége, professeur.

Combattre, v. a. Rivaliser. *Combattre la durée de* quelque chose, Rivaliser de durée.

Combien que, conj. Quoique. *Combien qu'on le suppliast.*

Comite, s. m. Sous-officier de navire qui répète l'ordre du capitaine.

Commander, v. a. Recommander. *A Dieu je te command.*

Comme, adv. Comment. Même dans les interrogations. « *Comme* voulez-vous que je me la fasse rendre? » Rien de plus fréquent dans la première moitié du XVIIme siècle. Dans *Tartufe* encore (1667), Orgon de-

CO

mande : *Comme est-ce qu'on s'y porte?*

Comme ainsi, soit que... Espèce de locution conjonctive, Comme il arrive que, comme il est d'usage que; ce qui pourrait simplement se rendre par *comme* suivi de l'indicatif.

Comme, avec un adjectif, Quelque. *Comme grand qu'il fust,* Quelque grand... Froiss.

Comment que, conj. Pendant que.

Commun, s. m. Le peuple, la masse.

Commutation, s. f. Echange.

Compagner, compaigner, v. a. Accompagner, faire société; soutenir le parti de quelqu'un.

Compagnon, s. m. Nom donné en Flandre à une petite monnaie valant un gros ou deux sous et demi.

Comparer, comparrer, comperer, v. a. Acheter, payer, acquitter, récompenser, rémunérer. Esp. *comprar,* ital. *comperare, comprare. Comparare* en latin classique et en bas latin signifie aussi *acheter.*

Competant, adj. Suffisant. *En assez competant nombre.* Amyot.

Comporter (Se), en parlant des affaires, Marcher, être dirigé.

Composé, adj. Constitué, formé.

Concept, s. m. Intelligence.

Concion, s. f. Discours, harangue. *Concio.*

Condition, s. f. Humeur, goût, disposition.

Conditionné, adj. Doué de certaines qualités bonnes ou mauvaises. *Gens mal conditionnés,* Gens corrompus, pervers, méchants. *Les conditions,* les qualités bonnes ou mauvaises, le caractère d'une personne.

Conducteur, s. m. Chef de bande, chef de partisans, qu'on appelait en Italie *condottiere.*

Conduiseur, s. m. Conducteur, chef.

Conduit, s. m. Gouvernement, direction, action de mener.

Conférer (Se) avec quelqu'un, se concerter, conspirer avec lui.

Confès, confez, adj. Confessé, avoué; qui se confesse.

Confiance, s. f., suivi de *de* au lieu

CO

de *en. Je pris confiance de moy-mesme.*

Conforter, v. a. Fortifier.

Confortant, part. présent pris substantivement, Aide, appui, auxiliaire.

Congé, s. m. Permission (dans un sens général).

Connil, s. m. Lapin. *Cuniculus.*

Conniller, v. n. Esquiver, fuir, comme le lapin qui se cache dans son terrier; tergiverser, chercher des défaites.

Connoissant, s. m. Une personne que l'on connait, une connaissance.

Conquereur, s. m. Conquérant. En anglais aussi *conqueror.*

Conquester, v. a. Conquérir.

Conroi, conroy, coroi, etc., s. m. Compagnie, troupe; provision; soin, suite, ordre. *Cura.*

Consau, consauls, consaulx, etc., s. m. Echevin, consul; dessein, résolution; avis, conseil, projet. *Consulere.*

Conseiller (Se) à, v. pron. Délibérer avec, prendre l'avis de.

Consister, v. n. Etre affermi, avoir de la consistance.

Compte; comte, conte, compter, conter. Par suite des progrès de la science grammaticale, l'orthographe plus réglée sépare des notions que primitivement l'orthographe arbitraire avait mêlées. Nous écrivons *comte,* dérivé de *comes,* le titre du gentilhomme qui accompagnait le prince. En vieux français, il s'écrit fort souvent *conte,* comme les fabliaux et récits. Les Italiens disent de même *conte,* comte; *contado,* comté, contrée; les Espagnols, les Portugais *conde;* les Provençaux, conformément à l'étymologie, *coms. Conte,* en vieux français, se dit aussi pour *compte, conter* pour compter et raconter. Ces deux notions, entre lesquelles il y a un rapport naturel, sont exprimées dans plusieurs langues par le même mot: ital. *contare,* esp. *contar,* prov. *comtar,* anc. haut allemand *zeljan,* allemand *zæhlen. Compter* dérive de *computare.*

Conserve, s. f. Conservation.

Consonante, s. f. Consonne. *Consonans.*

Contemnement, s. m. Mépris.

CO

Contemner, v. a. Mépriser, dédaigner. *Contemnere.*

Contemptible, adj. Méprisable. *Contemnere.*

Contendre, v. a. Prétendre, soutenir.

Contens, content, contends, s. m. Contention, dispute. *Prendre contens à quelqu'un,* Se prendre de querelle avec quelqu'un.

Contentement, s. m. *Estre en contentement à quelqu'un,* Le contenter, lui faire plaisir.

Contester (Se), v. pron. Contester l'un avec l'autre.

Continuer, v. a. Lier, former un ensemble.

Contour, s. m. Changement de mouvement, mouvement de côté ou en arrière, retour.

Contourner, v. a. Circonvenir, prendre dans ses filets.

Contraire. *Au contraire,* loc. adv. Dans un sens opposé à ce qui a été dit ou fait.

Contraire, contrere, s. m. Accident, malheur, chagrin, ennui.

S. m. Adversaire. *Les contraires de la foi chrétienne.* Froiss.

Contre, prép. Au-devant, à la rencontre.

Contredit, s. m. Contradiction, opposition, résistance. *Sans contredit,* Sans opposition.

Contregarder, v. a. Se mettre en garde contre, protéger.

Se contregarder, parer les coups.

Contre-mont, adv. En haut. *Gravir contre mont.*

Contrepointé, adj. Tout piqué comme une contre-pointe ou courtepointe, couverture de parade d'un lit.

Contre-rolle, contre-roulle, contre-roller, contre-rolleur, contrôle, contrôler, contrôleur. Ces mots dérivent d'un rôle authentique avec lequel on en compare un autre pour examiner l'exactitude de celui-ci.

Convenance, s. f. Convention, stipulation, condition. Accord des opinions.

Convenant, s. m. Contenance, disposition.

Convenir, v. n Arriver, comme

CO

conséquence nécessaire ; être imposé comme devoir ou obligation : *Il me donna une telle descharge que tomber me convint par terre. Convient que toutes choses par nature preignent fin.* Sè construit avec l'accusatif et avec le datif : *Mourir le convint, Mourir lui convint.* Froiss.

Convent, s. m. Convention, condition.

Conventer, v.n. Faire un accord, s'engager à, promettre.

Conversation et **Converser** ne désignent pas seulement les entretiens, mais l'habitude de vivre avec les autres, comme *conversari* et *conversatio.*

Convive, s. m. Repas. *Convivium.*

Convoier, convoyer, v. a. Conduire dans la voie, guider, accompagner. *Cum viare.*

Cop, coop, cope, s. m. Un coup, une fois ; coup que l'on frappe. *A cop,* Tout à coup, à l'instant.

Coquin, adj. Gueux, mendiant.

Cor, s. f. Cour.

Corde, cordelle, s. f Attache, parti. *Attirer à sa cordelle, trere à sa corde,* Engager dans son parti.

Cordouanier, s. m. Cordonnier. Autrefois la ville de Cordoue, en Espagne, fournissait la meilleure peau pour les chaussures, soit de ses propres fabriques, soit comme entrepôt du maroquin qu'elle tirait du Maroc. La peau pour les souliers en reçut, en espagnol, le nom de *cordoban,* en ital. *cordoan,* en provenç. *cordoan,* en français *cordouan.* Celui qui en fabriquait des chaussures fut appelé en italien *cordovaniere,* en français *cordoanier, cordouanier,* d'où dérive la forme plus moderne *cordonnier.*

Coreux, adj. Attaché de cœur, dévoué ; courageux.

Corir, v. n. Courir.

Corner, v. a. Sonner du cor.

Cornes. *Dresser les cornes,* Faire le fier.

Cornet, s. m. Coin, par exemple, d'une pièce d'étoffe. *Les quatre cornets du poesle.*

Corocier, correcier, corrocier, courechier, v. a. Courroucer, mettre en colère. M. Diez ramène ces mots à l'étymologie italienne *coruccio* pour *colleruccio,* de *cholera* bile, affection bilicuse. Roquefort les dérive de *cor,* Ménage de *coruscare,* Barbazan de *corrodere.*

Corps, s. m. Personne.

Corpulance, s. f. L'extérieur, la conformation.

Corpulence, s. f. Forme du corps, stature.

Corrompable, adj. Corruptible.

Cortine, courtine, s. f. Rideau de lit ; loge ou galerie, ornée de rideaux.

Cote, cost, cotte, s. f. Veste, soubreveste, robe de dessous.

Couleur, s. f. Apparence, prétexte.

Coulevrine, couleurine, s. f. Canon long. Au XVme siècle, *coulevrine, coulevriniers, couleuvriniers,* désignaient non l'artillerie, mais une espèce de milice armée d'arquebuses.

Coulpe, s. f. Faute. *Culpa.*

Coup. *A coup,* loc. adv. Promptement, tout à coup. *A un coup,* D'un seul coup. *Trop à coup,* Trop subitement. Voyez *Cop.*

Coupé. *Un mont coupé,* Escarpé, à pic.

Courage, s. m. Du XIVme siècle jusqu'au milieu du XVIIme, ce mot a eu les significations suivantes : 1° Ame, comme être et substance ; 2° Ame, cœur, comme siége du sentiment ; 3° Disposition d'âme, sentiment ; 4° Indépendance d'esprit, disposition d'esprit toute personnelle ; 5° Bravoure, valeur, malheureusement la seule acception qui subsiste, en attendant que des écrivains de renom aient le courage de rétablir les autres. Au pluriel, *les courages* se dit des âmes courageuses. Corneille a fait des divers sens de ce mot le plus bel usage. On en trouve des exemples isolés dans La Fontaine, Racine et Lemierre. — *De bon courage,* De bon cœur.

Coureux, s. m. Coureur.

Courre, v. n. et a., qui n'est plus usité que dans le langage de la chasse, l'était autrefois de la même manière que *courir. Courre et recourre de bastaille en estour.* Artois.

Courvée, s. f. Corvée.

CO

Cousteau, coustoux, coustet, s. m. Coteau; couteau. *Cultellus.*

Coustille, s. f. Epée tranchante des deux côtés. *Cultellus.*

Coustiller, coustillier, s. m. Soldat armé de la coustille.

Coyement, adv. Tranquillement, sans bruit. De *coi.*

Cranequin, s. m. Pied de biche, instrument en fer pour bander les arbalètes; il se portait à la ceinture.

Cranequinier, s. m. Arbalétrier à pied et à cheval.

Creable, adj. Croyable.

Creanter, v. a. Consentir, garantir, promettre, cautionner.

Credit, s. m. Confiance. *A crédit,* Par confiance, sur la foi d'autrui.

Creffe, s. f. Gale, écaille. *Par la creffe-Dieu,* jurement dans Joinville. Est-ce par leur gale infligée de Dieu?

Creist, prétér. déf. de *croire,* il crut. *Credidit.* (XIIIme siècle.) *Nos creons,* Nous croyons.

Cremeur, cremor, cremour, etc., s. m. Crainte, de *cremer, cremayer, cremir,* craindre. *Tremere.*

Crever, v. n. Eclater, sortir, commencer à paraître. *L'aube creve.*

Crî, s. m. Mot d'ordre, mot de ralliement ou qui sert de signal.

Croche, s. f. Crosse.

Croissement, s. m. Croissance, augmentation.

Crouster, v. a. Couvrir d'une croûte. Nous avons *encroûter,* en terme

CY

de maçonnerie, Enduire de mortier; *s'encroûter* et le participe *encroûté,* le plus souvent employés au figuré.

Cru, crud. *A crud,* Sur la péau nue.

Crueusement, adv. Cruéllement.

Cry. *Le cry et le huy,* La levée en masse. *Cry* signifie l'appel au secours, et *huy* ou *hui* aujourd'hui, à l'instant.

Cueillir, v. a. Accueillir, surprendre. *Un tourment le prit et cueillit en mer.*

Cuider, cuyder, v. n. Penser, croire.

Cuider, s. m. Opinion; opinion qu'on a de soi, présomption, de là *outrecuidance.*

Cuire, v. a. Digérer, comme en latin *concoquere.*

Cultiveur, s. m. Celui qui cultive, étudie à fond une science.

Cupidité, s. f. Désir en général, désir vif.

Cure, s. f. Soin, inquiétude. *Nous vieillissons plus par force de cures que par nombre d'ans. Cura.*

Curial, s. m. et adj. Courtisan, appartenant à la cour. *Les gens curiaulx,* les personnes de la cour. A. Chartier.

Curieux, adj. Exact, soigneux, soigneux par affection. *Le curieux soin que j'y apporterai. Cura*

Curiosité, s. f. Recherche d'une chose singulière ou rare.

Cyre, s. m. Sire.

D

DA

D'advantaige, adv. D'ailleurs, de plus.

Daguer, v. a. Tuer à coups de dague.

Danger, s. m. Pouvoir, merci, dépendance. *Remettre en son danger et du roi,* Livrer de nouveau à sa merci et à la merci du roi.

Davantage, d'avantage, adv. Au commencement d'une proposition, De plus, d'ailleurs.

Davantage que, adv. *Avoir davantage que l'autre.*

DE

Davant que, conj. Devant que, avant que.

Deable, s. m. Diable.

Debat. *Prendre debat,* Commencer une querelle, chercher noise.

Debattable, adj. Sujet à être débattu, contestable.

Debouter, v. a. Chasser, renvoyer, repousser, pousser. Aujourd'hui ce mot n'est plus qu'un terme de palais, signifiant déclarer par jugement qu'une personne est déchue de la demande qu'elle a faite en justice.

Debriser, debrisier, v. a. Rompre, abattre, estropier.

Debteur, s. m. Débiteur.

Debvoir, devoir. *Etre à son devoir,* Faire son devoir.

Deçà, delà, adv. Dans ce pays, dans l'autre, en deçà de nos frontières et au delà. *Par deça, par delà,* même signification.

Deceindre, v. a. Oter une chose ceinte. *Deceindre son espée.*

Decepvance, s. f. Déception, tromperie. *Decipere.*

Dechasser, v. a. Chasser, expulser, exiler.

Dechaux, adj. Déchaussé, nu-pieds. Cet adjectif commun, au XVIme siècle encore, n'est plus usité que dans le nom de *Carmes-déchaux.*

Decoler, v. a. Décapiter.

Deconforter, v. a. Déconcerter, abattre.

Decours, s. m. Cours, durée.

Decrepite, adj. au masc. et au fém. Décrépit.

Decroire, v. a. Ne pas croire, nier.

Dedans, prép. Pendant, durant. *Dedans deux jours.*

Defaut, s. m. Manque, perte.

Defaulte, s. f. Défaut, manque.

Deffaire, v. a. Tuer, mettre à mort. Nous disons : *Se défaire de quelqu'un.*

Deffier, v. a. Destituer, priver. *Deffié de secours.*

Deffense. *Se mettre à deffense,* en défense.

Defidence, s. f. Défiance.

Defouler, v. a. Jeter par terre, fouler aux pieds.

Degaster, v. a. Ruiner, dévaster. *Gâter, gaster, guastare* en italien, *guastar* en ancien esp. et port. Plus tard *gastar* dérive de *vastare;* selon d'autres, de l'ancien haut allemand *wastjan.*

Dejecter, dejetter, v. a. Repousser, éconduire, rejeter.

Delà, voy. Deçà.

Delaisser, v. a. et n. Laisser, cesser.

Delayer, v. n. et act. Différer. De *délai, Dilatum.*

De-lez, prép. Près. (voy. *Lez*).

Delibere, adj. Décidé, résolu.

Deliberer (Se), v. pron. Se résoudre.

Delicter, v. a. Délecter.

Delié, adj. Délicat, délicieux. De *delis* (voy. ce mot).

Delis, delit, delict, s. m. Plaisir, joie, soin. *Deliciæ.*

Delivrance, s. f. Remise, action de livrer.

Delivre, adj. Libre, affranchi, agile.

Demener, v. a. Mener, traiter, conduire, arranger.

Demeurant, s. m. Reste.

Demeurer, v. n. Durer, tarder. *Ne demeura gueres que le roi assembla.* Il ne se passa guère de temps que...

Voy. *Arrester.*

Demi-ceint, s. m. Tablier, ceinture d'argent avec des pendants que portaient les femmes du peuple.

Demonstrance, s. f. Manifestation.

Demourant, *Au demourant,* loc. adv. Du reste.

Demourer, v. n. Demeurer, tarder. « *Ne demoura gueres* que ceux reviendrent. » Il ne se passa guère de temps qu'ils revinrent.

Demourer, v. n. *Demeurer, le demourant,* Celui qui reste, le survivant; le reste.

Denoncer, v. a. Annoncer, proclamer.

Departir, v. n. Partir.

Distribuer, v. a. Partager.

Deport, s. m. Délai, retard, ménagement, badinage, joie, délassement.

Deporter (Se), v. pron. S'abstenir de, cesser.

Depositoire, s. m. Lieu où l'on dépose ou expose quelque chose.

Depuis, adv. *Du depuis,* loc. adv. Dès lors; aujourd'hui c'est un provincialisme, comme bien d'autres locutions de l'ancien français.

Deputer, v. a. Désigner, destiner.

Dequoy (De quoy). De ce que.

Deroyer, desroyer, v. a. et n. Dérouter, détourner du bon chemin, égarer, tromper, sortir du bon

DE

chemin, s'égarer. De *roye*, ligne, ornière, sentier.

Derompre, v. a. Rompre, défaire, déchirer.

Derrière, adv. En arrière.

Desappointer, v. a. Priver un fonctionnaire de ses appointements, le destituer.

Desbonder, v. a. Lâcher la bonde, déboucher, v. n. Se répandre.

Dès ce que, loc. conj. Dès cela que, dès que.

Deschacier, déchacer, v. a. Chasser, mettre en fuite.

Deschevestrer, v. a. Dépétrer, tirer d'embarras, dégager.

Desclairier, desclairer, v. a. Déclarer, expliquer.

Descirer, v. a. Déchirer.

Desconfire, v. a. Ruiner, défaire, détruire.

Desfavoriser, v. a. Ne pas favoriser, desservir.

Desfermer, deffermer, v. a. Ouvrir.

Desmettre (Se), v. pron. Se laisser aller, s'abandonner. Oudin le rend en espagnol par *dexarse*.

Desmouvoir, v. a. Détourner, faire changer; apaiser.

Despecer, despecier, v. a. Briser, mettre en pièces.

Despendre, v. a. Dépenser.

Despescher, v. a. Débarrasser, renvoyer. *Se despescher de quelqu'un,* Se débarrasser de quelqu'un.

Despit, s. m. Dédain, provocation.

Despite, despité, despitaire, despiteur, despiteux, adj. Courroucé, cruel, de mauvaise humeur, dédaigneux, rebutant. *Despiciens.*

Despoincter, despointer, despointier, v. a. Destituer, effacer, priver d'un emploi.

Despriser, desprisier, v. a. Dédaigner, mépriser.

Desprovu, adj. Dépourvu.

Desroi, desrois, desroy, s. m. Désastre, désordre, confusion, ruine, discorde, trouble.

Desroupt, deroup, desrupt, disroupt, adj. Rompu, brisé, mis en pièces. *Disruptus.*

Desrouter, desroupter, v. a. Rompre, briser.

V. n. Dévier, rompre les rangs.

Desseant, adj. Malséant.

Desserte, s. f. Mérite, service rendu, sujet de récompense ou de châtiment; action de desservir un office.

Desservir, v. a. Mériter. *Desservir la mort,* Encourir la peine de mort. *Deservire.*

Dessoude, *En dessoude,* Subitement, à l'improviste ou *à l'improveu,* comme on lit dans l'édition de Montaigne de 1588, à la place de l'expression adoptée dans les éditions suivantes. « Ils (les Nerviens) vinrent un jour *en dessoude* courir sus à César, ainsi comme il se logeoit, et qu'il entendoit à fortifier son camp, ne se doutant de rien moins que d'avoir la bataille ce jour-là. » Amyot. On le dérive de *de subito.*

Dessus, prép. et adv. Sur, dessus; ci-dessus.

Dessusdict, adj. Susdit.

Destourber, v. a. Troubler, égarer, traverser, détourner. *Disturbare.*

Destourbier, s. m. Empêchement, embarras, inquiétude.

Destrancher, destranchier, destrenchier, v. a. Couper, trancher par morceaux. *Distruncare.*

Destre, dextre, adj. Droit, du côté droit.

Destrece, destreche, s. f. Contrainte, angoisse, peine.

Destremper (Se), v. pron. S'humecter, se liquéfier.

Destrier, s. m. Cheval de main.

Destrois, destroit, s. m.

Destroisse, s. f. Embarras, détresse, oppression, peine. De là, *détresse. Au destroit,* Dans cet embarras. *Estre à destroit,* Etre embarrassé. *Destrictus,* et non *detrectatio,* comme le pense Roquefort.

Destruiseur, s. m. Destructeur.

Desvouloir, v. a. Ne pas vouloir, ne plus vouloir.

Desvoyement, s. m. Egarement. De *voye, via.* La langue moderne a formé les mots *dévier, déviation,* et laissé à *dévoiement* un autre sens.

Detailler, v. a. Tailler, couper, déchiqueter.

DE

Detenir, v. a. Retenir.

Devancer, v. a. Précéder, avoir le pas sur...

Devant, prép. et adv. Avant. *Au devant,* auparavant.

Devant que, conj. Avant que. *Devant que s'aboucher.*

Deveer, deveier, dever, v. a. Défendre, refuser, empêcher. Bas lat. *Devetare,* même signification.

Devis, s. m. Propos, entretien.

Devise, s. f. Devis, discours, conversation; avis, plaisir, service.

Deviser, devisser, v. a. et n. Stipuler, convenir par écrit, jaser, parler, discourir, converser; dire, raconter. Deviser le premier une chose, en parler le premier, en donner l'idée.
Se deviser à, S'entretenir avec, converser. *Dividere.*

Devot, adj. Dévoué, consacré. *Devotus.*

Devuyder, v. a. Dévider.

Dextre, adj. Droit, qui appartient au côté droit. La *dextre,* s. f., la main droite. Boileau l'a encore employé, mais dans le style plaisant.

Diction, s. f. Mot, locution.

Diex, s. m. Dieu. Il se prononce comme dieu.

Different, s. m. Différence.

Dire, v. n. Parler. Il *disoit aussi bien que prince qui fust en France. L'art de bien dire* est une expression encore en usage.

Discord, s. m. Différend, discorde.

Discours, s. m. Raison, motif, réflexion; exposé, récit; raisonnement.

Discouvrir, v. a. Découvrir.

Discretion, s. f. Discernement. *Discretum* de *discernere.*

Distraire (Se) de, v. pron. Se séparer de, se soustraire à. *Se distraire de l'obéissance.*

Distrent, prét. déf. de dire. Ils dirent.

Dit, s. m. Espèce de poëme, récit poétique.

Divers, voy. *Manière.*

Dixme, adj. Dixième. S. m. Le *dixme,* la dixième partie, le dixième.

Dont, gén. du pron. relat. Quel-

DU

quefois il s'emploie pour *d'où, de là* (de quoi): *dont il advint.* Là se voit avec évidence l'origine étymologique *de unde.* « *Dont* viens-tu? » Rab. Il écrit aussi: *D'ond es-tu?*

Doresnavant, adv. Dorénavant. Primitivement d'ores-en-avant (de maintenant en avant).

Doubte, doute, s. m. Crainte, appréhension.

Doubter, douter, v. a. Redouter, craindre.

Douter (Se), v. pron. Même signification.

Doubteux, adj. Redoutable.

Doulcereux, adj. Doux, agréable.

Drageon, s. m. Dragon, soldat.

Drageon, s. m. Bourgeon de vigne.

Dresser, *Dresser les cornes,* Faire le fier.

Droict, adj. Exact, tout juste, direct. *Un droict miracle,* un miracle direct, exprès.

Droictement, droittement, adv. Avec rectitude, comme il faut; tout juste.

Droicturier, droiturier, droiturière, adj. Droit, juste, équitable; loyal, probe; légitime. *Voie battue et droicturière.*

Droit, *A son droit,* Comme la chose le mérite, selon l'exacte vérité.

Duch, dux, s. m. Duc. Villehardouin donne ce titre au doge de Venise. *Dux.*

Duire, v. a. et n. Dresser, accoutumer, estimer, instruire, élever; être propre à, convenir, plaire.

Durée, s. f. L'acte d'endurer, de soutenir, de tenir bon. A propos d'une attaque militaire: « *Ceulx qui vers vous n'auroient durée, se vostre devoir vouliez faire.*

Durement, adv. Fortement. *Durement émerveillé.* Froissart. *Un chastel durement grand et plantureux.* Id. *Ville durement riche.* Id.

Durer, v. n. Endurer, soutenir, tenir bon. *Ils n'eussent gaires duré sans son aide et victorieulx secours.* » V. n. et a. Supporter, résister, subsister, vivre.

EA

Eaux, pron. pers. Eux.

Echapement, s. m. Evasion.

Echard, **echars**, **escar**, **eschars**, adj. Chiche, avare, qui se retranche sur le nécessaire. En italien *scarso*, en quantité à peine suffisante, chiche, en angl. *scarse*, à peine. Dans la basse latinité, *excarpsus* et *scarpsus*, participe, de *excarpere* pour *excerpere*, extraire, réduire à une petite proportion. Diez.

Echeler, **echeller**, v. a. Escalader; exposer sur une échelle en punition d'un crime.

Echelle, s. f. *Faire echelle*, Faire la courte échelle, faciliter le moyen d'arriver à quelque chose.

Efficacieux, adj. Efficace. La langue anglaise a formé de la même manière le mot *efficacious*.

Effondrer, **effonder**, **effondre**, v. a. Enfoncer, rompre. *Exfundare*, renverser de fond en comble.

Efforcement, s. m. Dérèglement, violence.

Efforcement, **efforciement**, adv. Avec effort, par force.

Efforcer, n. et a. Devenir, rendre plus fort.

Effort, s. m. Déploiement de force. *Faire effort*, Donner force, produire effet.

Effroyer, v. a. Effrayer.

Embabouiner, v. a. Amuser, tromper par de vains discours, en imposer.

Embatre, **embattre**, v. a. Enfoncer, pousser, entrer, plonger, fourrer. *S'embatre sur*, Se précipiter sur.

Embesoigner, **embesongner**, etc., v. a. Travailler, occuper, embarrasser. *S'embesoigner*, Se mêler de, s'occuper de.

Embler, **ambler**, v. a. Prendre, ôter, dérober, éviter, fuir.

S'embler, v. pr. S'esquiver, s'enfuir.

Embrouiller quelqu'un, v. a. L'embarrasser, le prendre dans ses filets.

Embusche, s. f. Troupe desti-

EM

née à se mettre ou qui se met en embuscade.

Embusche, s. f. Embuscade. *Etre en embusche*.

Embuschement, s. m. Embuscade.

Embuscher, v. a. Dresser une embûche, se mettre en embuscade.

Emmentelé, adj. Couvert d'un manteau; se dit de la peau d'un animal, surtout relativement à sa couleur. *Un bœuf emmentelé de noir*. Selon l'Académie, *emmantelé* n'est plus guère usité que dans la locution *Corneille emmantelée*, Espèce de corneille qui a une partie du corps noir et le reste grisâtre.

Emmy, prép. Parmi, au milieu de. *In medio*.

Emouvoir, v. a. Mouvoir, soulever.

Empaindre, v. a. Heurter, pousser, enfoncer. *Impingere*.

Empainte, s. f. Attaque, choc; ouragan.

Emparer, v. a. avec le régime direct. *Les bastilles qu'ils avoient emparées*.

Emparlé, **emparlere**, **emparlier**, **parlier**, adj. et s. m. Homme éloquent, orateur; avocat.

Empescher, v. a. Embarrasser, troubler. *Estre empesché à... Etre embarrassé de...*

Empeiger, v. a. Prendre à l'aide de glu ou de poix, engluer. De *pége*, *pegue*, poix, en langued. *pego*, en lyonn. *peja*, en bas bret. *peg*, *pecg*. *Pix*.

Empetrer, v. a. Impétrer, obtenir par ses prières. *Impetrare*.

Empoinct, **empoint**, s. m. Etat, situation d'une chose, disposition. *Bien-empoinct*, Bien armé, de bonne contenance, bien portant. *Mal-empoinct*, le contraire.

Emporter la victoire, pour *remporter*.

Emprendre, v. a. Entreprendre.

Emprise, s. f. Entreprise, projet.

En, **l'en**, pron. indéf. On, l'on.

Enchaïr, **chaïr**, v. n. Tomber. *Cadere. Que nos enchaissiens,* Que nous tombions, imparf. du subj.

Enchanterie, s. f. Enchantement, illusion, déception.

Encharger, v. a. *Encharger une chose,* En donner charge, l'ordonner.

Enchas, s. m. Poursuite, presse, action de renverser, de fouler aux pieds.

Enchasser, **enchacer**, **enchaucer**, **enchacier**, **enchalceir**, etc., v. a. Poursuivre, chasser, presser, serrer, fouler aux pieds.

Enchevestrer, v. a. Mettre une chevestre, un licou. « *Enchevêtrer,* dit l'Académie, n'est guère usité dans ce sens. » Il l'était encore au XVIme siècle.

Enchoir, v. n. Tomber dans.

Enclin, adj. Incliné, penché. *Inclinatus.* Il ne se prend plus qu'au sens moral.

Encliner, v. n. Incliner.

Encolure, s. f. Isthme. *Collum.*

Encombrer, v. a. Nuire, faire du mal, obstruer, embarrasser. *Encombrer à quelqu'un.* En bas latin *combri* et *cumbri,* bois, branches coupées qui obstruent le chemin; de là *encombrare, incumbrare,* et en français encombrer. Ducange.

Encontre, prép. Contre.

Adv. *Dire encontre,* Contredire.

Enconvenancer, v. a. Promettre, convenir.

Encore que, conj. Quoique. *Encore qu'il se trompe.*

Encoulper, v. n. Accuser, inculper, déclarer coupable.

Endoctriner, v. a. qui ne s'emploie plus que familièrement ou dans un sens plaisant, était au XVIme siècle un mot grave, du style soutenu.

Endouairer, v. a. Doter. De *douaire,* donation constituée par le mari à sa femme.

Endroit, **endret**, prép. Environ. près, contre; à l'égard de. *Endroit l'église,* Tout près de l'église. *Là endroit,* justement là; *endroit soy,* selon son office; *en cest endroit,* à cet égard; *en vostre endroit,* envers vous, à votre égard; *endroit de moi,* à mon égard. Froissart écrit aussi *ci en droit.*

Endroit, s. m. Partie, morceau, par ex., d'un animal bon à manger.

Enfantosmer, v. a. Ensorceler, enchanter, troubler l'esprit.

Enfenciablement, adv. En enfant, d'une manière enfantine.

Enflamber, v. a. Enflammer, au physique et au moral.

Enforcer, **enforcier**, v. a. Renforcer, fortifier.

Engein, **engin**, **engien**, etc., s. m. Esprit, génie, invention, art, industrie; machine; ruse, tromperie. *Mal engin,* ruse, méchant projet. *Ingenium.* De là en ital. *inganno,* en esp. *engaño,* tromperie, fourberie.

Engigneur, s. m. Ingénieur.

Engouler, v. a. Avaler, engloutir; de *gole, golle, goule,* Bouche, gueule, gosier. *Gula.*

Engrand, **engrans**, **engrant**, adj. Prompt, vif, empressé; s. f. **engrande**.

Engreger, **engregier**, v. a. Augmenter en bien ou en mal, agraver; v. n. Augmenter. Roquefort le fait dériver de *aggravare* ou *ingravare.* Peut-être vient-il de *greigneur,* plus grand. *Grandior.*

Engraver, v. a. Graver. En angl. *to engrave.* L'origine du mot est germanique, *graben,* creuser.

Engrigner, **engrignir**, v. a. Fâcher, courroucer.

Enhider, v. a. Terrifier, de *hideur,* Horreur, effroi.

Ennortement, s. m. Exhortation, excitation.

Ennorter, v. a. Exhorter, exciter.

Ens, prép. et adv. Dans, dedans, intérieurement. Il est souvent joint à *ès. Les garnisons qui se tenoient ens ès chasteaux et ens ès fortes villes.* Froiss. Borel estime que ce mot a dû s'écrire primitivement *ents,* parce qu'il dérive de *intus.*

Ensarrer, v. a. Enserrer, enfermer.

Enseigneuse, s. f. Femme qui enseigne.

Enseller, v. a. Seller.

Ensonnier, **ensonier**, **ensongner**, v. a. Embarrasser, soigner, être occupé, occuper.

Ensuivre, v. n. Suivre. *Le jour*

ensuivant. La nuict ensuivant. Amyot.

Entendre à, v. n. S'appliquer à, entreprendre de.

Entente, s. f. Intention, dessein, entendement, volonté, pensée. *Intendere. Avoir entente,* Être d'accord, être convenu d'une chose.

Ententif, adj. Attentif, appliqué; occupé de.

Entommer, v. a. Ce mot ne se trouve que dans Rabelais, mais il est encore usité en Sologne. Il signifie *entamer* et vient du grec ἐντεμνω, parfait, τέτομα; ἔντομος, incisé, ἐντομή, incision.

Entourner, v. a. Entourer.

Entrelasseure, s. f. Entrelacement.

Entrementes, **entrementiers**, **entrementres**, **entreus**, **entrues**, prép Pendant. Ital. *mentre.* Voir Diez, *Et. Wört.*; 224.

Entremetre, **entremettre**, v. a. Entreprendre, tenter de faire une chose.

Entremets. *Venir aux entremets,* En venir aux tentatives, aux ruses.

On appelait aussi dans l'art dramatique *entremets,* comme en italien *intermezzo,* un intermède plaisant.

Entretenement, s. m. Entretien, nourriture, tout moyen de soutenir le corps.

Entrister, v. a. et n. Attrister et s'attrister.

Envers, prép. En comparaison de, au prix de.

Environ, prép. Auprès, autour. *Environ tous seigneurs* se trouvent quelques clercs. Comines. De même *Environ de, environ de luy,* prép. de lieu, Près de : *Environ Paris.*

Envis, adv. Avec peine, malgré soi, avec répugnance. *Invite.*

Envoir, v. a. Envoyer.

Epicycle, s. m. « T. d'astronomie, petit cercle imaginé par les anciens astronomes, et dont le centre est dans un point de la circonférence d'un plus grand cercle. » *Dict. de l'Acad.*

Epidimie, s. f. Epidémie.

Epidimié, adj. Atteint d'épidémie.

Equable, adj. Egal, uniforme. *Æquabilis.*

Ere, 3ᵐᵉ pers. de l'imparfait et du futur de l'indicatif de *estre :* Il était, il sera. *Erat, erit.*

Erent, ils étaient. *Erant.*

Ert, 1ʳᵉ pers. sing. de l'imparfait, 3ᵐᵉ pers. sing. du présent, de l'imparfait et du futur de *estre :* J'étais, il est, il était, il sera. *Est, eram, erat, erit.*

Erre, s. m. Train, allure. *A grand erre,* à grand train.

Es, prép. Dans. Mettre *ès* mains. *Es* guerres. On ne s'en sert plus que dans : Maître ès arts, bachelier ès lettres, docteur ès sciences.

Es est aussi la préposition du datif pour *à. Estre semblable es parolles. Enseigner es enfans.*

Esbahir, v. a. Etonner, surprendre. Il *les avoit* tous *esbahis.*

V. n. S'ébahir. « *Il* les vist *fremir* et *esbahir.* »

Escabin, s. m. Echevin. *Scabinus.*

Escalle, s. f. Ecaille.

Escare, s. m. Espèce de poisson.

Escarbillat, escarbillart, escarabillat, adj. Gai, enjoué, vif, rusé. En provençal moderne *escarabilhat,* gai, plaisant, badin, éveillé; *s'escarabilhar,* se donner du mouvement, s'égayer.

Eschauguette, echauguette, echarguette, s. f. Lieu couvert et élevé pour placer une sentinelle.

Escheller, v. a. Escalader : *Escheller une forteresse.*

Eschever, v. a. Esquiver, éviter.

Eschuer, eschuir, v. a. Esquiver, éviter, prendre garde.

Escient, s. m. Avis, sens, raison, volonté, connaissance. *A escient,* En connaissance de cause. *A son escient,* Sciemment, à sa volonté. *A bon escient,* De bonne foi.

Escolier, s. m. Homme d'école, s'applique aussi aux maîtres et professeurs.

Escondire, **escondre**, **esconduire**, v. a. Empêcher, défendre; éconduire, congédier, refuser, rebuter, contredire.

Escopette, escoupette, s. f. Fusil de guerre porté en bandoulière.

Escopetterie, escoupeterie, s. f. Décharge de plusieurs fusils.

ES

Escorne, s. f. Honte, mépris, accusation fausse.

Escorner, v. a. Mépriser, mettre à la honte. Roquefort fait dériver ces mots de *spernere* en changeant le *p* en *c* (et l'*e* en *o*). C'est de l'arbitraire pur. En italien *scornare* signifie humilier, enlever les cornes, c'est-à-dire l'orgueil. Dans l'A. T. *corne* a fréquemment ce sens. *Escorner* remonte donc à *cornu*, en quelque sorte *excornare*.

Escot, s. m. Eclat de bois, écharde.

Escoulteste, s. m. Sorte de juge dans le pays Wallon. *Auscultator*, auditeur. Il se dit aussi pour sentinelle, guet.

Escrime, *Remuer une mesme escrime*, Porter les mêmes coups, employer la même manœuvre.

Escuierie, s. f. Office, corps des écuyers.

Esjouir, esjoyr, v. n. Jouir, se réjouir.

V. a. Réjouir.

Esjouissance, s. f. Jouissance, joie, sérénité.

Eslai, eslan, eslay, s. m. Bond, élancement, élan, saut. *De plains eslais*, D'une venue, sans interruption.

Eslever, v. a. Enlever.

Eslite, elite, eslitte, s. f. Elite, choix. *De grant eslitte*, D'un beau choix.

Esmerveillable, adj. Etonnant, merveilleux.

Esmoldre, esmouler, v. a. Emouler, aiguiser.

Esmouvement, s. m. Excitation.

Esmouver, v. a. Remuer, exciter.

Espace, s. f., mis tout seul, se dit aussi du temps : *Quand il eust une espace pensé.*

Espardu. Eperdu.

Esparvier, s. m. Epervier.

Espargnant, adj. Econome, ménager, sobre.

Especial, adj. Spécial, particulier. *Par espécial*, Particulièrement, principalement, surtout.

Espée. *Mettre à l'espée*, Passer au fil de l'épée.

Espie, s. f. Espion.

Esploict, esploit, esplecte, s. m. Profit, avantage. *Expletio.*

Esploicter, esploitier, v. a. Travailler, agir, opérer, avancer.

Espoir, espouoir, pris adverbialement, Peut-être.

Espourer, v. a. Effrayer.

Espris (épris) pour pris. *Espris de sommeil.*

Esrenier, v. a. Ereinter; partic. *Esrené*, sans nerf, sans force. *Renes.*

Essoriller, esauriller, essoreiller, v. a. Couper, arracher les oreilles; supplice des voleurs. *Ex et auris.*

Estable, adj. Stable, assuré.

Establerie, s. f. Etable. *Stabulum.*

Estat, s. m. Ménage, maison, suite, train.

S. m. Etat, position, fortune. *Faire estat*, Se persuader, considérer. *Fais estat qu'il te faut souffrir toutes les sortes de tourmens.*

Faire estat de quelqu'un, Faire cas, estimer; compter sur quelqu'un ou sur quelque chose. *Le roy commençoit à n'en* (de Thorigny) *faire pas grand estat et à le mespriser.* Marg. de Valois. *Faictes estat que vous aurez et moy et la Royne ma mère pour cruels ennemys.* Ead. Cette locution se retrouve encore dans Corneille avec ces mêmes significations. *Estre en estat pour* (de).

Ester, esteir, v. n. Etre, subsister, exister, être debout. *Stare.*

Esteuf, s. m. Balle pour jouer à la paume. Barbazan le dérive de *stupa.*

Estimation, s. f. Estime, respect.

Estiquer, estoquer, v. a. Combattre d'estoc, enfoncer, percer.

Estoc, s. m. Pointe, épée.

Estocade, s. f. Coup d'estoc, grand coup allongé d'épée ou de quelque autre arme.

Estoffement, adv. En quantité, en grand nombre, en suffisance.

Estoire, s. f. Provisions, vivres, équipages, tout ce qui est nécessaire pour un voyage.

Estomac, s. m. Cœur, poitrine.

Estor, estour, s. m. Choc, mêlée, assaut, combat. Borel dérive de ce mot le verbe *étourdir*, auquel d'autres assignent une autre étymologie. Voy. Diez, *Et. Wörterbuch, S. 333. Stordire.*

ES

Estorer, estoirer, estoreir, v. a. Créer, donner l'être, instituer, bâtir, restaurer, ordonner, arranger.

Estouper, v. a. Boucher, fermer, empêcher, arrêter, mettre obstacle. *Estouper le pas*, entraver la marche. *Stupa*, étoupe. En bas latin *estopare*. Aujourd'hui *étouper* n'a plus que le sens restreint de boucher avec de l'étoupe ou quelque matière semblable. Angl. *to stop*, arrêter, empêcher.

Estraindre, v. a. Serrer, resserrer.

Estraine, s. f. Etrenne.

Estrange, adj. Etranger. Se lit encore quelquefois dans Regnier.

Estre pour. Servir à, être disposé à, propre à, qualifié pour. *Ils ne sont pour vous venir attaquer.* Montluc. *La science n'est pas pour donner jour à l'ame qui n'en a point, ny pour faire voir un aveugle.* Montaigne. Expression fréquente chez Corneille et Molière. Dans les *Plaideurs* de Racine : *Monsieur, je ne suis pas pour vous désavouer.* — En italien : *Sono per ritirarmi del tutto di què.* Bocc. *Nov. Son per amar più di giorno in giorno.* Petrarca. *Se' tu quegli che se' per venire?* Mat. XI, 3 [1].

(1) La locution *être pour* suivie d'un infinitif, inusitée aujourd'hui, revient souvent chez Corneille, Molière et leurs contemporains.

La feinte *n'est pas pour durer* plus d'un jour.
Gal. du Pal.

Mais, Monsieur, *ce seroit pour me bien divertir*
Si, comme vous, Lucrèce excelloit à mentir.
Ment.

...Ce beau sang me feroit verser d'autre
Et ma fureur *n'est pas pour se borner* au vôtre.
Théod.

.. Un ami chaud et de ma qualité
N'est pas assurément *pour être* rejeté. Mis.

Morbleu, *vous n'êtes pas pour être* de mes gens.
Id.

Je ne suis pas pour être en ces lieux importun.
Tart.

EX

Estrif, s. m. Lutte, combat, débat.

Estriver, v. n. Lutter, combattre, s'efforcer.

Estude, s. m. et f. Application, soin persévérant.

Estuver, v. a. Baigner.

Euré, adj. *Bieneuré*, Bienheureux.

Exaussement pour **Exhaussement**, s. m. Elévation, ennoblissement. Aujourd'hui ce mot ne s'emploie plus dans le sens moral, mais seulement en architecture. Le verbe correspondant ne s'écrivait pas *exhausser* mais *exaulchier*, élever, honorer. De *exaltare*, hausser, élever, et non de *exultare* pour *exaudire*, comme dit Roquefort.

Exemplier, v. a. Instruire par un exemple.

Excommuniement, s. m. Excommunication.

Exercitation, s. f. Exercice.

Exercite, s. f. Armée ; exercice.

Exercitement, s. m. Exercice, action d'exercer.

Exhortement, s. m. Exhortation.

Exiler, exilier, exillier, v. a. Rompre, déchirer, mettre en pièces, dévaster.

Experiment, s. m. Expérience. On n'a pas conservé ce substantif, mais deux de ses dérivés : *expérimenter* et *expérimental*.

Explauder, v. a. Chasser avec bruit, en frappant des mains. *Explodere* pour *explaudere*. Nous avons conservé de cette racine le mot *explosion*.

Exquisite, adj. Choisi, éminent, extrême, en bien et en mal. *Mauvaistié exquisite*.

Extime, s. m. et f. Estime.

Ce spectacle *n'est pas pour amuser* nos yeux.
Boil. Lutr.

Monsieur, *je ne suis pas pour vous désavouer.*
Rac. Plaid.

F

FA

Faé, faez, adj. Enchanté, ensorcelé, doué d'un charme. *Fatum*

Faict. *A peu de faict*, Avec peu de peine.

Faillir, failloir, falloir, v. n. et a. Tomber, manquer, tromper. Manquer, dans le sens de besoin, disette. « *Les vivres viendront à faillir.* »

Failly. *A jour failly*, A la fin du jour, à la tombée de la nuit.

Faire, v. a. Remplaçant un autre verbe, pour ne pas le répéter. « Je ne sais nulle roygne je servirois si volontiers ni si de cœur *comme je ferois vous.* » Froiss. Corneille a dit dans *Horace* :

> ...Albe montre en effet
> Qu'elle m'estime autant que Rome *vous a fait.*

Voltaire déclare que cela « n'est pas français. » Cette critique ne peut tenir contre le témoignage de l'Académie ni contre les exemples suivants :

> L'on reprend des humeurs ainsi qu'*on fait les nôtres.*
> Régnier.
> Qui le traisne à tastons, quelque part qu'il puisse estre :
> *Ainsi que fait un chien, un aveugle, son maistre.*
> Id.

> Il l'appelle son frère, et l'aime dans son âme
> Cent fois plus qu'*il ne fait mère, fils, fille et femme.*
> Molière.

« Dieu..... continua de l'instruire *comme il a fait Joseph et Salomon.* » Bossuet. — « Il vous comptera un soupir et un verre d'eau donné en son nom, plus que *tous les autres ne feront jamais, tout votre sang répandu.* » Id. — « L'église de la terre regarda cette conversion (de Turenne) avec autant de joie *qu'elle eût fait celle d'un royaume tout entier.* » Mascaron.

Faire, v. a. Combattre. *Bien faire*, Se comporter vaillamment dans un combat ou un duel. Corneille fournit plusieurs exemples de cet emploi. « *Oui, vous faisiez tous deux en hommes de courage.* » Menteur. « *Ayez soin que tous deux fassent en gens de cœur.* » Cid.

FE

Faire du, Se comporter en, trancher du. « Quand un roy *fait tant du hazardeur* et du cheval léger. » Brant. Corneille dit de même :

> Faire ici *du fendant* tandis qu'on nous sépare,
> C'est montrer un esprit lâche autant que barbare.
> Veuve.

—Faire semblant, imiter, feindre, *Faire du desconfist*. Nous disons aujourd'hui : Faire *le* déconfit.

> Tantost en le voyant j'ay fait de l'effrayée.
> Corneille

Faire à demander. *Ce ne fait pas à demander,* Cela ne peut être mis en question ; il n'y a pas lieu d'en douter.

Fallace, s. f. Tromperie, ruse.

Falloir, v. n. Manquer, ne pas faire. *Il n'y faudra d'un seul point,* Il ne manquera pas de s'y conformer de tout point.

Famelieux, adj. Affamé, exposé à la famine. *Fameliosus.*

Fardel, s. m. Fardeau, paquet. *Faire son fardel pour s'en aller.*

Fascher (Se) de quelque chose. S'en dégoûter.

Fascherie, s. f. Chose fâcheuse, embarras, désagrément.

Faulte, faute, s. f. Défaut, au physique. *La faulte d'une dent creuze.* Le défaut, l'endroit sensible.

Faussée, s. f. Choc, charge, irruption.

Fealement, adv. Loyalement.

Feauté, s. f. Loyauté, fidélité.

Feindre, faindre (Se), v. pron. S'épargner, ménager sa peine ; ne faire que le semblant de ; s'abstenir de. Montaigne l'emploie pour *feindre*, hésiter.

Fel, fellon, falon, felun, etc., adj. Méchant, cruel, violent, faux, perfide. En bas latin, *fello, felo,* perfide, rebelle, malfaiteur. Pour l'étymologie, voir Du Cange, § *fello* et Diez, E.-W. *Fello.*

Fellement, felonessement, felenessement, adv. Méchamment, cruellement, traitreusement.

Felenesse, felonesse est le féminin de *fel, felon.*

Femenin, adj. Féminin, efféminé.

Ferir, ferer, v. a. Frapper, lancer, jeter, heurter. *Se ferir*, se lancer, se jeter. *Ferire.*

Fermure, s. f. Serrure, verrou, barre, tout ce qui sert à fermer.

Feromes, Nous ferons, comme *metteromes.*

Ferrement, s. m. Outil en fer.

Festeyer, v. a. Festoyer, fêter.

Festiment, s. m. Festivité, réjouissance.

Fetard, adj. Paresseux, lâche. Qui *fait tard.*

Fetardie, fetardise, s. f. Paresse, lenteur, nonchalance.

Feu, adj. Défunt. De *il feu* ou *feut, fuit.*

Feure, feurre. Voy. *Foire.*

Fiable, adj. Croyable, digne de foi.

Fiablement, adv. Avec confiance.

Fiance, s. f. Confiance, certitude, foi, promesse, intimité. *Fidentia.*

Fiancer, v. a. Promettre, engager sa foi; recevoir un engagement, prendre des gages. *Fiancer quelqu'un prisonnier*, Le recevoir prisonnier sur sa foi.

Fiel, adj. Fidèle, loyal.

Fien, fiens, s. m. Boue, fiente, ordure.

Finablement, adv. Finalement.

Finer, fineir, v. a. et n. Achever, finir, mourir, détruire, user, trouver. *Il fina ses derniers jours.*

Finer de l'argent, en trouver. Roquefort dérive de là le mot *finance*, somme d'argent, intérêt, usure, et reconnaît comme étymologie de *finer* le latin *finire* ou le bas latin *finare*, terminer, en italien, acquitter, solder, terminer un compte, comme le remarque M. Diez.

Flageoler, flajoler, v. n. Causer, jaser.

Flascon, s. m. Flacon, ital. *fiasco*, esp. *flasco, frasco*, port. *fiasco*, fem. ital. *fiasca*, vieux franç. *Flac, flache, flasche, flaische*, allem. *flasche*, allem. suisse *flesche*. Ce mot se trouve de bonne heure dans la basse lati-

nité. « Duo lignea vascula, quæ vulgo *flascones* vocantur. » *Greg. M. Dial.* 2, 18. « *Flascæ* provehendis ac recondendis phialis primum factæ sunt, postea in usum vini transierunt. » *Isidor.* 20, 6, 2. Voyez dans Diez les conjectures sur l'étymologie.

Fleureter, v. a. Toucher légèrement. *Tocar muy ligeramente.* Oudin.

Fleurir, v. a. Orner de fleurs, couronner.

Floreter, v. a. Orner de fleurs.

Floter, v. n. Couler. *La mer flotoit près du chastel.*

Flou, flouet, adj. Délicat, mollet, tendre.

Foire, foare, foarre, foera, foire, fouare, fouarre, feurre, etc., s. m. Paille, fourrage, litière pour les chevaux. *Gerbe* s'écrivait anciennement *jarbe. Faire jarbe de foarre à Dieu*, ou, comme écrit Pasquier, *Faire gerbe de foire à Dieu*, signifiait payer à Dieu, c'est-à-dire au curé, les dîmes en mauvaises gerbes où il n'y avait guère que la paille et peu de grain, tremper, raser. Cette locution proverbiale s'altéra dans la suite. *Et l'hypocrite fist barbe*[1] *de paille à Dieu*, Régnier, Sat. VI. Ital. *fodero*, esp. port. *forro*, bas lat. *fodrum, foderum, fodrium.* De l'anc. haut allem. *fuotar*, fourrage; allem. mod. *futter.* Proverbe : *Seigneur de feurre mange vassal d'acier.*

Fondre, v. n. S'emploie pour s'écrouler, tomber. *Le pont fondit et ceulx qui estoient dessus fondirent en la rivière.*

Force, s. f. *De force*, A force. *Il se mit à sangloter de force de rire.*

Forcelette, s. f. Place forte.

(1) *Jarbe* a pu facilement se changer en *barbe*, explication simple et naturelle au prix de la supposition de Brossette. Il demande si le proverbe ne viendrait point de ce qu'on faisait des barbes d'or aux statues, et qu'au lieu de barbes d'or, les avares et les usuriers leur en mettaient de paille, pour s'emparer eux-mêmes de celles qui étaient de ce précieux métal. — La langue italienne a une locution proverbiale analogue à la plus moderne française : *Far la barba di stoppa a qualcheduno*, faire à quelqu'un une barbe d'étoupe; cela signifie : faire du mal ou jouer un tour à quelqu'un d'une manière inattendue. L'explication qu'on en donne est qu'on peut facilement enlever une telle barbe et y mettre le feu : *La barba a ta fece di stappa, che è facilmente levabile e incendibile.* Salvin.

FO

Forpasser, v. a. et n. Outre-passer, dépasser.

Fors, adv. Hors, hormis, excepté.

Fortune, s. f. Hasard, risque. *Courir une grande fortune*, Courir un grand risque.

Forte fortune, loc. adv. Par hasard.

Fouace, s. f. Gâteau cuit sous la cendre, et, aussi, bouillie mêlée de jaunes d'œufs. On disait également *fougasse* et *fouée*. Les pâtissiers provençaux font encore aujourd'hui des *fougasses*. *Gloss. Janet.*

Fouacier, s. m. Marchand de fouaces.

Fouage, s. m. Impôt sur chaque feu ou ménage.

Fouillouse, fouilleuse, s. f. Sac de peau. *Folliculus.*

Fouir, v. n. Fuir.

Foul, fol, adj. Fou.

Foullaton, s. m. Petit fou.

Fountz, s. m. Fonds, territoire.

Fourbir, fourbanser, v. a. Ecurer, nettoyer, polir. Il ne se dit depuis longtemps que des armes ou d'autres objets métalliques. Froissart dit : *Ils fourbirent leurs plaies.*

Fourcelle, forcele, four-chelle, forcel, forcele, etc.

FU

Estomac, creux de l'estomac, poitrine, ventre. En bas latin *Furcula*, partie de la poitrine où les veines qui partent du foie se séparent en plusieurs branches, *in furculas*. Ducange.

Fournir, v. a. Exécuter, produire, venir à bout.

Frere, s. m. Moine.

Friand, adj. Appliqué à celui qui prépare une chère délicate. *Friand cuisinier.*

Friente, s. f. Bruit, tumulte, sédition.

Frique, friquet, frisque, frisquet, adj. Menu, léger, délicat, mignon, joli, beau, élégant, frais, neuf. De l'ancien haut allem., *frisc*, frais, neuf; wallon *friss*, anglo-sax. *fersc*, kymri *fresg*, bret. *fresk*, allem. *frisch*, ital. *fresco*, fr. *frais*.

Friquement, adv. Elégamment, avec fraîcheur.

Frutice, s. m. Arbrisseau, *Frutex.*

Frutterie, s. f. Fruiterie, office qui fournit le fruit à la table de la cour et aussi la bougie et la chandelle.

Fuiter, v. a. Mettre en fuite.

Fumière, s. f. Fumée.

G

GA

Gaber, gabber, v. a. Railler. *Se gaber de*, Se moquer de. De *gab*, *gap*, raillerie, ital. *gabbo*, en anc. esp. *gabar*, railler. On présume que la racine est celtique.

Gaigne, s. f. Gain, victoire.

Galée, s. f. Sorte de navire.

Galier, galler, gallier, v. n. Se réjouir, s'amuser, se donner du bon temps; au fig. v. a. Battre, étriller, tromper. *Faire le gallier gallant*, vagabonder pour mener joyeuse vie.

Garantir, v. a. Mettre à l'abri, ne se construit plus, pour le régime indirect, qu'avec *de*. Au XVIme siècle, aussi avec *que... ne*. On ne put le *garantir qu'il ne fust* pris.

Garçonner, v. a. Livrer, abandonner aux mauvais traitements des

GA

garçons ou *gars*, c'est-à-dire des mauvais sujets, des vauriens, des goujats.

Garde. *Se donner garde*, Se douter de, soupçonner, craindre.

Garde, s. f. Tort, dommage, inquiétude.

N'avoir garde de, N'être pas exposé à... Il signifie à présent n'avoir pas la volonté ou le pouvoir de... « Le chevalier eut grand joie quand il entendit qu'*il n'auroit garde de mourir.* »

Se prendre garde, v. pron. Faire attention, observer.

Gardoir, s. m., **gardoire**, s. f. Lieu, construction pour garder quelque chose, réservoir. Métaphor, Mémoire.

Garne. *Il se tenoit en une garne*

à l'hostel de ville à tout un grand batton. O. de la Marche. Ce mot ne se trouve dans aucun dictionnaire.

Garnir, v. a. Pourvoir, orner. *Garni de gensdarmes.* Aussi au moral, *garni de hardiesse.*

Gaudisseur, s. m. Moqueur.

Gect, s. m. Jet.

Gendarme, gend'arme, plur. **gens d'armes**, s. m. Soldat, soldats, militaires. *Hector, le plus grand des gendarmes*, dit un traducteur de Virgile.

Gens, gent, gent, gentiex, gentieux, adj. Joli, beau, gentil, aimable. En bas bret. *gen.*

Gentil, adj. Noble, libre. Il est souvent associé à *franc, franc et gentil.* Chez les anciens Romains, *gentilis* désignait un homme dont les aïeux avaient toujours été libres, ou quelquefois seulement né d'un homme libre. Dans la basse latinité, la première signification prévalut, et devint synonyme de noble; ce sens fut exclusivement adopté par la langue romane.

Gentil-femme, gentildame, gentifemme, s. f. De gentil-homme. Dame noble.

Gentillesse, s. f. Noblesse, foi de gentilhomme, titre des nobles; acte, sentiment noble, générosité.

Gerbe, garbe, jarbe, s. f. Gerbe. Prov. aragon. catal. *Garba.* De l'ancien haut allem. *Garba*, allem. mod. *garbe. Faire gerbe de foire à Dieu.* Voyez *Foire.*

Gergonner, gergoner, jargonner, v. n. Parler à demi-voix, mal parler, marmotter entre ses dents. En picard *gergon.* Ce mot a ses analogues dans les autres langues romanes, mais M. Diez le croit d'origine française.

Gertier, s. m. Jarretière. En angl. *garter.*

Geste, s. f. Action, récit, histoire. *Chanson de geste* ou *geste* seul. Narration épique, épopée.

Gloutonnie, s. f. Gloutonnerie.

Goffe, adj. Mouillé, grossier, de peu de grâce, maussade.

Gorrier, guorrier, adj. Richement couvert, paré de beaux colliers, d'un harnais superbe; se dit des hommes et des chevaux.

Gouvernement, s. m. Manière de gouverner sa vie, système de conduite.

Gracier, v. a. Remercier, gratifier, obliger.

Grammairien, nne, adj. Grammatical.

Graunt, adj. Grand. Dial. angl.-normand.

Gré, s. m. *Le gré de quelqu'un,* sa bienveillance, sa faveur.

Grever, v. n. Peser, être difficile, coûter. *Il greva beaucoup au roy* de dissimuler.

Grief, ve, adj. Lourd, pénible, difficile. *Gravis. Il m'est grief*, Il me pèse.

Grieu, s. et adj. Grec.

Grieveté, s. f. Mal, incommodité, tourment.

Grigner, v. a. Grincer. *A ce point grigna le roy des dents.* Froiss.

Grollier, adj. *Noyer grollier, noix grollière* dans Rabelais. La noix grollière est plus grosse que la noix commune et sa coquille est plus tendre. « Il se peut, dit Le Duchat, qu'on l'aura nommée *grollière,* à cause que la *grolle,* espèce de corneille qui en est fort friande, trouve le moyen de l'entamer de son bec. »

Gros, s. m. Monnaie valant deux sous et demi.

Poids très-léger, en usage pour les matières d'or et d'argent; la huitième partie de l'once.

Gros, adj. Grand, considérable. *Une grosse cité. Une grosse escarmouche. Gros prisonniers.*

Grosse, voy. Maladie.

Grossement, adv. Grossièrement.

Gualant, guallant, adj. et s. m. Galant.

Guarir, garir, v. a. Guérir. En vieux provençal et en vieux français, ces mots signifiaient en outre préserver, sauver, mettre en sûreté, d'après l'étymologie gothique *varjan,* défendre, comme en ancien haut allemand *werjan* et en allemand moderne *wehren.* De là, en portugais, *guarita,* en esp. *garita,* en vieux fr.

GU

garite, aujourd'hui *guérite*, lieu de sûreté, de refuge. Les deux vieilles formes, dans le sens de guérir, sont encore employées par Régnier, au commencement du XVIIme siècle. Molière ne met *garir* que dans la bouche du peuple. *Un médecin qui a gari des gens qui étiant morts. Garir* est resté dans le provençal. En italien, *guarire* est plus usité que *guerire*, et *guarigione* que *guerigione*, en esp. aujourd'hui *guarecer*.

Guaster, Gâter (Se), v. pron. Se faire du mal.

Guerdon, s. m. Récompense, loyer, voy. *Guerredon.*

Guères, adv. Un peu, quelque peu. « Si je demeurois au pays *guères de temps*, » quelque temps. Froiss.

Guerpir, guilpir, guspir, wespir, v. a. Laisser, quitter, abandonner. Nous avons conservé *déguerpir.*

Guerredon, Guerdon, s. m. Récompense.

Guete, guette, s. f. Sentinelle.

Gueules, s. m. Terme de blason, couleur rouge.

Gueulle, *Rire de pleine gueulle*, Rire à gorge déployée.

Guorre, s. f. Divertissement.

H

HA

Habitateur, s. m. Habitant.

Haingre, adj. Etroit.

Hait, haite, haited, haistié, s. m. Gré, souhait, joie, santé, plaisir, courage, bonne volonté.

Haiter, haitier, v. a. Souhaiter, réjouir, rendre gai.

Haitié, haitier, haitis, adj. Sain, gai, joyeux, gaillard, robuste.

Halener, v. n. et a. Respirer, souffler; sentir, flairer; fréquenter.

Hallebrené, adj. Ereinté, échiné, faible, en désordre.

Ham, hamel, s. m. Village, hameau.

Hamelet, s. m. Petit village. Ces mots se trouvent dans le bas lat. *Ham, hamma*, habitation, maison, village. *Hamellum*, petit hameau se rattachant à un village. Ducange reconnaît que ces mots sont d'origine saxonne et teutonique. M. Diez rappelle la racine gothique, *haims*, bourg, et l'ancien haut allemand *heim*, demeure. *Ham* est la terminaison de beaucoup de noms de lieux en Angleterre, *heim* en Allemagne. Barbazan dérive *hameau* du latin *ambo*, parce que rarement un hameau est composé de plus de deux maisons, ou, si l'on préfère, du grec *hama*, ensemble. Roquefort remonte à l'arabe *hhan, hhanih*, hameau.

Hanap, hanapier, hanas, ha- nepée, **heinap**, etc., s. m. Vase à boire, coupe, tasse, ciboire. En bas lat. *hanapas*. Ital. *anappo, nappo*. De l'anc. haut allem. *knapf*, plus anc. *knap*, selon M. Diez, ou selon Ducange, du saxon *hnæp, hnæppa*, coupe; en allem. moderne *Napf*, jatte, terrine. En bas breton *anaph, anap*. L'auteur des racines grecques le dérive de ἀναπίνειν, humer, avaler.

Hannouart, hannoyart, hanouard, s. m. Porteur de sel du grenier à sel de Paris.

Haquebute, hacquebute, harquebouse, harquebuse, harquebute, s. f. Arquebuse, espèce d'arbalète pour lancer des flèches, des javelots, et pour tirer au prix. Plus tard, arme à feu pour tirer au fusil. Barbazan dérive ce mot de *arcus pulsus*. L'italien *arcobugio*, plus ancien peut-être que les autres mots romans correspondants, dérive de *arcus* et *bugio, buso*, percé, et désigne le canon d'une arme à feu. La vieille forme française a conduit MM. Grandgagnage et Diez à une autre étymologie; *haak-bus*, dans la langue des Pays-Bas, fusil à crochet, en allemand *Hakenbüchse*.

Haquebutier, s. m. Armurier, arquebusier; soldat armé d'une arquebuse.

HA

Hardement, s. m. Hardiesse, audace; action hardie, téméraire.

Harnois, s. m. Armure complète. Aussi armure pour protéger une partie du corps ou un membre. *Harnois de jambe.*

Hart, s. f. Corde, *Sur la hart,* sous peine de la corde.

Haster, **Hâter**, v. a. Presser, serrer de près. *Haster de près les ennemis.*

Hastif, adj. Prompt, qui agit précipitamment.

Hastiveté, s. f. Précipitation, hâte, vivacité, premier mouvement, empressement.

Haultece, s. f. Hauteur, élévation (au moral).

Hautement, adv. Pris dans le sens propre pour *haut.* « Fortune les a *hautement* eslevez. » Ce mot n'est plus usité qu'au figuré, pour hardiment, librement, résolûment. *Je le déclare hautement.*

Hauteur, s. f. Elévation, degré. *En cette hauteur,* A ce haut point, à un si haut degré.

Havet, hauet, havets, haviet, s. m. Croc, crochet, pioche, hameçon.

Havre, s. m. Ne se dit plus que de certains ports qui restent la plupart sans eau à marée basse. Autrefois il se disait d'un port de mer quelconque. En anglais *harbour,* qui signifie proprement un abri, a le même sens, et de plus celui d'auberge, *albergo* en italien. Johnson le dérive de l'allem. *Herberge,* d'où s'est formé le verbe *héberger.* D'autres dérivent *havre* du celtique *aber,* encore usité dans le pays de Galles, pour un lieu où de l'eau tombe dans de l'eau. *Adelung, Mithrid.*

Hazardeur, s. m. Qui hasarde.

Héer, v. a. Haïr. Il heoit.

Heité, voy. Haitié.

Herberger, v. a., **heberger**, loger. Forme ancienne plus rapprochée de sa racine, *heriberga* en ancien haut allemand, *herberge* en allem. moderne; *albergo* en ital. esp. et port. *Auberge. Herberge* en vieux français se disait aussi d'un camp (*Diez*).

HU

Herisonné, adj. Hérissé, semblable à un hérisson.

Herite, s. m. Hérétique, traître, déserteur.

Heriter, v. a. Mettre en possession, faire jouir, s'établir quelque part.

Heur, s. m. Sort, destin. *Bon heur, mal heur.* Seul il se prend ordinairement en bonne part. *Mon heur ou mon malheur.* Ce mot est fréquent dans Corneille.

Heure. En bref heure, loc. adv. En peu de temps.

Hideur, s. f. Horreur, effroi, laideur.

Hier, voy. Autre.

Hommeau, s. m. Petit homme.

Honneste. *Honneste homme,* homme de cœur et qui fait son devoir.

Honte, *à honte,* loc. adv. Ignominieusement.

Hoqueton, s. m. Casaque brodée que portaient les archers du grand prévôt, du chancelier, etc.

Horion, s. m. Coup à la tête, meurtrissure.

Hors, adv. *Soit hors,* loin d'ici, loin de moi. *De là en hors,* loc. adv. Dès ce moment, dès lors. De ce moment jusque en dehors de ce moment, plus avant.

Host, ost, s. m. Armée. *Hostis.*

Hostager, s. m. Qui sert d'ôtage.

Hucher, **huchier**, **huer**, **huyer**, v. n. et a. Crier, appeler, proclamer; assigner à un tribunal.

Humeux, adj. Qui hume, boit, ivrogne.

Hus, s. m. Espèce de bateau.

Hutin, hutineux, adj. Brusque, vif, querelleur. Louis X fut surnommé *le Hutin,* parce que dès son enfance il aimait à quereller et à se battre. *Hutin, huttin,* s. m. Querelle, combat, sédition.

Hutinet, s. m. Maillet de bois des tonneliers qui fait beaucoup de bruit.

Huy, huis, huy, adv. Aujourd'hui; ce dernier mot est donc composé: *Au jour de hui.* Hodie. *Jusques à huy.*

Hypocriser, v. a. Feindre. « Ils *hypocrisent* quelque austérité superficielle de vie. » Pasquier.

I

I

I, pronom, pour *y*. « Vous n'i fauldrez mye. »

Icel, icelle, icelui, pron. dém. Ce, celui-ci, celui-là, celle-là, ceux-là. Lat. *iste, ille*.

Icy, pour *ci*, ajouté à un substantif. *Ce lieu icy*.

Iere, iers, iert, ieret, ierent. Présent, imparfait et futur de l'indicatif du verbe *Estre*, *Eram, eras, erat, ero, erit, erunt*.

Iiec, ilecques, illec, illecques, illeque, etc., pron. dém. et adv. Lui, lui-même, celui-là, celle-là; là, en cet endroit, par là. Lat. *ille, illic*.

Imbecilité, s. f. Faiblesse. *L'imbecilité de l'aage. Imbecillitas*.

Impatroniser (S'), Se rendre maître, s'emparer de l'autorité; avec le génitif.

Imperer, v. n. Gouverner, commander. *Imperare*.

Impertinent, adj. Absurde, impossible.

Impourveu (à l'), adv. A l'improviste, inopinément.

Improperer, v. a. Reprocher, réprimander, déshonorer. *Improperare*, employé dans le même sens par Plaute.

In, prép. En.

Incliner, v. n. S'incliner. *En inclinant le roi tout bas*, En s'inclinant tout bas devant le roi. Froiss.

IT

Inconvenient, s. m. Incommodité, accident, malheur.

Induire, v. a. Attirer. *Induire le peuple à sa suite*.

Induire (S') à, v. pron. S'engager à, se déterminer à.

Inequalité, s. f. Inégalité.

Inexpert, adj. Inexpérimenté, sans connaissance d'une chose. *Inexpert des lois*.

Infirme, adj. Faible dans ce qu'on fait ou essaie.

Infirmité, s. f. Faiblesse, imperfection de ce qu'on fait.

Innumerable, adjectif. Innombrable.

Insculper, v. a. Sculpter, graver.

Instaurer, v. a. Restaurer, rétablir, restituer.

Intellectif, adj. Intelligent, intellectuel.

Interroguer, v. a. Interroger.

Invasif, adj. Propre à assaillir, à attaquer. *Invadere*.

Ire, ireur, s. f. Colère, emportement. *Ira*.

Ireement, iriement, ireusement, adv. Avec colère. *Ira*.

Issi, isinc, issint, adv. Ainsi, excepté. *Ita, sic*.

Issir, yssir, v. n. Sortir. *Exire*.

Issue, yssue, s. f. Sortie, dans le sens militaire, en parlant des assiégés, *faire une yssue*.

Itel, adj. Tel, semblable.

J

JA

Ja et **jà**, adv. Déjà.

Jaçoit, jassoit, conj. et prép. Quoique, malgré. *Jaçoit que* ou *ce que*. « *Jassoit ce que* payens fussent de courage très-hardis. »

Jambe, voy. Tour.

Jeuer, v. n. Jouer.

Joe, s. f. Joue.

Joint que, Ajoutez que.

JO

Jour, s. m. Lumière, éclaircissement.

Jourd'huy, s. m. Aujourd'hui. *Pour le jourd'hui*.

Journée, s. f. Une journée de voyage. *Par ses journées*, locution fort usitée. En faisant ses journées de voyage. « Il alla, il chevaulcha tant *par ses journées*, qu'il entra de-

JO

dans Paris. », *Faire tant par ses journées,* Cheminer si bien que...

Jouste, Joste, Jouxte, s. f. Lutte, joute, tournoi, combat à la lance. *Juxta.*

Joyer, v. a. Jouer.

Judicial, adj. Judiciaire.

Jugeur, s. m.

Jurons, euphémisme. Les jurons étaient fort en usage pour prendre Dieu à témoin de la vérité de ce qu'on disait : *Pardieu,* etc. Soit respect naturel pour la Divinité, soit respect pour la loi de Dieu qui défend de prendre son nom en vain, les peuples ont altéré la forme des jurons pour éviter une semblable profanation. Ainsi, en français, on a dit : *Corbieu, corbleu, morbleu, mordi, parbieu, parbleu, pardi, sambieu, sambleu, par la sambleu, palsambleu, têtebleu, ventrebieu, ventrebleu,* au lieu de : « Par le corps de Dieu, » « par la mort de Dieu, » « par Dieu, » « par le sang de Dieu, » « par la tête de Dieu, » « par le ventre de Dieu » (peut-être « par le ventre qui a porté Dieu, » selon une expression reçue), *maugrebleu,* « je maugrée Dieu, » etc. Au XVIIme siècle encore, ces jurons étaient si fort en usage dans la haute société, que le *Misanthrope,* où Molière peint les usages de cette société et même des habitués de la cour, en renferme vingt dans les deux premiers actes et dans la première scène du troisième. — Complétons ces observations sur l'euphémisme des jurons par un passage d'*Estienne Pasquier* (*Recherches de la France,* l.

JU

viii, ch. 2) : « *Got* en langue Germanique et Françoise (franke) signifiait Dieu, et de là nous tirons les mots *Bigot* et *Cagot,* pour dénoter ceux qui, avec une trop grande superstition, s'adonnent au service de Dieu. Il n'est pas que les pitaux (rustres) de village pour couvrir leurs blasphèmes n'ayent autresfois composé des vocables, où ce mot *Got* est tourné en *Goy,* car quand ils dirent Vertugoy, Sangoy, Mortgoy, ils voulurent sous mots couverts dire autant que ceux qui disent vertu Dieu, sang Dieu, mort Dieu; encore en firent-ils un plus impie quand ils dirent un *Jarnigoy,* qui est tout autant que s'ils eussent dit *Je renie,* etc. Comme les paroles se tournent avec le temps en abus, nous ne pensons point mal faire usans de ces mots corrompus, non entendus, toutesfois il y va de l'honneur de Dieu. Au contraire, nous avons tiré en mauvaise part le nom de *Bigot,* qui n'estoit tel sur son premier advenement : Parce que Guillaume de Nangy récite que sous le roi Charles le Simple les Normans désirant estre chrestiennez, s'escrièrent devant luy *Bigot, Bigot, Bigot,* qui valoit autant (dit cet autheur) comme s'ils eussent voulu dire de par Dieu. »

Jus, adv. En bas, à bas. Ital. *Giù.*

Jusque, jusques, prépos. Se construit aussi avec un verbe, comme notre *jusqu'à ce que.* « *Jusques l'instrument ait pris* convenable croissence. »

L

LA

Lance, subst. fém. Une certaine troupe de cavalerie. Par métonymie, pour lancier : *Une troupe de 800 lances.*

Laneret, s. m. Le lanier mâle, petit lanier, oiseau de proie.

Langouste, s. f. Sauterelle. *Locusta.* Aujourd'hui ce mot désigne une sorte d'écrevisse de mer.

LA

Lanterné, adj. Transparent comme une lanterne, à force de maigreur. Le verbe *lanterner* veut dire, *moquer, bafouer.*

Lascheté, s. f. Faiblesse, inclination, même dans un sens honorable. « Une merveilleuse *lascheté* vers la miséricorde et la mansuétude. » Montaigne.

LA

Lavement, s. m. Lotion, action de laver.

Lé, lée, lès, etc., adj. Spacieux, large, étendu. Ducange nous apprend que, dans le bas latin, *leda* était un chemin large, en français *lée,* d'où l'on a formé à tort *alée* au lieu de *la lée.* Il dérive le mot *leda* de *lata via. Lée,* chez les Normands, a signifié ensuite la largeur.

Leans, laiens, leenz, adv. Là, de l'autre côté, opposé à *ceans,* ici.

Lee, lei, s. f. Loi, règle, ordonnance.

Legier, adj. Léger. *De legier,* loc. adv., Légèrement, facilement.

Lesche, s. f. Petite tranche; fam. Une lesche de pain. *Une lesche du jour,* une première lueur du jour.

Letanie, s. f. Litanie.

Leteri, leteril, leteris, letri, letrin, letrun, letteril, s. m. Tribune où l'on lisait les psaumes, jubé, chaire, lutrin (qui en dérive). Bas latin. *lectrinum, leterinum* de *lectura.*

Leu, leup, s. m. Loup. Conservé dans le dialecte picard. La Fontaine, liv. IV, fable 16.

Lez, s. m. Côté, largeur, flanc : *Lez-à-lez,* A côté l'un de l'autre.

Lez, prép. A côté, près. *Plessis-lez-Tours,* Plessis, **près** de Tours.

Libere, adj. Libéral, bien né, noble, généreux.

Lie, lié, lies, liaz, adj. Content, gai, joyeux. *Lœtus.*

Liement, adv. Joyeusement, avec plaisir, de bon cœur.

Lieu, *Avoir lieu,* Subsister. *En lieu de,* Au lieu de.

Lige, liége, adj. Homme lige, gens' liges. Vassal, soumis, sujet d'un autre, qui tient fief d'un seigneur, lié, obligé. *Ligatus,* bas latin *ligius.*

Lire, v. a. Donner des leçons, des cours, comme on dit dans les universités allemandes, *lesen.*

LU

Livrée, s. f. Don, particulièrement don d'habits que les rois, princes ou grands seigneurs faisaient aux grandes fêtes, comme aux assises, aux cours plénières, ou en certains temps de l'année, à leurs enfants, amis, inférieurs, domestiques ou autres qui leur étaient attachés. Roquefort.

Livrée de terre, s. f. Portion de terre qui rapportait une livre de revenu.

Livresque, adj., formé par Montaigne, qui appartient aux livres, provient des livres.

Loge, s. f. Chambre.

Loier, v. a. Louer, bénir.

Lon, adj. Long. XIIIme siècle.

Long. *Au long de,* loc. prép., Le long de. — *Au long aller,* loc. adv., A la longue, avec le temps.

Longuerie, s. f. Longueur.

Loquelle, s. f. Manière de parler, parole. *Loquela.*

Lors, adv. Alors. XVIme siècle; fort usité encore pendant les deux tiers du XVIIme. *Pour lors* est encore employé dans le langage populaire.

Los, loz, s. m. Louange, gloire. *Laus.*

Lot, s. m. Mesure pour les grains et les liqueurs, équivalant à environ deux pots de Paris. — En allemand, *loth* est une demi-once. — *Lot,* portion, part qui écheoit, d'où loterie, est aussi d'origine germanique. Voy. Diez, *Etym. W.,* 209, Lotto.

Louer, v. a. Approuver, conseiller. — *Louer de faire quelque chose,* Recommander, approuver.

Lourdois, adj. Lourd, grossier, sot; s. m. *lourdois,* lourdaut.

Loyer, s. m. Récompense.

Luctueux, adj. Douloureux, qui marque le deuil.

Luictier, v. n. Lutter.

Lustre, s. m. Aspect, jour sous lequel on considère une chose.

M

MA

Madamoiselle, Madaimoiselle, s. f. Titre des femmes et filles nobles. Calvin écrivant au seigneur de Fallais, appelle habituellement sa femme *Madamoiselle.*

Madourré, adj. Mal bâti, marouffle. Mot d'une origine incertaine, employé deux fois par Rabelais. Les uns disent qu'il faut lire *maudouré* pour *maudoulé,* qu'on trouve dans la Coutume de Boulenois, *male dolatus,* mal raboté, mal tourné. Oudin, dans son *Dict. français-espagnol,* a *maudolé,* qu'il explique par *grosero, tosco.* D'autres dérivent *madourré* du toulousain *moudourro, grosse tête d'âne, idiot.*

Maignée, maignie, mainie, magnie, etc., s. f. Demeure, maison, famille, domestique. *Manere, mansio.*

Maindre, adj. compar. Moindre.

Mains, adv. Moins.

Maintenant..... maintenant, adv. Tantôt..... tantôt.

Mais, adv. Plus, davantage, dans la locution: *Je n'en puis mais,* Je n'en puis davantage, ce n'est pas ma faute, je n'en suis pas la cause. De *magis.* En ital., ancien esp., portug. provenç. *mai, ma,* et esp. moderne, port. prov. *mais.* Dans le bas latin *magis* pour *potius,* plutôt, a donné la signification de la conjonction *mais, sed magis* se trouve souvent. — Conj. Au contraire. *On me vient apporter quelques meschantes nouvelles.* — « *Mais, bonnes, vos escuz sont retrouvez.* » Larivey.

Mais plutost, conj. *mais* renforce souvent *plutost* dans un sens opposé à ce qui vient d'être dit. *Ne dira-t-on pas que c'est couardise, mais plutost mespris et desdain?* La Boëtie. Corneille: *Nous venez-vous, Julie, apprendre la victoire? — Mais plutost du combat les funestes effets.*

Maisnie, mesnie. (V. *Maignée.*)

Maist, m'aist. (Voy. *Aidier.*)

Maistrie, maistrise, s. f. Ha-

MA

bileté, art, science, enseignement; domination, puissance, commandement; supériorité, indépendance qui nous rend maîtres de nous-mêmes; arrogance. *Magister.*

Maistrisamment, adv. En maître, impérieusement.

Majeurs, s. m. pl. Ancêtres. *Majores.*

Mal, adj. Mauvais, méchant. « Avoit un roy moult *mal* et qui trop grevoit le peuple. » *A male peine,* Avec bien de la peine.

Mal, adv., modifiant un autre adverbe ou un adjectif, signifie *pas* ou *peu.* Le peuple l'entendait fort *mal volentiers. Mal-gracieux.* Comines. *Mal content.* Id. « Il n'est rien si *mal propre* à mettre en besogne. » Montaigne. Corneille et Molière emploient *mal propre* pour peu propre à... Corneille aussi *mal propice,* et *J'ai l'oreille mal faite à ces galanteries.* Place royale.

Maladie. *La grosse maladie,* La lèpre.

Malebouche, male-bouche, s. m. Médisant, calomniateur, méchante langue.

S. f. Médisance, calomnie. *Tomber en la male bouche,* Etre exposé à la calomnie.

Maletoste, maletolte, maletote, s. f. Enlèvement de biens; imposition injustement levée, concussion. Nom d'un impôt levé pour la première fois par Philippe le Bel, et que Nicole Gilles appelle « Exaction grande et inaccoutumée. » *Male tollere.* Roquefort.

Maleurté, s. f. Malheur, misère.

Malgisant, adj. Malencontreux; Oudin le rend en espagnol par *mal encontrado.*

Malivole, adj. Malveillant.

Malivolence, s. f. Malveillance, mauvais vouloir.

Malostru, adj. Malotru. Il dérive de *astro,* en ital. esp. port. astre. En

MA

esp. et port. *astroso*, malheureux. Dans Papias : « *Astrosus* quasi malo astro natus. » En ancien esp. *astrugo*, en provenç. *astruc*, heureux. En provençal aussi les composés *benastre, benastruc, malastre, malastruc*, d'où le vieux franç. *malostru* pour *malastru*, né sous une malheureuse étoile. *Désastre* s'explique de la même manière. Diez.

Maltalent, mal-talent, mautalent, mautalant, s. m. Mauvaise volonté, dépit, colère, désir de vengeance, méchanceté, déplaisir.

Manciper, v. a. Rendre esclave, asservir. *Mancipium.*

Mandement, s. m. Prière, demande ; étendue d'une juridiction, territoire.

Maniere, s. f. Sorte, espèce : *Toutes manieres de vins et toutes manieres d'espices.* Froissart. — *Homme de diverse maniere,* D'un caractère changeant, inconstant. — *Tenir une maniere,* Avoir une manière de faire, un système de conduite.

Manque, adj. Incomplet, imparfait.

Manufacteur, s. m. Travailleur, homme asservi à une vie laborieuse.

Mantel, s. m. Manteau.

Marche, s. f. Frontière, bord, lisière, confins ; traite, chemin ; contrée. Bas latin *marca*, bord, rivage, quelquefois fleuve considéré comme limite. Ital. *marca*, allem. *mark*, s. f. Frontière, contrée. *Markgraf* (margrave), comte commis au gouvernement et à la défense d'une contrée-frontière. En ital. *marchese*, franç. *marquis.*

Mat, mate, matz, adj. Triste, abattu, confondu. Ce mot, qu'on retrouve dans *échec et mat*, semble être le primitif de plusieurs mots analogues des autres langues romanes. Roquefort croit pouvoir le dériver de ματτω, je pétris, comme s'il fallait, dans tous les cas, remonter au delà du moyen âge.

Materas, matheras, s. m. Matelas. Ital. *materasso*, prov. *almatrac*; esp., port. *almadraque*, allem. *matratze*. De l'arabe *al-ma'tra'h*, même signification. Le changement de *l* et *r*

ME

se voit encore dans *matelas* pour *matras*, gros trait d'arbalète.

Maudisson, s. f. Malédiction.

Mautalent. Voy. *Maltalent.*

Mauvaiseté, s. f. Méchanceté.

Mauvaistié, s. f. Méchanceté, perversité.

Meas, conj. Mais.

Méchef, meschef, s. m. Malheur, accident.

Medulaire, adj. Rempli de moëlle. *Medulla.*

Mehaigner, mehagner, mehengner, meshaignier, etc., v. a. Estropier, blesser, mutiler ; maltraiter le corps ou la réputation. *Mahemiare, mahennare, malignare*, se trouvent dans les lois normandes et anglaises, et semblent ainsi plutôt dériver du mot roman que celui-ci ne dérive de la basse latinité.

Mein, meins, adv. Moins. *Sans meine,* Sans moins, pas moins, rien de moins.

Mète, mette, s. f. Bout, borne, limite, frontière. *Meta.*

Meliorement, s. m. Amélioration.

Meliorer, v. a. Améliorer. Ceux des nombreux écrivains allemands qui lardent sans nécessité leur langue de mots français, ont formé le substantif *die Melioration.*

Membre, s. m. Partie, pièce. *Un membre d'un appartement.*

Menaceux, se, adj. Menaçant.

Mençongeur, s. m. Menteur.

Menée, s. f. Troupe de gens qu'on mène avec soi. « Et avoit en sa compagnie un chevalier banneret et six autres chevaliers, *sans l'autre menée.* » Froissart. *Ils se mirent, à peu de menée, en un petit bateau en mer.* » Id.

Mener, v. a. *Mener les mains,* Remuer les mains.

Menteresse, adj. fém. Menteuse, féconde en fables.

Merci, *Prendre quelqu'un à merci,* Lui faire grâce.

Merencolie, s. f. Tristesse, ennui, mélancolie.

Merrain, merrein, s. m. Bois de charpente, poutre.

Merveille. *A merveille, à merveilles,* loc. adv. Beaucoup, fort. — *Il*

ME

n'est pas merveille, Il n'est pas étonnant. — *Estre de merveille*, Être étonnant, surprenant.

Merveiller (Se), v. pr. S'étonner. Nous n'avons, dans un sens approchant, que *s'émerveiller*.

Mesaisement, adv. Tristement, misérablement, d'une manière affligeante.

Mesavenir, v. n. Arriver malheur.

Mesceanse, mesceanche, meschance, mescheance, s. f. Méchanceté, malice; accident, malheur, infortune.

Meschef, meschief, s. m. Accident, malheur, mésaventure.

Mescheoir, v. n. Arriver malheur, réussir mal; avec le datif : *qu'il leur mescherroit.*

Mesconnaissance, s. f. Ingratitude consistant à *ne pas reconnaître.*

Mescontenter (Se), de quelqu'un. Se montrer mécontent de quelqu'un.

Mesdire, v. a. Injurier, maltraiter de paroles.

Mesel, meseau, mesiaus, mezel, mezeau, meziaux, etc., adj. On trouve souvent réunis *mezeau et ladre*. Quelques savants font une distinction entre *mezeau*, couvert d'ulcères, et *ladre*, insensible. Les deux mots peuvent donc avoir été réunis comme synonymes, renforçant l'idée ou pour se compléter l'un l'autre. *Mesel* dérive de *misellus*, diminutif de *miser*, dans la basse latinité *mesellus*. En bas breton, *mezell, pesell*, lépreux, gâté, pourri.

Meselerie, mesellerie, mezelerie, misellerie, etc., s. f. La maladie de la lèpre, hôpital de lépreux. On a quelquefois employé *Mezel* pour Mezelerie: *le grand Mezel*. Ce nom propre, formé d'un nom commun, aurait pu trouver place dans le *Glossaire genevois.*

Mesfaire, v. a. Maltraiter.

Meshui, maishui, meshuy, adv. Aujourd'hui, désormais.

Mesme, adj. *Le même, la même*, avant le substantif, comme nous mettons *même* après pour marquer la chose dans sa perfection. *C'est la mesme vertu* pour *c'est la vertu même*,

MI

la vertu personnifiée. Acception fréquente dans la première moitié du XVIIme siècle, dans Corneille, par exemple. *A mesme que*, à mesure que.

Mesmement que, loc. conj. D'autant plus que.

Mesnage, mesnaige, s. m. Maison, habitation, famille, domestique. Tout le soin d'une maison, toute l'administration de ses biens. C'est dans cette acception qu'*Olivier de Serres* dit : « Je me suis principalement adonné ches moi à *faire mon mesnage.* »

Mesnager, v. a. Vivre en ménage; administrer sa maison.

Mesnager, s. m. Chef de maison, chef d'une administration domestique et rurale.
Adj. Econome.

Mesnagerie, s. f. Economie, épargne, soin de la maison.

Mesple, s. f. Nefle, en allem. *Mispel.*

Mesplier, s. m. Neflier.

Mesprendre, v. n. Tomber en faute, en contravention; offenser, manquer à ses engagements; mal faire.

Mesprisement, s. m. Mépris.

Message, messagier, s. m. Messager, huissier, député; envoi, message, *missus*, bas. lat. *messagarius, messagerius.*

Mestier, s. m. Besoin. En italien *mestiere* signifie à la fois métier, ouvrage et besoin, comme en latin *opus*; de là aussi dans le vieux français les deux sens. *Il est à mestier*, il est besoin.

Mesurement, adv. Avec mesure, dans une juste proportion.

Mete, s. f. Borne. *Meta.*

Mettre avant. Mettre sous les yeux, montrer comme exemple.

Mettre sus, v. a. Mettre à la charge de quelqu'un. *Les accusations qu'on lui mettoit sus.*

Meurdrir, v. a. Tuer, commettre un meurtre.

Micquelot, s. m. Les Micquelots étaient de petits garçons qui allaient en pèlerinage à Saint-Michel sur mer et mendiaient le long du chemin.

MI

Mie, adv. Pas, point, guère.

Mignon, s. m. Favori du souverain ou de la cour.

Mignotie, mignotise, s. f. Flatterie, caresse, gentillesse. Ce mot, comme *mignon*, dérive de l'ancien haut allemand *minni*, ou *minnia (minja)*, amour. En allem. mod. *Minne*.

Mineux, adj. Qui fait des mines, qui a l'air chagrin, rébarbatif. *Que haze gestos*, comme l'interprète Oudin.

Mire, myre, s. m. Médecin, chirurgien. En bas lat. *mir*. Voy. *Diez*

Misericord, adj. Miséricordieux.

Mocque, moque, s. f. Moquerie.

Moineau, s. m. En terme de fortification, petit bastion obtus, que l'on met au milieu d'une courtine très-longue pour compléter le flanquement. *Dict. de l'Ac.*

Moiste, moixte, adj. Moite, humide, tiède. *Mixtus.*

Molasse, adj. Mou. *Mol, mollis.* De là le substantif français *molasse*, en usage dans le Dauphiné, la Savoie et la Suisse romande pour désigner une espèce de grès tendre. Ce mot, qui n'est pas classiquement français, a été adopté en allemand dans la langue scientifique : *Die Molasse. B. Studer, Beytræge zu einer Monographie der Molasse.* Bern, 1825.

Moleste, adj. Fâcheux, incommode.

S. f. Inconvénient, peine, difficulté.

Mondict, mondit, adj. Mon dit.

Monseigne, pour *Monseigneur.* Montluc.

Moustier, mostier, moustier, moutier, s. m. Couvent, église, paroisse. *Monasterium.*

Monstre, s. f. Revue. *Montre d'une armée. Mettre sur la montre,* Faire passer la revue à quelqu'un, mettre à l'épreuve. Corneille. *Un sot passe à la montre.*

Monteplier, v. a. Multiplier, augmenter. Quelques mots romans semblent provenir d'un vice d'écriture, comme d'un *n* pour un *u, monteplier* pour *mouteplier, moulteplier ;*

MU

et néanmoins ces mots, sous leur forme altérée, ont fait évidemment partie de la langue.

Morion, s. m. Armure de tête plus légère que le casque. Ce mot n'est plus usité qu'en parlant de l'armure des anciens chevaliers.

Morner, v. n. et a. Etre triste, chagrin ; attrister, chagriner, abattre, émousser. En anglais, *to mourn.*

Mort, participe, joint à l'auxiliaire *estre* dans le sens de *tué. Là furent morts et ars soixante Anglois.*

Morte-paye, s. m. Soldat entretenu à demeure dans une garnison, tant en paix qu'en guerre.

Mot, *à son mot,* à sa volonté, à sa guise. *Payer tout à son mot,* payer ce que demande le marchand, selon l'interprétation espagnole d'Oudin. Cette locution prête à des jeux de mots. Aignelet, par exemple, promet à Pathelin de le payer *à son mot.* Il le paie en effet de *Bée,* que l'avocat lui a appris.

Moult, mult, adv. Beaucoup. Lat. *Multum.*

Moureux, se, adj. Mourant, mortel.

Mout, adj. Moult, beaucoup.

Mouvoir guerre à. Commencer une guerre contre.

Moyenneur, s. m. Médiateur.

Moyneton, s. m. Jeune moyne.

Muliebre, adj. Féminin, de femme. *Muliebris.*

Murtrir, meurtrir, v. a. Tuer, assassiner. De là *meurtre.*

Musard, musars, musart, musarz, adj. Fainéant, fou, étourdi, qui s'amuse à des bagatelles. En bas lat. *Musardus,* fainéant, paresseux, stupide. Ducange le fait dériver de l'allemand *Musse,* loisir, ou de *musare,* que Papias interprète par hésiter en parlant.

Musser, mucer, v. a. Cacher. Le glossaire Janet dérive ce mot du bas latin *mussara,* qui n'existe pas. Ducange, au contraire, fait venir l'adverbe *mussanter,* en cachette du vieux gaulois *musser.*

N

N', conj. Ne, ni. *N'aussi je ne l'avoye jamais vu.*

Nacaires, nakaires, naquaires, etc. m. pl. Instrument de musique pour la guerre, petits tambours ou timbales en usage dans la cavalerie. Les Maures et les Arabes les appellent encore *naqâvah*, les Hébreux *nikva*, cavité, et enfin les Egyptiens, ainsi que les autres peuples orientaux *naqâri*. Roquefort. En bas lat. *nacara* et *nacaria*. En ital. *nacchera*.

Nager, nagier, v. n. Naviguer, ramer.

Nany, adv. Nenni, non.

Naturaux, natureux, naturex, naturiaux, etc., adj. Pur, naturel, sans mélange.

S. m. Physicien, médecin. *Naturalis*.

Nauf, s. f., comme *Nef*. Navire, *Navis*.

Navie, s. m. Flotte de guerre ou marchande. *Navis*.

Navrer, v. a. Blesser, physiquement. Il ne se dit plus guère qu'au moral, d'une grande affliction.

Navreure, navrure, s. f. Blessure.

Nay, Né.

Ne, conj. Ni. *En boire ne en manger*.

Né. Voy. *Nef*.

Neant, adv. Pas, point.

Neantmoins, adv., comme notre néanmoins (Rien moins). Pourtant, cependant.

Préposition, malgré, nonobstant, *neantmoins appel*.

Necessité, *Avoir de necessité à,* Etre forcé, être soumis à la nécessité de...

Nef, nauf, nave, s. f. Navire, *Navis*.

Negociation, s. f. Négoce, trafic, vente.

Nennin. Nenni, non.

Nient, niens, niant. Rien, jamais.

Noble ou *noble à la rose,* s. m. « C'est une monnoye d'Angleterre, appelée ainsi pour la noblesse de son or. Vossius dit qu'Edouard III le fit battre l'an 1344. On l'appelle *à la rose,* à cause des roses rouges et blanches qui sont les armes des maisons de Lancaster et d'York. Ce fut Lulle qui avoit fourny tout cet or au roy pour aller faire la guerre au Turc; mais ce roy lui manquant de parole, la fit au roy de France, dont Lulle reçut de très-grands déplaisirs. Cette monnoye a d'un costé la figure d'un navire et de l'autre d'une rose. » Borel.

Non, adv. Ne pas. *Mais non firent,* Ils ne le firent pas.

Nonchaloir, s. m. Indifférence, insouciance. *Mettre à ou en nonchaloir.* Négliger, dédaigner, abandonner.

Noncier, v. a. Annoncer. *Nuntiare.*

Non pas, adv. Pas même.

Notice, s. f. Connaissance que l'on acquiert d'un fait, d'un événement. *Tout ce qui vient à leur notice,* Tout ce qu'ils affirment.

Noun, Non, point.

Nourrir, v. a. Nourrir, au physique; au moral, élever, instruire.

Nourriture, s. f. Aliment, alimentation; éducation, instruction.

Nouvel. *De nouvel,* loc. adv. Nouvellement.

Nouvelles. *Il est nouvelles de.* Le bruit se répand, on parle de.

Nouvelleté, s. f. Nouveauté, sédition, trouble.

Novalité, s. f. Nouveauté, innovation.

Nulli, nully, nului, nelui, nulz, nus, adj. Nul, aucun, personne, qui que ce soit.

Nus, pron. pers. Nous.

O

O

O, od, prép. Avec.

Occasion, s. f. Motif, raison.

Occire, part., **occis,** v. a. Tuer. Lat. *Occidere.*

Occision, s. f. Meurtre, massacre. *Occidere.*

Occupateur, subst. masc. Possesseur.

Oincture, s. f. Substance grasse ou huileuse pour oindre. *Unctura.*

Omme, s. m. Homme.

Onc, onq, oncques, onques, adv. Autrefois, depuis, jamais, dans la suite. *Unquam.*

Opulentement, adv. Opulemment.

Oraison solue, prose. *Oratio soluta.*

Orche (à), horche, orse, terme de mariniers. A gauche, à bâbord.

Ordené, adj. et partic. Ordonné, réglé, harmonique.

Ordonneur, s. m. Ordonnateur.

Ordonnement, adv. En bon ordre.

Orée, s. f. Entrée. *A l'orée,* à l'entrée, au bord. *Ora.*

Ores que, conj. Encore que, quoique.

Ores mesme que, loc. conj. Alors mesme que ; avec le subjonctif : *Ores mesme qu'il soit couché en d'autres termes.*

Orguan, s. m. Organe.

Originaire, adj. Original.

OY

Oroison, s. f. Oraison, prière.

Ost, s. m. Armée. *Hostis.*

Ostevent, s. m. (Ote-vent). Auvent, espèce de petit toit mis au-dessus des portes ou des boutiques pour les garantir du vent et du soleil. Paravant placé dans une chambre pour intercepter les courants d'air.

Ot, il eut, prétérit défini de *avoir,* au XIIIme siècle.

Ottroier, ottroyer, v. a. Octroyer.

Oubliance, s. f. Oubli.

Oultaige, s. m. Otage.

Outre, prép. et adv. Par delà. *Ultra. Il y a en tous vices naturellement quelque borne, outre laquelle ils ne peuvent passer. — Bien loin outre devant eux voyaient grande quantité de lances debout.* Comines.

Oust pour **Ost,** s. m. Armée. *Hostis.*

Outrecuider, outrecuidier, v. n. S'enfler, s'enorgueillir.

Ouvrer, v. a. Opérer, travailler, manœuvrer. *Operari.*

Outrage, s. m. Excès, excédant, outrance. *Ultra.*

Ouy, adv. Même, bien plus, comme en allemand *ja. Tout philosophe ignore ce que fait son voisin : ouy et ce qu'il fait luy-mesme.* Montaigne.

Ovec, ovecques, ovesques, ovoec, prép. Avec.

Oy, adv. Oui. En patois vaudois, on prononce encore *oï.*

P

PA

Paise, s. f. Paix.

Palatin, s. m. Officier du palais ; qui a quelque charge à la cour. *Palatium.*

Paour, s. f. Peur. *Pavor.*

Paoure, adj. Pauvre.

PA

Par, prép. Pendant. *Par aucuns jours,* Pendant quelques jours.

Par, préposition inséparable, quelquefois séparée, qui, précédant un nom ou un verbe, en augmente la force ou signifie, comme *per* en latin, jus-

PA

qu'au bout : *Son cuer fut par esjoys.*
Parachever, Finir entièrement. *Par-aimer,* Aimer passionnément. *Par-faire,* Achever. *Parpaye,* Fin de paie-ment.

Par ainsi, adv. Par là, de cette manière.

Paraler, v. n. Passer, s'en aller, disparaître. *Au paraler.*

Paravant, adv. (par avant). Au-paravant.

Parcroistre, v. a. Achever de croître, parvenir à toute sa croissance.

Pareil. *Faire le pareil,* Faire des actions semblables, agir de la même manière.

Pareil, non pareil, non pa-reille, adj. Sans égal. (Epithète fré-quente.)

Parement, s. m. Parure, parade, ornement.

Parfin, s. f. La fin définitive. *A la parfin,* Enfin.

Parfond, parfund, parfont, adj. Profond.

Parjurement, s. m. Parjure.

Parlement, s. f. Conférence.

Parleure, s. f. Manière de parler, langage.

Parlier, adj. Parlant, expressif. Mot formé par Montaigne.

Parmener, v. a. Mener jusqu'au terme, jusqu'au bout.

Parmi, prép. Dans. *Parmi les champs, parmi les villes, parmi la ville.*

Adv. Au moyen de quoi, à condi-tion, à charge de.

Parquoi, conj. C'est pourquoi.

Part, s. f. Se dit souvent pour *partie.* — Une *partie* est une portion d'un tout. *Part* suppose droit ou par-ticipation de plusieurs à une chose, la *part* est ce qui en revient à chacun. — Lieu, endroit : « Ils coururent au secours *la part* où ilz entendoient le bruit. » Amyot. Nous disons encore *quelque part, de toutes parts.*

Partement, s. m. Départ.

Particulier. *Rendre son particu-lier,* Exprimer son opinion indivi-duelle.

Pas un, pour Un ou un seul. « Sans permettre qu'il en sortît *pas un* de la ville. » Amyot.

PE

Partie, s. f. Parti. *Ils estoient de la partie, la comtesse de Montfort.* Froissart.

Partir, v. a. Partager ; distribuer, répartir. *Partiri.*

Passion, s. f. Souffrance, dans le sens de *passio, pati.*

Pastis, pastissage, s. m. Pâ-turage.

Patroner, v. a. Dessiner, tracer un modèle. De *patron,* modèle.

Patroner (Se), v. pron. Se former sur un modèle, se conformer à. *Se patronant à Manius Ourius.* Olivier de Serres.

Paulme, s. f. *Battre ses paulmes,* Battre des mains.

Peautre, s. f. Gouvernail d'un navire ; esquif, chaloupe.

Pedagogisme, s. m. Principe d'éducation.

Pedanée, adj. Qui se tient sur ses pieds. Rabelais applique cette épi-thète aux juges sans siége, qui ren-daient leurs sentences debout sous un orme ; de là la dénomination de *juge sous l'orme,* et le proverbe : *Attendez-moi sous l'orme.*

Pees, s. f. Paix.

Peine. *A peine que,* Peu s'en faut que.

Estre en peine de... Avoir la peine de...

Mettre peine de... Mettre ses soins à...

Mettre peine que, Se donner de la peine pour que.

Pener (Se), v. pron. Se peiner, s'efforcer, faire un effort sur soi-même. — Se donner de la peine, avoir re-gret ; s'empresser, s'appliquer, entre-prendre.

Pennetrye, s. f. Paneterie. Of-fice qui fournit le pain dans une mai-son souveraine. La cour de France avait son *Grand panetier.*

Pensement, s. m. Pensée, ré-flexion.

People, s. m. Peuple. Comme l'orthographe anglaise.

Perde, s. f. Perte.

Perer, v. n. Paraître. *Il pert. Il appert. Parere.*

Perfaiz, adj. Parfait.

Perilsant, adj. Qui est en péril.

PE

Pers, se, adj. De couleur entre le vert et le bleu.

Personnage, s. m. Rôle, fiction. *Faire jouer le personnage de quelque chose,* Diriger secrètement une affaire.

Pertuisane, s. f. Hallebarde au fer long, large et fort tranchant.

Pestilent, te, adj. Pestilentiel, corrupteur. *Pestis.*

Pestillence, s. f. Carnage. De *pesteler, pesteiller,* Piler dans un mortier; fouler aux pieds, rosser, assommer, écraser. *Pistum,* de *pinsere* piler, broyer.

Petit adjectivement employé pour *peu : A petite patience,* Avec peu de patience.

Petit, adv. Peu. *Petit y gagnerent. Un petit,* un peu.

Peu. *A peu fut que,* Peu s'en fallut que.

Peuplée, s. f. Peuplade, population.

Phaleré, adj. Caparaçonné, orné d'un beau harnais. *Phaleræ,* caparaçon.

Physicien, s. m. Médecin, comme en anglais, *physician.*

Piaffe, s. f. Faste, vaine somptuosité. Selon Roquefort, ce mot, ainsi que *piaffer* et *piaffeur,* n'ont été formés que du temps de Pasquier.

Pieça, adv. Depuis longtemps, il y a longtemps. Selon Ménage (*Dictionnaire étym.*) *pièce a,* pièce de temps. Voy. Pièce.

Pièce, en parlant du temps. *Quelque pièce,* Un peu de temps. En ital. *pezzo di tempo.*

Pied. *Entre pieds,* loc. adv., Dans l'embarras. *Impeditus.*

Pigne, s. m. Peigne.

Pile, pille, s. f. Pieu armé de fer.

Pillement, s. m. Pillage.

Pilloter, v. a. Diminutif et fréquentatif de piller.

Pineau, s. m. Gros raisin dont les grappes ressemblaient à des pommes de *pin;* on en faisait, en Anjou et dans la Touraine, de bon vin blanc dit vin *pineau.* Ce raisin est encore connu sous le même nom dans la Champagne. *Gloss.* Janet.

Piteux, adj. Qui a pitié, miséricordieux.

PL

Placquer, v. a. Afficher.

Plaid, s. m. Querelle, dispute débat, audience; tribunal.

Plaisant, adj. Agréable, fait pour plaire.

Plancher, planchier, plancheir, v. a. Planchéier, former un plancher d'une matière quelconque.

Plante, s. f. Lieu planté d'arbres ou de vignes. *Plante,* en Poitou, est une vigne nouvellement plantée. *Plantié* dans quelques provinces. *Planteis* Consuet. Britannica, art. 605. En bas latin *Plantata* et *Plantada.* Ducange.

Planté, plenté, etc. s. f. Quantité, abondance, foison. Il se prend quelquefois adverbialement. Loc. adv., *A planté,* abondamment. *A grand planté,* en grande quantité. *Plenitas.*

Plantureusement, adv. Abondamment, dans l'abondance.

Plasmateur, s. m. Formateur, auteur. De πλάσμα, formation, forme, image.

Plasmature, s. f. Formation, forme.

Pleige, s. m. Caution (personne ou engagement).

Plenté, plenité, s. f. Plénitude, abondance, quantité. *Grand plenté,* Grande quantité; abondamment. *Plenitas.*

Plentieux, plenteif, plentiveux, plentivous, plenteoux, adj. Fertile, abondant en toutes choses.

Plentureux, adj. Abondant, bien pourvu.

Plessis, pleisseis, plessié, s. m. Parc, jardin, enclos; forêt fermée de haies; maison de plaisance. *Plesse, plessée, plesseis,* etc., clos, parc fermé de haies. *Plessier,* bois taillis; sentier pratiqué dans un bois par le moyen des branches repliées sur elles-mêmes et entrelacées. Ces mots dérivent immédiatement de *plaisser, plaissier,* courber. En bas latin *plessa, plaissia, plesses,* arbrisseaux entrelacés.

Plet, s. m. Plaidoirie. *Conter son plet,* Faire son plaidoyer.

Plevir, pleuvir, v. a. Cautionner, assurer, promettre par serment; surpasser, exceller.

Pluis, adv. Plus.

PL

Plus (le). La majeure partie, la plupart.

Plus part, s. f. composé, ne se dit pas seulement de la majorité de plusieurs personnes ou choses, mais de la plus grande partie d'une seule chose : *En la plus part de cette composition.* Montaigne.

Poesté, poestée, poesteis, etc. s. f. Pouvoir, autorité, domination, juridiction, district. *Potestas.*

Poesteez, poestéis, poestéiz, poestez, s. m. Maître, élevé, superbe, hauts et puissants seigneurs.

Poge (à), terme de marinier : A droite ; on dit aussi *à tribord.*

Poignais, poigneis, poingneis, poingnis, pougnis, s. m. Guerre, combat. *Pugnus, pugna.*

Poinct, s. m. Point, état, situation. *Un homme en fort bon point;* un homme chargé d'*embonpoint,* la locution a été réunie en un seul mot.

Poincture, s. m. Piqûre, douleur.

Poindre, v. n. Paraître, se lever. V. a. Piquer, frapper, blesser. *Pungere.*

Poine, s. f. Peine.

Point, s. m. Etendue, borne, terme. *Prendre brief point,* Prendre un court terme, le moyen le plus court.

Pointe, s. f. L'aile d'une armée : *La pointe senestre de leur bataille,* L'aile gauche de leur armée.

Poisant, adj. Pesant, qui a du poids, solide, comme nous disons *un homme de poids.*

Poiser, v. n. et a. Peser ; chagriner.

Poissant, adj. Puissant.

Poissance, s. f. Puissance.

Polisseure, polissure, s. fém. Action de polir, résultat de cette action.

Ponant. Couchant, occident.

Poncel, poncelet, ponchel, s. m. Petit pont, bac, bateau. Bas lat. *poncellus, pontellus.*

Populaire, s. m. Homme du peuple. *Ravallé entre les populaires.*

Porter, pourter, v. a. Jeter, renverser. « Il luy donna tel cop que tout estonné le *pourta* au milieu des siens. » *Il le porta à terre.*

Porter, v. a. Comporter, exiger. Verbe d'un usage fréquent et varié.

PO

Lui porter contraire, Agir contre lui. *Porter coup,* Frapper au but.

Porter (Se), v. pron. Se comporter. — Etre d'une certaine manière, dans une certaine situation. *Comment l'ordonnance de leurs gens se portait,* Quel était l'arrangement de leurs troupes. — Porter (se) *bien ou mal,* se disait des choses comme des personnes.

Portour, s. m. Porteur.

Possesser, v. a. Posséder.

Possible, adverbialement, *Peut-être,* Il est possible. *Deux peuvent craindre un, et possible dix.* — Seul ou avec *que* pour *il est possible que;* il est suivi de l'indicatif ou du subjonctif, suivant que le fait est positif ou douteux. « *Possible* ne *fussiez*-vous esté pris, et *possible que* Dieu *a* ainsi disposé de vous. » Brantôme.

Poste, s. f. Poteau, poutre.

Potet, s. m. Petit pot, vase à boire.

Pou, adv. Peu.

Poulce, s. m. Pouce. *Pollex.*

Poulcer, v. a. Pousser.

Poulsiz, s. m. Poussée, choc.

Pour. *Pour mois,* Par mois, pour chaque mois.

Pour ce que, loc. conj. Parce que.

Pour... que, Quelque... que : *Pour chose qu'on luy eut sceu dire.* Comines.

Pourchaz, s. m. Poursuite, recherche.

Poureux, paoureux, adj. Peureux.

Pourpenser, porpenser, v. a. Projeter, méditer, préméditer.

Pourpenser (Se), v. pron. S'aviser de, imaginer.

Pourpoint, s. m. Habillement d'homme pour la partie supérieure du corps, depuis le cou jusqu'à la ceinture. En bas lat. *perpunctum* était un vêtement militaire, ouaté de laine ou de coton, et *piqué* (perpunctum), pour protéger la poitrine et toute la partie supérieure du corps. Dans le vieux roman, on l'appelait *parpointe.* En bas breton *porpand.*

Pour quoy. Pour laquelle chose, c'est pourquoi.

Poursuir, v. a. Poursuivre.

Pourtant que, conj. Pour cela, pour cette raison.

PO

Pourtant que, conj. Parce que (pour tant que).

Pourtendre, portendre, v. a. Etaler en public, exposer, pavoiser.

Pourvéance, pourveyance, pourvoyance, s. f. Provision, soin de pourvoir, prévoyance.

Pourvoir de, v. a. Pourvoir à. *Pourvoir de remède*, Aviser à remédier.

Pouvoir, s. m. *Faire son pouvoir*, Faire tout son possible. — Le caprice de la mode change les expressions; l'ancienne valait bien la nôtre. — *A mon pouvoir*, Selon mes forces, selon mes moyens.

Poyzar, s. m. Tige de pois.

Pratique, s. f. Entreprise, tentative. *Mener une pratique*, Diriger une entreprise.

Prealégué, adj. Susdit, ci-dessus nommé ou allégué.

Preceder, v. a. Surpasser.

Pregnant, adj. Plein, qui renferme beaucoup, significatif. *Prægnans.*

Premier, adverbialement : Premièrement, d'abord, avant. *A moy premier qu'à elle.* Rabelais. *Ils dirent leur creance à monseigneur du Bouchage et à moy, premier qu'au Roy.* Comines. On voit, par cet exemple, que *premier* ne s'entend pas adjectivement, puisqu'il est au singulier, quoique précédé de deux substantifs. — *De premier*, loc. adv. D'abord, tout de suite.

Prendre, v. a. Commencer, entamer. Nous avons conservé *se prendre à*, Commencer, se prendre à rire.

Present. *De present*, loc. adv. Présentement, d'aujourd'hui, du temps actuel. *Le roy de present*, le roi qui règne aujourd'hui.

Pretendre, v. a. avec le régime direct. Encore employé au XVIIme siècle par Corneille, Molière, Bossuet, et une fois par Racine.

Preuve, *Mettre en preuve*, Soumettre à une preuve, juger sur témoignage.

Prevention, s. f. Soin de prévenir, d'empêcher un mal, précaution.

Prime, primer, adj. Premier.

Prinsault (de). Premièrement, tout d'abord. Roquefort le fait dériver, on ne sait comment, de *prehendere;* c'est une contraction de *prime-saut*, premier saut, impétuosité. Montaigne parle de l'esprit *prime-sautier*.

PU

Prinse, s. f. Prise. *Venir aux prinses.*

Pris, s. m. Prise. *Pris d'armes.*

Prison, prisons, s. f. Gage qu'on donne au lieu d'écrit, ôtage, garant. — S. m. Prisonnier, détenu. *Se rendre prison*, Se rendre prisonnier. En italien, on se sert aussi de *prigione* à la place de *prigionere*.

Prive, priveement, privement, adv. En particulier, personnellement, secrétement. *Privatim.* — *En leur privé*, loc. adv. En leur particulier, à part.

Probation, s. f. Preuve, témoignage.

Procès, s. m. *Long procès*, longs discours, beaucoup de paroles. *Que feroit-on long procès?*

Proces, proches, s. m. Suite, succession de temps. *Procedere.* Les Latins disaient aussi *processus ætatis.*

Profès, professe, adj. Déclaré, qui se prononce. *Ennemie professe*, Il ne se dit plus que de celui ou de celle qui fait des vœux religieux.

Propos, s. m. Discours, discours raisonnable, raison, bon sens. — Rapport, relation. *Un conte qui ne seroit au propos de ma matière.* De là notre *à propos.*

Protonotaires, prothonotaires, s. m. Référendaires. C'est aussi le titre des officiers de la cour de Rome qui ont une prééminence sur les autres notaires de la même cour.

Prou, proou, prous, proz, etc., s. m. Profit, avantage.

Adj. Vaillant, sage, prudent.

Adv. Assez, abondamment. *Prudens.*

Provoir, v. n. Pourvoir. *Providere.*

Proximité, s. f. Parenté, comme proche signifie parent.

Publier, v. a. Répandre : *Publier un bruit*, Répandre un bruit, divulguer une chose.

Puis, adv. Depuis, dès lors.

Prép. Depuis. *Puis nostre departir*, Depuis notre départ.

PU

Puis que, conj. Après que.
Puissances (de l'âme), s. f. Facultés. *Powers.*
Pur, adj. Pur, nu. *En purs leurs chefs*, Nu-têtes. Froiss. Me mettrai volontiers *en pur* ma chemise, à nud chef (ceci correspond à la première phrase: En purs leurs chefs).
Prépos. Pour. Dialecte anglo-normand.

Q

QU

Quant, te, adj. Combien. *Quantes mesnages se sont partis du royaume. Quantes mortalités sont venues sur enfans.*
Le quantième, combien. *Toutefois et quantes* que, Autant de fois que, chaque fois que. *Quantes sortes de gens lui devindrent ennemis.*
Quant, adv. *Quant est de*, Pour ce qui concerne.
Quant et, loc. adv. Avec, en même temps que. *Il se laissa enlever quant et luy.*
Quant et quant, loc. adv. En même temps.
Quart, te, adj. Le quatrième. *Quartus.*
Quartier. *A quartier*, loc. adv. A part, à l'écart.

Que pour où ou quelque... que : *Jamais en combat que je me sois trouvé*, Jamais dans quelque combat que je me sois trouvé.
Que... que... Tant... que... Soit..... soit. *Que de jour que de nuit.*
Quenaille, s. f. Canaille; rassemblement de chiens, amas de bas peuple. Lat. *canis.*
Queneu, Connu, part. de **quegnoistre.**
Querre, v. a. Quérir, chercher, aller à la recherche, à la découverte.
Quester, v. a. Chercher, demander.
Queurir, v. n. Courir.
Quitter, v. a. Laisser, lâcher; abandonner, renoncer à. « Nous avons *quitté* plusieurs mots français. » Pasquier.

R

RA

Rabais, s. m. Abaissement, décadence. *Le rabais de son estat.*
Racler, v. a. Effacer.
Rafraîchir, v. a. Renouveler, pourvoir de nouveau. *Ils rafaîchirent la ville de nouvelles gens*, Ils la pourvurent d'une nouvelle garnison.
Raire, rere, v. a. Raser. *Radere.*
Raison, s. f. Compte, explication. *Faire la raison de quelque chose*, En rendre compte.
Raller, v. n. Retourner.
Ramentevance, s. f. Souvenir.
Ramentevoir, v. a. Rappeler, faire souvenir. *In mentem revocare.*
Rampone, ramponne, ram-

pogne, s. f. Raillerie, moquerie; reproche, ressentiment.
Rançonner (Se), v. a. Se racheter, racheter sa liberté.
Randon, randonée, randonée, s. m. et s. f. Force, violence, vitesse, impétuosité.
Rang. *De rang*, Avec ordre, chaque chose à son rang, en son temps.
Ratiocination, s. f. Raisonnement, réflexion.
Ratiociner, v. n. Raisonner, argumenter. *Ratiocinari.*
Ravaller, v. a. Abaisser, baisser. De *à val* opposé à *à mont*, du côté de la vallée, du côté du mont, vers le bas

RA

vers le haut. *Avaler, ravaler* ou *ravaller*, faire descendre, abaisser.

Ravissable, adj. Ravisseur, ravissant.

Ravoier, ravoyer, v. a. Ramener dans la voie.

V. n. Rentrer en soi-même.

Realement, adv. Réellement, effectivement.

Reamplir, v. a. Remplir.

Rebattre, v. a. Rabattre, abaisser, faire descendre.

Rebellatif, adj. Rebelle, qui tient de la rébellion.

Reboucher, v. a. Emousser.

Rebours, adj. Revêche, fâcheux, morose.

Rebouter, v. a. Repousser, réprimer, rejeter; rebuter.

Rebracier, rebrachier, v. a. Disposer à faire une chose.

Rebut, s. m. Action de repousser, défaite, échec.

Recelée (En), loc. adv. En cachette.

Rechef, s. m. Changement, retranchement. — *De rechef*, loc. adv. devenue plus tard l'adverbe *derechef*.

Rechiner, v. n. Rechigner.

Recloore, recloire, reclouir, v. a. Refermer.

Recoi, recoy, s. m. Repos, tranquillité. *En recoi* signifie aussi en secret.

Recontrer, v. a. Rencontrer.

Recordation, s. f. Souvenir, commémoration.

Recorder, v. a. Rappeler, faire souvenir; rapporter, raconter; parler, enseigner. *Recordari*.

Recorder (Se), v. pron. Se rappeler. Il ne signifie plus que : Se concerter avec quelqu'un.

Recouvrer, recouvrir, recovrer, verbe actif. Recommencer, rétablir, refaire; recouvrer. *Recuperare*.

Recouvré, part. *Etre recouvré*, Etre de nouveau en possession.

Recous, recoux, recouz, adj. Délivré, sauvé du danger. Roquefort le fait dériver de *recuperare*; ce mot en effet signifie, dans la basse latinité, *excuser*, et comme verbe neutre *guérir*, se rétablir; *se recuperare*, se sauver,

RE

se mettre en sûreté. Ces diverses notions s'accordent avec *recous*.

Recrans, recrant, adj. Fatigué, abattu.

Recueil, s. m. Accueil.

Recueillette, s. f. **Recueilz,** s. m. Accueil, réception.

Recueillir, v. a. Accueillir. *Bien recueillir*, Faire bon accueil.

Refreder, v. a. Refroidir, calmer, apaiser. Ital. *freddo,* froid, languissant, indifférent.

Refreschir, v. a. Rafraîchir. Cette vieille forme du mot se rapproche de *fresco,* frais en ital. esp. port.; en prov. *fresc,* en bret. *fresk,* de l'ancien haut allem. *frisc,* en allem. moderne *frisch*.

Refuyr à faire quelque chose, Eviter, décliner de.

Regain, s. m. Nouveau gain.

Regard, regart, s. m. Aspect, apparence. — Respect: *La crainte et regart de toute discipline.*

— Surveillance.

— Soin, attention: *Avoir regard à,* Veiller à.

— Ce qui regarde quelqu'un; considération: *Pour le regard de,* loc. prépositive, A l'égard de. *Pour ce regard,* Pour cette considération. *Pour leur regard,* Pour ce qui les concerne.

— Volonté, jugement, avis, ordonnance : *Dessus vous ne veuil je point mectre de regard,* Je ne veux point avoir d'avis supérieur au vôtre, rien changer à ce que vous aurez ordonné.

Reguler, v. a. Régler.

Relenquir, rélinquer, relinquir, v. a. Laisser, délaisser, abandonner. *Relinquere*.

Religion, s. f. Ordre religieux. *Toutes les autres religions.* Pasquier.

Relique, s. f. Reste, suite. *Valeureuse et honorable relique de bataille.* Les troupes qui restent d'une bataille où elles ont vaillamment combattu.

Remâcher, v. a. Se redire, réfléchir. C'est exactement le sens de *ruminer*.

Remaigner, remaindre, remener, remanoir, v. n. Demeurer, rester; finir, cesser. *Remaigne, remaint,* il reste; *remest,* il cessa; au plur. *remistrent, remansirent, remain-*

RE

sist, restât; *remanroient*, resteraient; *remés*, *remez*, part., demeuré, cessé. Lat. *Remanere*.

Remede, *Pourvoir de remède à quelque chose*, Y remédier.

Remerir, v. a. Rémunérer, récompenser.

Remestre, v. n. Cesser.

Remettre une chose sur quelqu'un, S'en remettre à quelqu'un.

Remettre sus. Rétablir, remettre en vogue.

Remparer, v. a. Entourer de remparts ou d'autres moyens de défense : *Remparer de charrettes.*

Renardise, s. f. Ruse, tromperie.

Renchoir, v. n. Retomber.

Rentier, s. m. Celui qui doit une rente. — Fermier des rentes ou des revenus d'une ville.

Renvier sur, v. n. Rivaliser, l'emporter.

Repairer, v. n. Se montrer, vivre familièrement avec quelqu'un.

Repos. *Etre à repos*, En repos, hors d'inquiétude.

Repous, s. m. Repos.

Resaner, v. a. Guérir. *Sanare.*

Rescosse, rescousse, recousse, s. f. Recouvrement, acte de délivrer un prisonnier.

Rescouir, rescouyr, v. a. Recouvrer, trouver, trouver l'occasion de.

Rescourre, rescourir, rescorre, v. a. Secourir, aider, sauver, dégager, recouvrer. Roquefort le dérive de *recuperare.*

Rese, reze, adj. Tondu, rasé : *Table rese*, Table rase. Le verbe est *rere, raire. Radere.*

Resilir, v. n. Retourner en arrière, sortir de nouveau. *Resilir d'une entreprise,* Abandonner une entreprise.

Resongner, ressongner, resoigner, v. a. Craindre, redouter, appréhender.

Resoudre (Se), v. pron. Se persuader, se convaincre (résoudre, décider en soi).

Resourdre, ressouldre, ressourdre, resordre, part. passé **ressous**; v. a. Ressusciter, relever, ranimer, rétablir.

Respit, s. m. Terme, délai.

RE

Restiver, v. act. et neut. Répugner, résister, hésiter, s'arrêter en parlant.

Restreindre, v. a. Resserrer, rajuster.

Retention, s. f. Action ou faculté de retenir, de se souvenir.

Retraire, retrere, v. a. et n. Retirer, se retirer, revenir en arrière; discontinuer; rapporter, retracer, raconter, expliquer. *Retrahere.*

Retrait, s. m. Retraite. *Un seur et agreable retrait.*

Reussir, v. n. Devenir, sortir d'une affaire, d'une entreprise, avoir une issue bonne ou mauvaise. *Reussir bien, reussir mal. Ayant plustôt envie d'en reussir habil'homme qu'homme savant.* Montaigne. *Reussir à neant.* Pasquier. Corneille a dit dans le même sens: *Reussir en vain.* En italien, on dit de même *riuscir male*, et dans le sens indéterminé d'une issue quelconque: *Comminciò ad aspettare quello, a che'l fatto dovesse riuscire.* Bocc. *Nov.* Attendo dove voi vogliate riuscire. Conformément à cet usage des deux langues, Molière a écrit:

> Quoi qu'il en *réussisse*
> Je te viens contre tous faire offre de service.
> *Fâch.*

> Voyons ce qui pourra de ceci *réussir.*

M. Auger dit sur ce vers : « Molière fait ici du verbe *réussir* un emploi que n'autorise l'usage ni de son temps, ni du nôtre. On dit bien *voyons comment ceci pourra réussir*; mais non pas, *voyons ce qui pourra réussir de ceci.* Dans cette dernière phrase, *résulter* ou *arriver* serait le mot propre. » En italien *escire*, plus souvent *uscire*, en walon *esi*, vieux esp. *exir*; prov. vieux franç. *eissir, issir, ussir.* De *exire.* Au composé italien *riuscire* correspond le franç. *réussir*, anciennement *rissir* (reissir). Dans *uscire* comme dans *réussir*, on entrevoit l'influence des substantifs *uscio*, en vieux franç. *us* (*uis, huis*) la porte. On vivait dans la maison, non en plein air; la porte présentait l'idée de la sortie avant celle de l'entrée : en latin *foras ire*, en grec θύραζε ἔρχεσθαι expriment le mouvement de l'intérieur vers la porte pour

RE

sortir; dans la langue basque, *athea*, uscio, *atherata*, uscire. Diez.

Revenir (Se), v. pron. Revenir à soi, se remettre, se réveiller d'un profond sommeil, d'un évanouissement.

Revenue, s. f. Retour; revenu, rente.

Revoquer, v. a. Rappeler, faire revenir.

Rez à rez, prép. Tout près, avec de. *Rez à rez de la main.*

Ribaud, s. m. Homme vigoureux, homme de peine, crocheteur, etc.; bandit, scélérat, libertin. Au XIIIme et au XIVme siècle on appelait *ribauds* les soldats d'élite, la garde du roi; *le roi des ribauds* était le commandant de cette garde.

Ribaudaille, s. f. Troupes légères; enfants perdus, goujats.

Ribleur, ribleyeur, s. m. Aventurier, coureur de nuit, débauché. De *ribleer, ribler*, courir la nuit.

Rien, s. m. Quelque chose. « Ils gardoient si soigneusement le pas de la mer que à trop grand mesaise venoit *rien* en l'art des Anglois. » Froiss. —Personne, nul. *Rien au monde ne vous honnore autant que moy.* Marg. de Valois. Fréquemment dans les poésies du XIIIme siècle. Voy. Chose. Du latin *rem.*

Rien ou **riens**, adv. Point, pas. Gens qui n'ont *rien de foy. Il ne doute riens ses menaces.* Cela s'est conservé dans le langage populaire de la Suisse française : « Il né fait *rien chaud.* »

Rigle, s. f. Règle.

Riot, s. m.

Riote, s. f. Bruit, tapage, combat, duel. *Faire riote*, gronder, quereller.

Rire. Voy. Gueule.

Rober, v. a. Voler, piller.

Roberie, s. f. Vol.

Roialme, s. m. Royaume.

Roide, adj. Raide, dur, escarpé, impétueux dans ses mouvements; opiniâtre, inflexible.

Roidement, adv. Rondement, vigoureusement.

Roideur, s. f. Force, impétuosité.

Rompre, v. a. Faire cesser, interrompre. *Rompre la bataille* (combat singulier). *Rompre un commandement. Il n'est en nostre pouvoir de rom-*

RO

pre les destinées. Montluc. *Rompre un coup* (un coup monté, un complot). *Id. Rompre le somme.* Jehan de la Taille.

Corneille, Molière et Bossuet, qui ne reniaient pas tout l'héritage du XVIme siècle, font un fréquent et heureux usage de ce mot commode, énergique, bref, qui sert à la concision : *Rompre l'intelligence des esprits, les discours, l'assurance, une entreprise, un dessein, un projet, les attentes, le destin, le sort, l'ordre commun, une pensée, les spectacles, le cours d'une chose, le succès, les effets, un départ, une loi; cet homme me rompt tout.* Mol. Mais gare Voltaire et M. Auger!

Roncin, ronci, ronchi, s. m. Cheval de selle pour domestique, cheval de service, mauvais cheval.

Roquet, s. m. Rochet, surplis à manches étroites que portent les évêques et d'autres ecclésiastiques. — Sarreau, blouse, souquenille.—Bâton ferré.

Route, s. f. Troupe, armée; déroute.

Routier, s. m. Le Dictionnaire de l'Académie explique ce mot dans les termes suivants : « Celui qui sait bien les routes et les chemins. Il n'est guère d'usage qu'au figuré, dans cette expression familière : *Un vieux routier*, Un homme exercé aux affaires par une longue expérience, un homme fin et cauteleux. » — L'histoire de la langue semble conduire à une origine différente. On la trouve dans le latin du moyen âge, et, pour remonter à la première origine, *rumpere* signifiait alors défricher, labourer; de là les mots *rupticium, ruptura, rupta*, terre défrichée ou labourée; *rupturarius*, défricheur ou laboureur; de ce mot on a fait *roturier.* Vers le XIme siècle, il se forma de la classe des paysans ou laboureurs des bandes qui parcouraient et pillaient les provinces, hordes indisciplinables que les princes prenaient quelquefois à leur service. Ces brigands militaires, pour n'être pas confondus avec les paysans laborieux, avec les *rupturarii*, furent appelés *ruptarii*; les chartes et les chroniques du XIIme et du XIIIme siècle les désignent souvent par ce nom, que la prononciation française changea en *rutarii*, et la langue vulgaire en *routiers*. *Rutta, ruta, routa* était le nom latin d'une troupe de routiers, *route* le nom français. Rastellus, jurisconsulte anglais, dit que dans son pays on appelle *rout* « quand peuple assemble eux-mêmes, et puis procédant ou chivauchant ou allant avant, ou movant par instigation d'un ou plusors que est conduit de eux : c'est appelé un *rout*, pour ce que ils movent et procedent en rout et nombers. » Nous lisons dans le *Roman de Garin*:

En sa compagne ot de chevaliers mil
Grand fu la *route* quand li Dus descandi.

Ducange, *Glossar. med. et inf. Latin*. ad voc. *Rumpere*.

Joinville écrit: « Ainsi comme nous en alions à pié et à cheval une grand *route* de Turcs vint hurter à nous, et me porterent à terre et alerent pardessus moi et volerent mon escu de mon col. » Il résulte de tout cela qu'un *routier* n'est pas un homme qui connaît bien les routes, mais un soldat expérimenté, rompu à toutes les ruses du métier. Régnier, qui s'applique ce mot à lui-même et à ses campagnes amoureuses, en donne l'explication immédiatement après:

Je dois estre *routier* en la guerre d'amour ;
Et comme un *vieux guerrier* blanchi dessous
les armes.
Ep. II, 8.

La Fontaine ajoute au même mot une circonstance qui en détermine le sens d'une façon analogue:

C'était un *vieux routier* qui savait plus d'un
tour,
Même il avait perdu sa queue à la bataille.
L. m. f. 18.

Rout, en anglais, a la même origine et la même acception que notre vieux mot *route*. Nous saura-t-on gré d'être arrivé à la source étymologique des assemblées tumultuaires du grand monde qu'on appelle, suivant la prononciation anglaise, des *raouts?*

Royne, s. f. Reine. Directement formé de *roy*, tandis que *reine* vient de l'espagnol *reyna*, ou du latin *regina*.

Ruir, ruire, v. n. Rugir comme le lion.

Rustication, s. f. Science de l'économie rurale.

S

S | SA

S' pour Si : *S'aucun*.

Sacher, sachier, sacier, sacquer, v. a. Tirer, enlever, arracher avec force; dégainer.

Saffranier, s. m. Dissipateur, homme qui se ruine, ou ruiné, banqueroutier. « Ce mot, dit Furetière, peut venir de ce qu'il n'y a pas longtemps qu'on peignait de jaune ou de couleur de *safran* les maisons des banqueroutiers, ou de ceux dont les biens étaient confisqués avec note d'infamie. »

Sage, adj. *Faire sage de quelque chose*, Instruire.

Sagette, saette, s. f. Flèche. *Sagitta*.

Saillie, s. f. Sortie, issue.

Saillir, v. n. Sortir. *Saillir d'une maison*.

Saison, s. f. Temps de la vie, *Ætas*. *L'antique saison*, Les anciens temps. *Vivre une journée est réputé une longue saison.* — Temps convenable: *De rang et en saison expédier ses ouvrages.* O. de Serres. Au XVII^mo siècle, Malherbe, Corneille, Molière, La Fontaine ont dit: *Il est saison que nous allions au temple. Ce n'est pas la saison de m'expliquer. Il était saison de songer au mariage.*

Salvable, adj. Salutaire.

Sanguidede, s. m. Poignard.

Saulvement, sauvement, adv. En sûreté.

SA

Saufeté, saulveté, sauveté, s. f. Salut, sûreté.

Sauntz, prép. Sans.

Scadron, s. m. Escadron. Ce mot, comme *escadre* et *escouade,* dérive immédiatement de l'ital. *squadrare,* former en carré, un carré de gens, une troupe. La racine est *quadro,* un carré.

Sçavoir est, loc. adv. Savoir, c'est-à-dire.

Se, conj. Si.

Seal, seale, s. f. Scel, sceau. En anglais *seal.*

Secret, adj. Intime, confident. « Les cardinaux les plus *secrets* du pape. » Froissart.

Seer, se seer. S'asseoir. Il *sist,* imparf. du subjonctif.

Sentir, v. a. Percevoir par les sens, comme l'italien *Sentire,* qui se dit de l'ouïe, de l'odorat, du tact, etc.

Seigner, v. a. Signer. Seigner (se), v. pron. Se signer, faire le signe de la croix.

Seigneurie, s. f. Société de seigneurs, haute société. *D'autre part vint mout grande seigneurie, ses parents et amis.*

Semblable, *faire le semblable,* Agir de même.

Sembler, v. a. et n. Ressembler. *Nous semblons celuy qui.*

Semondre, v. a. Exhorter, inciter, inviter, avertir, mander, solliciter. *Summonere.* Du partic. *Semons,* vient *Semonse, semonce,* Sommation, invitation juridique. *Sommer* a la même origine.

Seneschal, s. m. Surintendant de la cour. De l'ancien haut allemand *Sini-scalh,* le plus ancien domestique. En bas latin, *seniscalcus;* en ital., *siniscalco, sescalco;* en esp. et prov., *senescal.*

Senestre, adj. Gauche. *Sinister.* Nous en avons tiré *sinistre.*

Sente, s. f. Sentier. *Sentis.*

Sentence, s. f. Locution, tour de phrase.

Seoir, v. n. S'asseoir, siéger, être placé, subsister. *Il sied, il siet.* Il est sis, situé.

Sepulturer, v. a. Enterrer, ensevelir.

SI

Sequelle, s. f. Suite, conséquence, postérité. Ce mot ne s'emploie plus que dans un sens dédaigneux; autrefois ce mot était noble comme aujourd'hui *suite: Il envoya le chancelier et toute sa sequelle porter les sceaux au dit roy son fils.* Comines.

Sercher, v. a. Chercher.

Sergent, sergant, sergient, serjans, etc., s. m. Homme de guerre, compagnon, serviteur, valet. *Serviens.*

Sereiner, v. a. Rasséréner, rendre serein.

Seri, ie, seris, adj. Agréable, doux, serein, joli, tranquille.

Serourge, s. m. Beau-frère. *Sororius.*

Serpenté, adj. Sinueux, à la façon du mouvement des serpents.

Servir, v. n. Suivi d'un infinitif avec *de* où nous mettons *à:* « *Il sert d'embraser le monde.* » Brant.

Seuffrir, v. a. Souffrir.

Seüloir, seuldre, soloir, souloir, v. n. Avoir coutume. *Solere. Il seult,* au présent de l'indicatif et au passé indéfini.

Seur. *A seur.* En sûreté, assuré.

Sevent. Ils savent.

Si, sy, adv. Ainsi, de même, de cette manière. « *Bouteilles, barils et autres si faites choses.* » Froiss. « *Leur dit que bien fait soit si comme folye.* » « *Toujours puis si les* (les exercices des armes), *continua que il en estoit très souverain maistre.* » — « *Presser l'un sur l'autre, si comme par envie.* » Froiss. *Si* comme vous avez ouï. Il dit que *si* feroit-il. « *Si se douta trop fort que mal ne l'en prist, si y pourvey* (pourvut) *tantôt de remede moult felonneux.* »

Ainsi donc. « *Vous pourroit trop grandement coûter de vos gens... Si épargnez vos gens.* » Froiss. *Si s'avisa que par dons il attrairoit si* (tellement) *le roy de France que...*

Si dans une conclusion *et ainsi.* « *Si disoit en conclusion que par là ils leur porteraient hommage.* »

Aussi, de même. « *Il a restitué les sciences et si a nostre langage rendu elegant.* » — « *De si noble chevalerie il issit trop peu de grands faits d'ar-*

mes, car la bataille commença et si estoient les François fort las et travaillés. » Froiss.

Même. « *Toute cette province est bien plantée d'arbres et a de beaux et bons pasturasges... et si avois-je dès ce temps là dix-huit belles et grandes villes.* » Amyot.

Oui. *Si feray-je.* Oui, je le ferai. Il a conservé cette signification : *Il dit que si. Si, je vous assure.*

Conj. Au commencement d'une proposition, conséquence d'une autre. Aussi, c'est pourquoi. « *Si ne fut pour ce chiche tenu.* »

Au commencement d'un second membre de phrase, il sert de liaison avec la première dans le sens de *et* ou *or*. « *J'estoye pucelle chieux mon pere; si avoit un roy en ceste terre moult mal.* » Chr. de Pisan.

Mais, mais au contraire. « *Mais Nostre Seigneur ne l'avoit voulu consentir; si m'a donné tant à faire en mon temps.* » Froiss. « Il me donna telle descharge que je n'en vouldroye encore autant avoir *sy* loue les haulx dieux quant de luy suis si bien eschapez. »

Exprimant une conséquence. En allem. *so*. « *Quand le roi eut ouï sa sœur ainsi lamenter si en eut grand pitié.* » Froiss. « *Quand la reine et le dit comte de Kent ouïrent ces nouvelles si se doutèrent (conçurent des craintes), car ils sentoient le roi hâtif...* » *Si* s'avisa la dame. Qui m'ayme *sy* me suyve. » Rab.

Pourtant, toutefois. « *Mon mari m'a prise en trop grand haine, et si ne sais pourquoi.* » Froissart. « Les enfants crieient à la rage de faim. La pauvre mère *si* n'aura que bouter ès dens. » Gerson. *Si faut-il que j'aille.* Encore faut-il que j'aille. Quelquefois joint à pourtant. *Si ne sont-ils pourtant abjects.*

Si que, conj. En sorte que.

Si très-fort que, loc. conj. Aussitôt que.

Siècle, s. m. Monde, vie terrestre. *Il trespassa de ce siecle. Ce siecle et l'autre,* La vie présente et l'éternité.

Siege. *Se tenir à siege, devant une ville,* L'assiéger.

Sievir, sievyr, v. n. Suivre, poursuivre. *Sequi.*

Signeurieux, adj. Seigneurial.

Signorie, adj. De seigneur, de maître.

Siller, v. a. T. de fauconnerie. Coudre les paupières d'un oiseau de proie, afin qu'il ne se débatte point. Ce sens subsiste encore; mais autrefois le verbe *siller* s'employait aussi pour fermer les yeux, et au figuré pour aveugler, obscurcir l'entendement. Le contraire, *dessiller,* est resté en usage. Brossette veut à tort qu'on écrive *ciller,* qu'il fait probablement dériver de *cil.* Regnier a dit :

Ouvre tes yeux *sillez* et voy de quelle sorte,
D'ardeur précipitée, la rage te transporte,
T'enveloppe l'esprit, t'esgaraut insensé.
Ep. I, 211.

Mes yeux toujours pleurans, de tourments es-
veillez,
Depuis d'un bon sommeil ne se sont veuz *sillez.*
El. II, 64.

Au XVIme siècle : *Luy seul, sans rien dire, sans siller les yeux, se tint debout, contemplant fixement le corps de son fils.* Montaigne, I, 2. *L'orgueil et la fierté de tant de pompes estrangeres, la majesté si enflée de tant de cours et de grandeurs, nous fermit et asseuré la veuë, à soustenir l'esclat des nostres sans siller les yeux.* Ib., 25. — On disait autrefois *sans siller les yeux* comme nous disons *sans sourciller,* sans trahir sur son visage la moindre émotion.

Simplesse, s. f. Simplicité, manque d'intelligence.

Single, s. f. Voile de navire.

Soe, pron. poss. Son, sa, ses.

Solage, s. m. Sol, terroir. *Solum.*

Soldoyer, v. a. Soudoyer, engager en assurant une *solde.* De solde dérive *soldat* et de la forme *soulde, soudart* (soldat).

Solennel, solempne, adj. Célèbre, solennel.

Solier, sollier, s. m. Galerie, salle, chambre haute, second étage, grenier, chambre basse, rez-de-chaussée.

Solu, adj. Non lié. *Oraison solue,* prose. *Oratio soluta.*

Somme, s. f. Nombre. *Priez de*

mes hommes jusques à la somme que vos aidans d'Angleterre vous ont signifiée. » Froiss.

Sommier, s. m. Cheval de somme, courier.

Sortir, v. n. *Sortir à effet. Le jugement sortist à effet.* Dès lors, on a employé, en jurisprudence, ce verbe dans un sens actif. *Cette sentence sortira son plein effet.*

Sotil, adj. Subtil, fin.

Soubstrait de, partic. Eloigné de.

Soubre. Sobre.

Soubtis, ve, adj. Subtil, fin, rusé. *Subtilis.*

Soubtiver, v. n. Subtiliser, méditer, imaginer adroitement.

Soubtiveté, s. f. Subtilité, finesse, ruse.

Soucier (Se), v. pron. Prendre soin, s'occuper de, songer à.

Soudain, adj. En parlant des personnes, prompt, pressé.

Soudain que, conj. Aussitôt que, dès que.

Souef, ve, adj. Doux, agréable, mol, *Suavis.*

Soueveté, s. f. Douceur, agrément.

Souffisance, suffisance, s. f. Talent, capacité, moyens de fortune suffisants pour la position que l'on occupe. Contentement d'esprit.

Souffrir à quelqu'un. Lui permettre de... Souffrir une chose de sa part.

Souffrir (Se), v. pron. Se contenir, se modérer, rester calme.

Soulacer, soulasser, soulacier, v. a. et n. Soulager, consoler, jouer, se divertir.

Soulas, soulaz, s. m. Soulagement, consolation, plaisir, divertissement.

Soulde, s. f. Solde. *Homme de soulde.* Soldat régulier.

Souldoire, s. m. Soldat.

Souldre, v. a. Souder, lier, faire accorder.

Souloir, v. n. Avoir coutume. *Solere.*

Soustenement, s. m. Soutien.

Souventefois, adv. Souvent.

Spelunque, s. f. Caverne. *Spelunca.*

Stropiat, adj. Estropié.

Suader, v. a. Conseiller. *Suadere.*

Suasion, s. f. Conseil, persuasion.

Subgié, subget, s. m. Sujet.

Subjection, s. f. Sujétion, assujettissement. *Rendre subjection à quelqu'un,* Se montrer soumis, assidu, s'assujettir à sa volonté.

Subside, s. m. Secours, aide.

Suffisant, adj. Capable, riche, éminent. Plus tard on lui a donné le sens de *se croyant capable.*

Suffisance, s. f. Capacité, intelligence, talent.

Suit, suite, s. m. et f. Cause, procès, délibération, poursuite. En anglais *suit* signifie aussi, entre autres, poursuite, cause, procès.

Suite, suitte, s. f. Action de suivre, succès d'une chose qui est suivie, adoptée.

Superintendance, s. f. Surintendance, surveillance.

Sur, préposit. à. *Sur l'occasion,* à l'occasion. *S'adresser sur quelqu'un.* Froiss.

Contre. *En grand haine sur lui. — Pourquoi estes-vous si troublés sur moi?* Froissard. *Mettre des embusches sur les ennemis.* Id.

Dans. *Sur la rue.*

De. « Il le regarda *sur côté* en disant : Messire Geffroy, je vous dois a raison petit aimer. »

Sous peine de. *Sur la teste, sur le poinct,* Sous peine de perdre la tête, le poing. *Sur la teste à couper.*

Surquidance, surcuidance, s. f. Outrecuidance, présomption.

Sus, prép. Sur. *L'une partie ira ruer sus ce Grandgousier.* Rabelais. *Sus mer.*

Suscheter, v. n. Chuchoter.

Suspicionneux, adj. Soupçonneux.

T

TA

Taché, part. passé. Entaché. *Taché d'avarice*. Brantôme.

Taisible, adj. Silencieux, taciturne; qui se fait sans bruit.

Taluns. Tout autant.

Tandis, adv. Pendant ce temps, sur ces entrefaites. *Ceremonies furent faictes et tandis chacun champion envoya son batton.* — *Tandis l'ignorance arma l'aveugle fureur des princes.* Ronsard. Ce sens est encore fréquent chez Corneille :

Elle rompait *tandis* cette galanterie.

Vaugelas décida que *tandis* ne se devait ni dire ni écrire qu'il ne fût suivi de *que*.

Tangres, adj. Désireux.

Tant. *Tant de*, Au point de. *Il le dédaigna tant de ne vouloir parler à luy.* Brant.

Tant, adv. Autant, d'autant. *S'il a été facile à un seul d'y gravir, tant moins doibt-il estre à plusieurs d'y monter.* Amyot.

A tant, loc. adv. Jusque-là, jusqu'à ce point. *A tant Budé.* Pasquier. Jusqu'ici Budé, voilà ce que dit Budé. — *De tant que*, D'autant que.

En tant que, Au point que, jusque-là que.

Tant pour tant, Egal en nombre, en grandeur, en étendue. En espagnol : *Un tanto por tanto, tantos a tantos.*

Tant que, conj. Si bien que, jusqu'à ce qu'enfin, en attendant que. Corneille en fait souvent usage. Voltaire dit que c'est une faute de langue. Regnard a aussi cette conjonction. *Joueur*, IV, 1.

Tantost, adv. Tôt, promptement, tout de suite.

Targer, targier, v. n. et v. a. Tarder, différer, retarder.

Tellier, s. m. Tisserand. De *telle*, toile. *Tela.*

Temperature, s. f. Tempérament.

TI

Temporiser, v. n. Rester longtemps dans quelque endroit, demeurer.

Temps. *Par temps*, Quelquefois, par époques.

Tendrement, adv. Avec émotion, en s'attendrissant.

Tenor, s. m. Teneur, contenu.

Tenroit, tenroient, conditionn. De *teneo. Teneret, tenerent.*

Tenu, part. ou adj. Obligé, affectionné. *Etre tenu à quelqu'un.*

Terme, s. m. Epoque, temps. *Grand terme*, Longtemps.

Terre, s. f. Pays. *La terre*, le pays, notre pays.

Terrien, adj. Terrestre.

Territoire, s. m. La terre, le monde : *En ce bas territoire*, Dans ce bas monde.

Tiel, adj. Tel.

Tiercement, adv. Troisièmement.

Tiers, ce, adj. Troisième.

Tignent pour Teignent, prés. de l'indic. de *tegnir, teignir*, Tenir, avoir en possession.

Tinel, s. m. Hôtel, maison, salle basse où mangent les domestiques d'un grand. Dans les cours plénières l'on disait que le roi *tenait son tinel*, pour dire que ses barons et leur suite seraient défrayés par le roi. Ital. *tinello*, salle où mangent les gens du commun, salle à manger; mais il a aussi l'autre signification, comme le prouve ce passage de Villani : *I suoi ostieri tenne alla reale, con apparecchiamento di nobili vivande con grande tinello di cavalieri.*

Tirer, v. a. Aller, s'en aller, se diriger vers. *Il tira en son pavillon. Où vous tirez à venir.* Où vous tendez à venir. Au XVIIme siècle encore.

Tirez de cette part, et vous *tirez* de l'autre.
Mol. *Fast.* II, 4.

Tirez, tirez, tirez.
Rac. *Plaid.* III, 3.

V. n. et v. a. Aller vite, parcourir.

TO

Tirer pays, Parcourir un espace de pays, faire du chemin.

Tollir, v. a. Oter, enlever. *Tollere.*

Tolte, tolture, s. f. Vol, vexation, levée de deniers, impôt. De là *maltôte*, exaction, abus d'impôt. *Tollere.*

Tonnieu, s. m. Droit sur chaque tonneau de vin ou d'autre liqueur vendus en gros et qui se transportent.

Torchonner, v. a. Essuyer, nettoyer; battre, rosser. Dans les Mystères, les diables se *torchonnent* les uns les autres.

Tort, *Tenir tort à quelqu'un*, Retenir son tort, lui garder rancune; lui faire tort.

Torteis, tortitz, tortis, s. m. pl. Torches, flambeaux.

Touche, s. f. Petit bois de haute futaie qui *touche* une maison de fief. Un petit bois en général.

Toucher, v. n. Concerner, appartenir. *Il touchoit à lui de parler premier qu'à moi*. Montluc.

Toucher ensemble. Se toucher la main.

Toudis, tousdis, adv. Toujours, continuellement, de tout temps. *Dis* de *dies* comme dans lun*di*, mar*di*, etc.

Touillement, toullement, s. m. Confusion, embarras, trouble.

Touiller, v. a. Salir, tacher, mettre sens dessus dessous.

Touillis, s. m. Mêlée. Au XVIme siècle, dit-on, *touiller* signifiait mêler les cartes, brouiller; se quereller; au XIVme, salir, tacher. *Touillis*, employé par Froissart, a plus de rapport avec la première signification qu'avec la seconde.

Tour de jambe, s. m. Croc-en-jambe.

Tourment, s. m. Tourmente, tempête.

Tourner, v. n. Retourner (dans un lieu). *Il tourna à moi*, Il revint vers moi.

Tournoison, s. f. Tournois.

Tourtai, tourte, tourtel, tourteau, s. m. et f. Pain rond, gâteau, tourte.

Tout, prép. et adv. *A tout*, Avec; entièrement.

TR

Tout, adv. *Du tout*, Entièrement, tout à fait. Encore au XVIIme siècle.

Toutes fois et quantes que, Autant de fois que, chaque fois que.

Toutesvoies, conj. Toutefois, néanmoins.

Tracter, v. a. Traiter. *Tractare.*

Traict, s. m. Trait, durée. *Par traict de temps*, Dans la suite des temps, par la longueur du temps. *Tractus.*

Traisner, *Le traisner*, aujourd'hui *traîner*, v. n. Languir, avoir une maladie qui se prolonge.

Traite, s. f. Durée, prolongation. *Tractus. Par traite de temps*, Par un laps de temps.

Trannée, s. f. Piége à prendre les loups : fosse recouverte d'un plancher très-mobile sur lequel on traîne de la charogne.

Tranquilliter, v. a. Tranquilliser.

Translater, v. a. Transporter, transférer. *Translatum.*

Transon, subst. masc. Tronçon, morceau.

Trappe, adj. Trapu, gros et court, se dit aussi des choses.

Trepasser, v. a. Passer outre, transgresser.

Tres, adv. Proche, auprès, dès, depuis.

Trespassement, s. m. Trépas.

Trespercer, v. a. Transpercer.

Tressuer, v. n. Suer fort, souffrir, être agité.

Treu, treub, treud, treuage, trus, s. m. Tribut, subside, rançon. *Tributum.*

Treuver, v. a. Trouver. La Fontaine l'a encore employé.

Triacle, s. m. Thériaque.

Triacleur, s. m. Vendeur de thériaque qui parcourt les rues; charlatan.

Trinquet, s. m. Mât d'avant d'une voile latine.

Trompe, s. f. Trompette.

Trop, adv. Beaucoup, fort, très-bien. *Un trop plus fort assaut.* Froiss. Un beaucoup plus fort assaut.

Trop mieux, adv. Bien mieux.

Trousser, v. a. Charger un cheval ou un chariot; attacher une valise, etc.

TR

Truage, treuage, s. m. Impôt, subside. Ce qu'on paie pour sa bienvenue; prison, esclavage.

TU

Tuit, adj. Tout.
Tuition, s. f. Défense. *Tuitum* de *tueri*.

U

UI

Ui, uis, adv. Aujourd'hui. *En uis,* en ce jour. Voy. *Hui.*
Ung et **pareil,** adj. Unique, toujours le même, ou semblable à soi-même.

US

Unquore, adv. Jusqu'à présent, jusqu'à cette heure, encore.
Usé, adj. Usité, en usage, habitué; exercé. *Usé d'armes,* exercé au métier des armes.

V

VA

Vague, adj. Inculte, abandonné.
Vaillantise, s. f. Vaillance.
Vainqueresse, s. f. de vainqueur. Ce substantif manque dans le français moderne, qui ne possède que le féminin de l'adjectif, *victorieux, victorieuse.*
Val, s. m. Vallée. *A val,* loc. adv. En bas, vers le bas. Il signifie aussi à travers tout du long, quand il est question de parcourir une contrée. « *Je irois aventurer à val ce pays pour querre bestes et vitailles.* » Froiss. *A val* est souvent opposé à *à mont,* en haut. En allem., on dit de même *zu Thal, zu Berg.*
Vallée, s. f. Le côté d'en bas. *Contre la vallée,* à *val.* Du côté d'en bas.
Valoir, avec *pis,* comme nous le mettons avec mieux; *pis vaut,* il est pis.
Variance, s. f. Changement, variation.
Varlet, s. m. Apprenti, compagnon de métier, jeune homme non marié, fils de roi ou de grand seigneur, non encore parvenu au grade de la ceinture militaire ou de chevalier.
Vasal, vasans, vasaux, vassal, etc., s. m. Brave, homme cou-

VE

rageux et dévoué; gentilhomme subordonné à un autre; vassal, possesseur d'un fief relevant d'une terre plus considérable.
Vassalement, vassamment, vassaument, adv. Vaillamment, avec dévouement. Roquefort prétend que les dictionnaires qui donnent au mot *vassal,* le sens de *brave, courageux,* se sont trompés. Que signifie donc *vassalement* dans cette phrase de Froissart : « *Ceux de dedans se défendoient si vassalement que merveille seroit à recorder.*
Vasselage, vasselaige, s. m. Courage, valeur, acte de courage, force corporelle.
Vassial, s. m. Vaisseau, navire.
Vecy, adv. Voici.
Vefve, s. f. Veuve.
Veloux, s. m. Velours.
Vengement, s. m. Vengeance.
Ventiler, v. n. et a. Flotter ou laisser flotter au gré du vent; vanner du grain.
Venue, s. f. Tour, vicissitude. *Dieu permit qu'il eust sa venue,* qu'il eût son tour.
Ver-coquin, s. m. Furetière, qui écrit sans tiret et d'un seul mot *Vercoquin,* en donne l'explication suivante : « Petit ver qui ronge le

VE

bourgeon de la vigne. » On l'appelle autrement *liset*, en latin *volucra, convolvulus*. Riolan dit que c'est une apophyse du cerveau (une saillie qui sort du corps d'un os), qu'on appelle *processus vermiformis*, à cause qu'il a la figure d'un ver. D'autres croient que c'est un ver né de pourriture qui met les chevaux en fougue, et qu'il a été ainsi nommé au lieu de *verequin* ou *versequin*. — Vercoquin signifie aussi une petite fureur qui saisit quelquefois l'esprit des hommes, et qui les rend capricieux, acariâtres, têtus et incapables de raison. *Quand son vercoquin le prend, il n'y a pas moyen de vivre avec lui, de faire aucune affaire.* On dérive cette signification de la précédente, parce que le peuple croit qu'il y a un ver dans la tête des gens agités de cette passion. — Dans la première édition du Dictionnaire de l'Académie, *Vercoquin* est écrit d'un seul mot; dans la dernière, avec un tiret.

Vergette, s. f. Petite verge, baguette, rameau.

Vergonder, vergoigner, vergoingner, v. a. Déshonorer, couvrir de honte.

V. n. Avoir honte, avoir de la pudeur.

Vergongneux, adj. Honteux.

Verité. *A la verité,* Selon la vérité, en toute vérité.

Veron, s. m. Espèce de petit poisson.

Vespre, s. m. et f. Soir. *Bas vespre, vespre bas, basses vespres.* Le temps après six heures du soir.

Vers, prép. Envers, à l'égard de. En comparaison de. *Ce n'estoit riens vers les fais du conte d'Artois.*

Vessel, s. m. Vase, vaisseau.

Vez-ci (veez-ci, voyez ici), adv. Voici.

Viaire, s. m. Face, visage.

Viel, vielle, adj. Vieux, vieil. Aussi devant une consonne. *Le vieil marché,* ou quand il est seul et ne précède pas un substantif.

Vigile, s. f. Veille.

Vilenie, villanie, s. f. Parole injurieuse, outrage.

Villener, vilener, villanier,

VO

etc., v. a. Maltraiter, blesser grièvement, insulter, tromper.

Vinage, vinaige, s. m., **vinegie,** s. f. Droit seigneurial sur les vignes, sur les vins pressurés au pressoir banal, sur le transport des vins dans les terres d'une seigneurie.

Visage, s. m. Aspect, apparence, façon. « *Votre royaume reprendra son ancien bon visage.* » O. de Serres. « Que ce qu'il viendra d'apprendre, il le luy face mettre en cent *visages*, et accommoder à autant de divers subjets. » Montaigne.

Viser, v. a. Examiner, observer, reconnaître.

Visiter, revisiter, v. a. En parlant de livres, signifie parcourir, lire, relire.

Vitaille, victuaille, s. f. Vivres, aliments, provision de ce qui est nécessaire à la vie. *Victus.* De là *avitailler, ravitailler,* pourvoir de vivres, par exemple un navire, une flotte, une place forte.

Vesprée, s. f. Soir.

Vituperable, adj. Blâmable. *Vituperare.*

Vitupere, s. m. Blâme.

Vocable, s. m. Mot.

Adj. Vocal, de bouche. *Vocabulum.*

Voie. *Se mettre à voie,* Se mettre en route.

Voire, re, adj. Vrai.

Voire, adv. Vraiment.

Voir, voire, adv. Même.

Voirement, adv. Vraiment.

Voller, v. n. Chasser au vol, à l'aide d'un oiseau de proie.

Voloir, v. a. Vouloir. Imparf. *volois. Volo.*

Volrent, prétérit passé de voloir; ils voulurent.

Volsit, volsissant, imparf. du subj. de voloir; qu'il voulût, qu'ils voulussent.

Voulenté, s. f. Volonté.

Voulentiers, adv. Volontiers.

Vouloir, comme auxiliaire du futur, sans exprimer un acte de volonté, est aujourd'hui un provincialisme: *Il veut pleuvoir.* On le trouve chez d'anciens écrivains, qui l'ont peut-être emprunté à leur province.

VO

« Lorsqu'il *voulut* mourir. » Brant. (étant près de mourir).

Vous, pron. possessif. Vos.

Voyrre, s. m. Verre.

Vue (à), loc. adv. Ouvertement.

Vuider, vuidier, v. n. et a. Sortir, quitter, partir, abandonner. On ne dit plus que *Vider le pays, le royaume,* etc.

VU

Vuis, vuit, adj. Vide.

Vuissier, vissier, huissiers, wissiers, uesers, s. m. Ce mot à formes diverses dérive de *huis* ou *uis,* porte, ouverture, et désigne un bateau de transport pour les chevaux, qui avait sur le côté une ouverture et un pont-levis pour les faire entrer et sortir.

Y

YA

Yaue, s. f. Eau.

Ydoine, adj. Propre à, capable. *Idoneus.*

YE

Yennevois, jennevois, s. m. Génois.

TABLE DES MATIÈRES